教育部人文社会科学项目“南宋绍兴和议前的朝臣诗文与政局之关系”
（12YJA751005）

绍兴和议前的朝政研究

陈忻 著

中国社会科学出版社

图书在版编目（CIP）数据

绍兴和议前的朝政研究/陈忻著．—北京：
中国社会科学出版社，2017.5
ISBN 978-7-5161-9950-3

Ⅰ.①绍… Ⅱ.①陈… Ⅲ.①政治制度史—研究—中国—宋代
Ⅳ.①D691.2

中国版本图书馆CIP数据核字(2017)第042060号

出 版 人　赵剑英
责任编辑　郭晓鸿
特约编辑　度建海
责任校对　张依婧
责任印制　戴　宽

出　　版　中国社会科学出版社
社　　址　北京鼓楼西大街甲158号
邮　　编　100720
网　　址　http://www.csspw.cn
发 行 部　010-84083685
门 市 部　010-84029450
经　　销　新华书店及其他书店

印　　刷　北京明恒达印务有限公司
装　　订　廊坊市广阳区广增装订厂
版　　次　2017年5月第1版
印　　次　2017年5月第1次印刷

开　　本　710×1000　1/16
印　　张　18.75
插　　页　2
字　　数　243千字
定　　价　82.00元

自　序

几年前，我在研究宋代洛学派重要人物杨时时，发现他在两宋之交非常活跃，且争议颇多。于是，我翻阅了大量的历史文献及相关学术专著，又细读了这一时期著名历史人物的著述，由此进入一个丰富宽广的世界。当我把这些著述摆放在特定的历史背景下，透过历史的眼光再次阅读时，我被它们厚重的内涵所感动。重读以前那些更多地被当作一般性的文学作品的篇章，我为其背后蕴含的历史事实和流溢其中的深挚的情感所震动。

在赵宋朝廷风雨飘摇之际登上政治舞台的李纲，其作品中涉及南宋政权建立之初亟须确立的战、守、和等问题，涉及如何处理参与张邦昌伪楚政权的人员及保证新政实施的久任责成等现实问题；宗泽奏疏中充满声讨汪伯彦、黄潜善主和政策的悲愤，洋溢着切望恢复的激情与愤懑；在时局动荡的南宋初年，赵鼎的政治命运跌宕起伏，其作品中包蕴着澎湃的情感与愤懑悲酸……这一时期的政治人物如吕颐浩、张浚、胡寅等无不经历了大起大落的人生，但其作品总的内涵却与一般文人壮志难酬、生不逢时的咏归叹穷迥然不同，在密切关涉纷繁复杂、往复回旋的政治、外交、军事斗争的同时，更反映了那个特定时代的风云及其作者对具体事件的鲜明态度，展示了政治家特有的责任感、使命感和人格、品性、智慧。

本书的研究时限为靖康之难（1126）的发生到绍兴十一年（1141）绍兴和议签订这一历史阶段。这是一个政治上大动荡、军事上大变化、思想上大纷争的时代。本书以此为历史背景，力求细致地梳理、探讨这一特殊时期与朝政密切相关的朝臣们的作品及其种种表现。

本书避开已经成熟的南宋文人文学的相关研究领域，选择了国家时局动荡、内忧外患严峻的特殊时代作为研究背景，着重探讨南宋朝臣在对外的与金、伪齐的激烈斗争，对内的与叛乱势力的缠斗不休，以及在骄兵悍将的处理等问题上的态度和冲突。两宋之交，宰相的不断更换与错综复杂的政治、军事、外交形势相随始终，朝臣的任用与罢免十分频繁，由此导致了各个派系、各种思考、各种言行的产生，而这些思考和言行往往又直接影响到朝廷最终的决策，从而决定了南宋朝廷在此期的走向。研究当时朝臣们的各种思考、言论及其在特定背景下生成的因由和实际效果，对于透彻认识南宋初期的政治文化具有重要的意义。

就已有的相关文学研究成果看，对于南宋前期的研究大多集中在绍兴和议签订之后、政治格局相对稳定的大背景下。至于靖康之难到绍兴和议正式签订之前这一时期，则主要偏重于探讨此期文学作品中表现出的乱离的悲情，且常常以主战或主和为依据去探讨朝臣的爱国情感。事实上，靖康之难到绍兴和议正式签订之前这段时间是南宋朝廷最危急艰难的时期，朝廷对外、对内的各种斗争及朝臣之间激烈的党派争斗，成为朝臣作品的特殊而复杂的前提和背景，很难用和与战、是与非、对与错做出权衡评判。本书正是通过总体分析和个案研究，期望从政治、军事、文化等角度全面考察此期与朝政相关的朝臣作品，并对其做出恰当的评价，这将对以南宋初期的历史为背景的相关文学研究起到补充助益的作用。

本书是教育部人文社会科学研究规划基金项目“南宋绍兴和议前的朝臣诗文与政局之关系”（12YJA751005）的研究成果。本书的出版得到中国社会科学出版社郭晓鸿主任的大力帮助和重庆师范大学科研处的支持，在此一并致谢！

陈　忻

2016 年 9 月 30 日

目　录

第一章　建炎元年李纲的“国是”及其失败………………………… 1

第一节　李纲“国是”之依据：以靖康为鉴………………………… 2

第二节　李纲“国是”之方向：专务自守 ……………………… 11

第三节　李纲“国是”之失败 ……………………………………… 17

第二章　从宗泽乞请回銮奏疏看建炎二年南宋朝廷的政治局势 ………………………………………………………… 28

第一节　主政者无意北行 ……………………………………… 29

第二节　南宋军事外交的困扰 ………………………………… 40

第三章　从建炎三年朝臣对驻跸地的议论看朝廷的艰危 ……… 57

第一节　为宗社计：以钱塘为驻跸地 ………………………… 57

第二节　驻跸武昌之争 ………………………………………… 65

第三节　被逼入海避敌 ………………………………………… 72

第四章　从朝臣奏疏看建炎四年南宋朝廷对外对内策略的调整 …………………………………… 80

第一节　赦罪立功、有捷必赏 …………………………… 81

第二节　藩镇政策的实施 ………………………………… 93

第五章　绍兴元年吕颐浩“先平内寇然后可以御外侮”的策略探讨 ……………………………… 102

第一节　“先平内寇”的政治背景 ……………………… 103

第二节　“先平内寇”之政策的具体实施 ……………… 113

第六章　绍兴二年南宋朝廷艰难的中兴之路 …………… 123

第一节　来自外部的伪齐势力困扰 ……………………… 124

第二节　来自内部的南宋朝廷党争 ……………………… 128

第七章　绍兴三年南宋朝廷和战无果的局势 …………… 140

第一节　求恢复而无功 …………………………………… 141

第二节　就议和而无果 …………………………………… 145

第八章　从绍兴四年朝臣奏疏看南宋朝廷的对敌之策 ………… 149

第一节　先擒刘豫以定金人 ……………………………… 150

第二节　和议乃权时之宜 ………………………………… 158

第九章　绍兴五年南宋朝廷“渐图恢复”下的对金态度 ……… 166

第一节　善后之计当出群策 ……………………………… 167

第二节　待衅以乘乱 ……………………………………… 171

第三节　既不可因战而废和，又不可因和而忘战 ……… 182

第十章　从绍兴六年宋齐决战看南宋朝廷的困窘 …………… 192
第一节　守江与进击的分歧 …………………………………… 194
第二节　将帅跋扈、财用堪忧 ………………………………… 201

第十一章　绍兴七年南宋朝廷面临的危机 …………………… 215
第一节　姑息放任而长其骄 …………………………………… 216
第二节　任用失当而致其怨 …………………………………… 223

第十二章　从绍兴八年的朝臣奏章看宋高宗的疑虑 ………… 236
第一节　争论不休的和议之路 ………………………………… 236
第二节　渐销将权的必要 ……………………………………… 246
第三节　高宗对朝臣结党的疑忌 ……………………………… 257

第十三章　绍兴九年至十一年南宋朝廷应对金人的举措 …… 267
第一节　积极应对金人的毁约 ………………………………… 267
第二节　消解大将的军权 ……………………………………… 277

结　语 ……………………………………………………… 284
主要参考文献 ……………………………………………… 287

第一章　建炎元年李纲的“国是”及其失败

北宋末年的金人南侵，带给赵宋政权前所未有的危机。宣和七年（1125）十月，金军自东、西两路入犯，“北边诸郡皆陷，又陷忻、代等州，围太原府”①。十二月，宋徽宗禅位于钦宗。次年，改元靖康，十二月，宋钦宗向金人呈奉降表，靖康二年（1127）二月，金廷“诏降宋二帝为庶人。三月丁酉，立宋太宰张邦昌为大楚皇帝”②。五月，赵宋的“兵马大元帅康王即皇帝位于南京，改元建炎”③，历史进入南宋。南宋兴起于国家风雨飘摇之际，外有金人相逼，内有此起彼伏的兵乱、盗乱，如何布画新政，度过艰危就成了高宗即位之初必须面对和解决的难题。

李纲正是在这个重要关口登上了南宋政治舞台。建炎元年（1127）五月甲午，“资政殿大学士新除领开封府职事李纲为尚书右仆射兼中书

① 《宋史》卷22《徽宗四》，中华书局1977年版，第417页。以下所引《宋史》皆为此版本。

② 《金史》卷3《太宗》，中华书局1975年版，第56页。以下所引《金史》皆为此版本。

③ （宋）李心传：《建炎以来系年要录》第1册，卷5，建炎元年五月庚寅朔条，中华书局1988年版，第115页。以下所引《建炎以来系年要录》皆为此版本。

侍郎，趣赴阙”[①]。六月庚申，“诏李纲立新班奏事。执政退，纲留身上十议”[②]。李纲所上“十议”，包括“议国是”“议巡幸”“议赦令”“议僭逆”“议伪命”“议战”“议守”“议政本”“议责成”“议修德”，其内容涉及南宋政权建立之初急需确立的战、守、和方针以及如何处理参与张邦昌伪楚政权的人员及保证新政实施的久任责成等现实问题。对于李纲提出的新政，南宋朝廷由支持渐变为放弃。在这个过程中，李纲与拥立高宗的黄潜善、汪伯彦等重臣激烈论争，并于八月罢相，其施政纲领也就随之而破灭了。本章依据这段历史，探讨李纲提出的“国是”的依据、方向及失败的内在原因。

第一节　李纲“国是”之依据：以靖康为鉴

李纲在其所上“议国是”中明确提出“不务战、守之计，惟信讲和之说，则国势益卑，制命于敌，无以自立矣”。他又结合南宋政权刚刚建立、国内外方方面面形势极为严峻的现实状况，在战与守的二策中，选择“自守”作为应对金人南犯的对策和当时的“国是”：“为今之计，莫若一切罢和议，专务自守之策，而战议姑俟于可为之时。”[③]李纲所奏的这个“国是”，是以其自身亲历的靖康之际朝廷对金策略不定，战、守、和三者俱失之，最终导致二帝北迁，易姓建号的惨痛教训

① （宋）李心传：《建炎以来系年要录》第1册，卷5，建炎元年五月甲午条，第120页。

② 同上书，卷6，建炎元年六月庚申条，第142页。

③ 王瑞明点校：《李纲全集》卷58《议国是》，岳麓书社2004年版，第636页。以下所引《李纲全集》皆为此版本。

为依据的：

> 靖康之春，粗得守策，而割三镇之地，许不可胜计之金币以议和，惩劫寨之小衄而不战，和与战两失之。其冬，金人再寇畿甸，廷臣以春初固守为然，而不知时事之异，胶柱鼓瑟，初无变通之谋，内之不能抚循士卒，以死捍贼；外之不能通达号令，以督援师；金人既登城矣，犹降和议已定之诏，以款四方勤王之师，使虏得逞其欲。凡都城玉帛、子女、重宝、图籍、仪卫辇辂、百工伎艺，悉索取之，次第遣行；及其终也，劫质二圣巡幸沙漠，东宫亲王、六宫戚属、宗室之家，尽驱以行，因逼臣僚易姓建号。自古夷狄之祸中国，未有若此之甚者。是靖康之冬，并守策失之，而卒为和议之所误也……夫国是定，然后设施注措，以次推行。上有素定之谋，下无趋向之惑，天下之事，不难举也。靖康之间，惟其国是不定，而且和且战，议论纷然，致有今日之祸。则今日之所当监者，不在靖康乎?①

早在钦宗即位之初，金兵渡河之际，徽宗东幸，“宰执奏事，议欲奉銮舆出狩襄、邓间”。当金人步步紧逼，群臣多以为不可守，钦宗去留之意未决的最艰难时刻，李纲挺身坚持固守：“上顾宰执曰：‘策将安出?’宰执皆默然。余进曰：‘今日之计，莫若整饬军马，扬声出战，固结民心，相与坚守，以待勤王之师。’上曰：‘谁可将者?’余曰：‘朝廷平日以高爵厚禄畜养大臣，盖将用之于有事之日。今白时中、李邦彦等虽书生，未必知兵，然藉其位号，抚驭将士，以抗敌锋，乃其职也。’时中怒甚，厉声曰：‘李纲莫能将兵出战?’余曰：‘陛下不以臣为庸懦，倘使治兵，愿以死报。第人微官卑，恐不足以镇服士卒。’上顾宰

① 王瑞明点校：《李纲全集》卷58《议国是》，第635—637页。

执曰：'执政有何阙?'赵野对曰：'尚书右丞阙。'时宇文粹中随道君皇帝东幸故也。上曰：'李纲除右丞。'面赐袍带并笏……宰执犹以去计劝上，有旨命余留守，以李棁副之。余为上力陈所以不可去者……上色变，降御榻，泣曰：'卿等勿留朕，朕将亲往陕西，起兵以复都城，决不可留此。'余泣拜，俯伏上前，以死邀之。会燕、越二王至，亦以固守为然，上意稍定，即取纸御书'可回'二字，用宝，俾中使追还中官、国公。因顾余曰：'卿留朕，治兵御寇，专以委卿，不令稍有疏虞。'余惶恐再拜受命，与李棁同出治事。"[①] 李纲临危受命，先后任尚书右丞、东京留守、亲征行营使等职，率众坚守东京，"敌兵攻城，纲身督战，募壮士缒城而下，斩酋长十余人，杀其众数千人"[②]。金人攻城不下，遂遣使议和。其议和条件则是"须犒师之物，金五百万两，银五千万两，绢彩各一百万匹，马、驼、驴、骡之属，各以万计；尊其国主为伯父，凡燕、云之人在汉者悉归之；割太原、中山、河间三镇之地；又以亲王宰相为质，乃退师"[③]。李纲认为从当时的客观形势看，"固不可以不和"，但不可割地及过许金币，因为"金狄之性，贪婪无厌，又有燕人狡狯以为之谋，必且张大声势，过有邀求，以窥中国。如朝廷不为之动，措置合宜，彼当戢敛而退；如朝廷震惧，所求一切与之，彼知中国无人，益肆觊觎，忧未已也"：

> 今虏气方锐，吾大兵未集，固不可以不和。然所以和者得策，即中国之势遂安；不然，祸患未已。宗社安危，在此一举。[④]

然而，李纲的意见得不到朝廷的支持，"宰执皆不以为然，方谓都

---

① 王瑞明点校：《李纲全集》卷 171《靖康传信录上》，第 1577—1578 页。
② 《宋史》卷 358《李纲上》，第 11243 页。
③ 王瑞明点校：《李纲全集》卷 171《靖康传信录上》，第 1581 页。
④ 同上书，卷 171《靖康传信录上》，第 1580 页。

城破在朝夕，肝脑且涂地，尚何有三镇？而金币之数，又不足较也。上为群议所惑，默然无所主。凡争逾两时，无一人助余言者”①。李纲求去，“上慰谕曰：‘卿第出治兵，此事当徐议之。’纲退，则誓书已行，所求皆与之，以皇弟康王、少保张邦昌为质”②。靖康元年正月“十四日庚辰，皇弟康王、少宰张邦昌使于大金军前，给事中李邺为计议使，右武大夫高世则副之，赍和议誓书，送伴萧三宝奴等同行”③。宋廷誓书坚称“斯言之信，金石不渝，有违此誓，神殛无赦，宗社倾覆，子孙不享”④。至此，宋钦宗放弃了“守”的策略，转而以“和”为应对金人的第一要务。

但是，随着数万勤王之师的渐至京师，钦宗朝廷对金人的策略又发生了由和而战的变化。据《三朝北盟会编》卷三十之“靖康元年正月二十日条”下记载，“京畿、河北路制置使种师道及统制官姚平仲以泾原、秦凤路兵至京师”，“京城人知勤王兵至欢踊，气增十倍”。“上再三慰劳，问计将安出？师道奏曰：‘臣以为讲和非计也。京城周围八十里，如何可围？城高十数丈，粟支数年，不可攻也。若于城上扎寨，而城外严拒守，以待勤王之师，不踰旬月，虏自困矣。然业已讲和，不可止。金银不足，请以见数与之。如其不退，乃与之战。且四镇之地内保州乃宣祖陵寝所在，不宜割与’……又请缓给金带，禁游骑不得远掠，俟其惰归，扼之于河，当使匹马不还。上皆是之。”⑤

钦宗由先前与金人“金石不渝”的议和之举，随之而转为对种师道反对讲和与割地之说的“是之”，其原因是基于勤王军队的陆续抵达

① 王瑞明点校：《李纲全集》卷171《靖康传信录上》，第1581页。

② 《宋史》卷358《李纲上》，第11244页。

③ （宋）徐梦莘：《三朝北盟会编》卷30，上海古籍出版社1987年版，第219页。以下所引《三朝北盟会编》皆为此版本。

④ 同上书，卷30，第220页。

⑤ 同上书，卷30，第224—226页。

以及对金人剽掠暴行的愤恨："及勤王之师既集，西兵将帅日至，上意方壮。又闻金人虏掠城北，屠戮如故，而城外后妃、皇子、帝姬坟墓殡殰发掘殆尽，始赫然有用兵之意。"① 以此为背景，正月二十七，李纲上殿奏陈宋金双方的兵力和形势，提出了"以计取之"的方略：

金人之兵，张大其势，然得其实数，不过六万人，又大半皆奚、契丹、渤海杂种，其精兵不过三万人。吾勤王之师集城下者二十余万，固已数倍之矣。彼以孤军入重地，正犹虎豹自投槛阱亚夫所以困七国者。俟其刍粮乏，人马疲，然后以将帅檄取誓书，复三镇，纵其归，半渡而后击之，此必胜之计也。②

宋廷对于李纲提出的对敌意见并无异议："上意深以为然，众议亦允，期即分遣兵以二月六日举事。"但这个计划却又因为姚平仲提前举事而流产。据载，姚平仲"勇而寡谋，谓大功可自有之，先期于二月一日夜，亲率步骑万人，以劫金人之寨，欲生擒所谓斡离不者，取今上皇以归"。但姚平仲却不得所欲，劫寨失利，惧诛戮而遁去。李纲遂被指为这次失败的军事行动的主要责任人。"宰相李邦彦于上前语使人曰：'用兵乃大臣李纲与姚平仲结构，非朝廷议。'遂罢李纲与种师道，遣使交割三镇。"③ 其割三镇诏书曰：

敕太原府守臣：应中山、河间、太原府并属县镇及以北州军，已于誓书中议定，合交割与大金事。昨者大金以朝廷招纳叛亡，有渝信誓，因举大军，直至京畿。重以社稷为念，所系甚大，遂割三府，以寻欢盟。庶销兵革之忧，以固两朝之好。其犬牙不齐去处，

① 王瑞明点校：《李纲全集》卷171《靖康传信录上》，第1583页。
② 同上书，卷172《靖康传信录中》，第1587页。
③ 同上书，卷172《靖康传信录中》，第1587—1588页。

并两平兑易，合照誓书施行。如有州军未便听从，仰将此诏书遍行告谕，各务遵禀。毋或拒违，自取涂炭。

两朝封疆接畛，义同一家，各宁尔居，永保信睦。①

钦宗朝廷既已满足了金人的索求，意欲“割三府以寻欢盟，庶销兵革之忧，以固两朝之好”，金人遂退师北还。宋廷也罢去诸道勤王之师，就此进入“和”的时期，二月十二戊申大赦天下。至此，钦宗朝廷的对金策略又由战转变为和。

但是，朝廷上下的反和之声并未因议和而停止，太学生杨诲上书论反对割地、晁其上书论三镇不可弃，其言辞皆激烈慷慨。御史中丞许翰更深入分析了割让三镇的危害及姚平仲劫寨失利的原因，明确提出议和乃非策：

方今若失三镇二十州之地，则天下之势已断。西北无河东，则陕不可守；无河朔，则汴不可都，计不过谋渡江南。臣考永嘉渡江能为东晋者，乃王导、谢安英贤相继，扶危救倾，仅能立国，而中原丘墟，遂陷胡貊。后世无王导、谢安之才，或有而不见施用，则东晋割据，犹恐未易为也。……今使虏不释憾，则渡河之师当战，战则必有漕运之役，有应援之兵，有屯据之要，皆当素治，不计小节，但责成功，而后将帅志一，士卒气奋，三镇之守，有死无二。若我将以疑遣，师以苟行，则精锐已亡，何以取胜？凡今为和议者，苟取目前之无事，则又未可必也。臣闻西北之民人人相语曰：“吾属与其为虏，则宁南向作贼，死且为中原鬼。”使三镇之众发愤怨怼，人为寇攘，非小变也。故姑息目前，亦未易得。况又方来之

① （金）佚名编，金少英校补，李庆善整理：《大金吊伐录校补》之《宋少主敕太原守臣诏》，中华书局2001年版，第162页。以下所引《大金吊伐录校补》皆为此版本。

患，亦未知税驾欤？自古用兵，必有异议……《书》曰："惟克果断，乃罔后艰。"陛下所以疑者，度众人必以姚平仲前日之所败，自持其说。近者种师道为臣言平仲所以不利者，劫寨之法，不用大兵，当少扰之，使自蹂籍，而后可乘。又地势横入河中，渡兵隘桥，此利诱使出战，不利以兵入寇也。臣以是知师道有谋。故前日之攻，失在不用老将而用骁勇，不恃谋将而恃词说，非兵不可用也。①

许翰以史为鉴，结合当时实际状况，基于"非兵不可用"的前提，尖锐指出"凡今为和议者，苟取目前之无事，则又未可必也"。在朝廷上下反议和、反割让的强烈呼声下，钦宗于三月十六发布诏书，罢黜主和大臣：

朕承道君太上皇帝付托之重，即位十有四日，金人之师已及都城，大臣建言捐金帛、割土地，可以纾祸。赖宗社之灵，守备匆缺，久乃退师。而金人要盟，终勿可保。今肃王渡河北去未还，粘罕深入，南陷隆德。未至三镇，先败元约，所过残破州县，杀掠士民。朕夙夜追咎，何痛如之！已诏元主和议李邦彦、奉使许地李棁、李邺、郑望之悉行罢黜。

与此同时，钦宗又"诏种师道、姚古、种师中往援三镇"。声称"祖宗之地，尺寸不可与人，且保塞陵寝所在，誓当固守。朕不忍陷三镇二十州之民，以偷顷刻之安。与民同心，永保疆土，播告中外，使知朕意"②。

① （宋）汪藻著，王智勇笺注：《靖康要录笺注》卷3，四川大学出版社2008年版，第403—405页。以下所引《靖康要录笺注》皆为此版本。

② 同上书，卷4，第492页。

钦宗朝廷二月下诏割让三镇以退金师，三月则称“永保疆土”，“不忍陷三镇二十州之民”，这就违背了宋金双方先前的议和盟约，使和议前景变得难以预测。加之宋廷又接连做出联合辽国旧将以抗金的举动，终使宋金之间脆弱的和议彻底崩溃。对此，《宋史纪事本末》卷五十六《金人入寇》记载较为详细：

> 先是，朝廷以肃王为彼所质，亦留其使臣萧仲恭以相当，逾月不遣。其副赵伦惧不得归，乃绐馆伴邢倞曰：“金国有耶律余睹者，领契丹兵甚众，贰于金人，愿归大国，可结之以图斡离不及粘没喝。”执政以仲恭、余睹皆辽贵戚旧臣，而用事于金，当有亡国之戚，信之，乃以蜡书付伦，致之余睹，使为内应，仍赐伦银绢。伦还，见斡离不，即以蜡书献之，斡离不以闻于金主。又麟府帅折可求言辽梁王雅里在西夏之北，欲结宋以复怨于金。吴敏劝帝致书梁王，由河东之麟府，亦为粘没喝游兵所得，复以闻。于是金主甚怒，以粘没喝为左副元帅，斡离不为右副元帅，分道南侵。粘没喝发云中，斡离不发保州。①

宋执政者误信金使赵伦之言，致书已为金国效命的辽国旧将耶律余睹。其书慷慨激昂，约耶律余睹共举反金，承担起复兴大辽国的使命：“使人萧仲恭、赵伦之来，能道辽国与燕云之遗民不忘耶律氏之德，冀假中国诏令，拥立耆哲……宗室之英，天人所相。是宜继有辽国，克绍前休，以慰遗民之思。方今总兵于外，且有西南招讨太师同姓之助，云中留守尚书愿忠之佐，一德同心，足以共成大事。”又称宋朝当全力相

---

① （明）陈邦瞻：《宋史纪事本末》，中华书局1977年版，第583—584页。以下所引《宋史纪事本末》皆为此版本。

助，“以中国之势，竭力拥卫，何有不成？”[①] 此书约辽旧将背金以兴复故国，全然跳出了此前与金国议和的思维，这就把宋廷再次引向了战争的边缘。而宋廷根据大将折可求情报做出的联结西辽以抗金的决策，更触发金主之恨。靖康元年十月十八庚戌，金人遣使持书责宋背盟，质问宋廷“遗契丹王及余睹蜡书，并云割三镇”之罪。其言曰：

> 曾自为辞，管行割送，今则反假士民之固守，更张军势以解围。兹事难图，昔言安在？乃者差萧仲恭、赵伦等赍书报复，回日辄受间谍之语，阴传构结之文，敢蹈前非，又在今日。[②]

金人以强硬的态度斥宋廷背盟之罪，同时引兵南伐。靖康元年九月丙寅，金左副元帅宗维攻陷太原，十月丁酉，金右副元帅宗杰攻破真定。十一月丙戌，宗杰打到京师，丁酉，宗维也抵达京师。十二月，宋钦宗向金人奉呈降表。靖康二年二月丙寅，金主“诏降宋二帝为庶人，三月丁酉，立宋太宰张邦昌为大楚皇帝”[③]，北宋灭亡。

康王赵构于靖康二年五月即皇帝位，改元建炎，任命李纲为宰相。六月庚申，李纲奏上十议，深入分析并总结了靖康之际，面对金人的入犯，宋廷固守、和议、应战三策变化不定，终于导致国家破亡的惨痛经历，指出其教训就在于“和与战两失之”，“并守策失之”。李纲为新政权提出的“国是”，也正是建立在这一历史事实之上的。

---

① （金）佚名编，金少英校补，李庆善整理：《大金吊伐录校补》之《黄绢间谍结构书》，第228页。

② （宋）徐梦莘：《三朝北盟会编》卷58，第433页。

③ 《金史》卷3《太宗》，第56页。

第二节　李纲“国是”之方向：专务自守

高宗建立的南宋新政权一开始就处在风雨飘摇之中，所谓“和不可信，守未易图，而战不可必胜”①。金人于灭亡北宋之后，坚决排斥赵氏，要求百司共议堪为新帝人选时，就明确规定“宜别择贤人，立为屏藩，以王兹土”。“赵氏宗人，不预此议。”② 赵构的即皇帝位，被斥为“妄称兴复”，明言“赵构虽系亡宋之余，是亦匹夫，非众人共迷，无由自立”。对于赵构所建立的南宋新政权，金人坚决否认。其势不两立的态度毫不含糊：

> 若赵构晓悉此意，亲诣辕门，悔罪听命，则使与父兄圆聚，复立大楚而已。如张氏（张邦昌）已遭鸩毒，则别择贤人，使斯民有主而已，秋毫无犯。若或仍敢恣狂，终无悛悟，即许所在士民、僧道齐心擒送，以靖国难。若亦不慎去就，稍拒官军，不即擒送，及不住扰乱新边，即是以迷固迷，与乱同道，自取涂炭，罪宜不宥，累年征讨，定无苏息。③

一方是强势凭陵、一意否决赵宋的金廷，另一方则是“以今日国势，揆之靖康之初，其不相若远甚”④ 的南宋新政权。在双方根本没有

① （宋）李心传：《建炎以来系年要录》第1册，卷5，建炎元年五月乙未条引李纲所言，第122页。

② （宋）汪藻著，王智勇笺注：《靖康要录笺注》卷15，第1611页。

③ （金）佚名编，金少英校补，李庆善整理：《大金吊伐录校补》之《伐康王晓告诸路文字》，第494—495页。

④ 王瑞明点校：《李纲全集》卷58《议国是》，第635页。

可能并立的情况下，如何应对金人，就成了高宗赵构必须首先解决的问题，而李纲所奏十议中提出的“国是”也正是针对此而发的。

李纲分析了靖康年间谋略失当所造成的严重后果，从两个方面入手，否决了议和之说。

一是从宋廷内部入手，针对徽、钦二帝北迁的事实，从“孝友之德”入手，分析和议之不可行：

> 二圣播迁，陛下父兄沉于虏廷，议者必以谓非和则将速二圣之患，而亏陛下孝友之德，故不得不和。臣窃以为不然。夫为天下者，不顾其亲。顾其亲而忘天下之大计者，此匹夫之孝友也。昔汉高祖与项羽战于荥阳、成皋间，太公为羽军所得，其危屡矣。高祖不顾，其战弥力，羽不敢害，而卒归太公。然则不顾其亲而战者，乃所以归太公之术也。晋惠公为秦所执，吕郄谋立子圉以靖国人，其言曰：“失君有君，群臣辑睦，甲兵益多。好我者劝，恶我者惧，庶有益乎！”秦不敢害而卒归惠公。然则不恤敌国而自治者，乃所以归惠公之术也。今有贼盗于此，劫质主人，以兵威临之，则必不敢加害；以卑辞求之，则所索弥多，往往有不可测之理。何则？彼为利谋，陵懦畏强，而初无恻隐之心故也。今二圣之在虏廷，莫知安否之审，固臣子之所不忍言。然吾不能逆折其意，又将堕其计中，以和议为信然，彼必曰割某地以遗我，得金币若干则可，不然二圣之祸，且将不测。不予之，是陛下之忘父兄也；予之，则所求无厌，虽日割天下之山河，竭取天下之财用，山河、财用有尽，而金人之欲无穷，少有衅端，前所与者，其功尽废，遂当拱手以听命而已。昔金人与契丹二十余战，战必割地厚赂以讲和，既和则又求衅以战，卒灭契丹。今又以和议惑中国，至于破都城、灭宗社、易姓建号，其不道如此。而朝廷犹以和议为然，是将以天下畀之敌国

而后已，臣愚窃以为过矣。[①]

李纲把“孝友之德”分为帝王之孝与匹夫之孝。匹夫之孝，“顾其亲而忘天下之大计”。帝王之孝则是为天下计，天下之山河、财用有尽，而金人之欲无穷，“前日既信其诈谋以破国矣，今又欲陷覆车之辙以破天下，岂不重可痛哉!”[②] 从历史上看，汉高祖刘邦以不顾其亲而战，终归太公；吕郄不恤敌国而自治，终归晋惠公。所以，奉行和议，“割要害之地，奉金币以予之，是倒持太阿，以其柄授人，藉寇兵而资盗粮也”。因此，只有“报不共戴天之仇，以雪振古所无之耻”，才是帝王应有的“孝友之德”。[③]

二是从金对宋必欲灭之而后快的态度来看，指出卑身厚赂没有出路：

或谓强弱有常，势弱者不可不服于强。昔越王勾践卑身重赂以事吴，而后卒报其耻。今中国事势弱矣，盍以勾践为法，卑身重赂以事之，庶几可以免一时之祸，而成将来之志乎？臣以为不然。夫吴伐越，勾践以甲盾三百栖于会稽，遣使以行成，而吴许之。当是时，吴无灭越之志，故勾践得以卑身厚赂以成其谋，枕戈尝胆以励其志，而卒报吴。今金人之于国家何如哉？上自二圣、东宫，下逮宗室之系于属籍者，悉驱之以行，而陛下之在河北，遣使降伪诏以宣召求之，如是其急也，岂复有恩于赵氏哉！虽卑身至于奉藩称臣，厚赂至于竭天下之财以予之，彼亦未足为德也，必至于混一区宇而后已。然则今日之事，法勾践尝胆枕戈之志则可，法勾践卑身厚赂之谋则不可。事固有似是而非者，正谓此也。[④]

---

① 王瑞明点校：《李纲全集》卷58《议国是》，第635—636页。
② 同上书，第636页。
③ 同上。
④ 同上书，第636—637页。

李纲把历史上勾践报吴之卑身厚赂以成其谋，枕戈尝胆以励其志的实际背景与宋金间相互关系作对比，认为勾践示弱以报辱，在于吴王无灭越之志，而金之于宋则必欲灭之而后已，故欲求和于金以纾祸的想法是有害无益的，也是没有任何出路的。

否决了议和之策后，李纲结合当时情势，提出了“国是”之说：“为今之计，莫若一切罢和议，专务自守之策，而战议姑候于可为之时。”① 李纲虽然也强调“欲措国于尊强者，非兵不可也”②，但是，以当时的国家实力来看，刚刚经历了靖康年间的大劫难，根本无力与金人大规模正面交战。所以李纲分析这种形势说：“方今当京邑残破，二圣播迁之后，国势益弱，士气益衰，而欲遽与之战，正犹病人气体未复，而欲与壮士斗，必不可也。”③ 正是基于这样的国情，李纲提出了宜趋时之变，以武为先、益修军政、褒奖武功、振奋士气的自守之策：

> 俟其入寇，则多方以御之，所破城邑，徐议收复；建藩镇于河北、河东之地，置帅府、要郡于沿河、江、淮之南；治城壁、修器械、教水军、习车战，凡捍御之术，种种具备，使其进无抄掠之得，退有邀击之患，则虽时有出没，必不敢深入而凭陵。三数年间，生养休息，军政益修，士气渐振，将帅得人，车甲备具，然后可议大举，振天声以讨之，以报不共戴天之仇，以雪振古所无之耻。彼知中国能自强如此，岂徒不敢肆凶，而二圣保万寿之休，亦将悔祸率从，而銮舆有可还之理。④

对于自守，李纲的目标是使金人进无所掠，退不得归。为达到这个

① 王瑞明点校：《李纲全集》卷58《议国是》，第636页。
② 同上书，卷59《议战》，第642页。
③ 同上。
④ 同上书，卷58《议国是》，第636页。

目的，李纲除了着眼于修城池、备器械、屯兵聚粮、坚壁清野，教车战以御其奔冲，习水战以击其济渡等常规的捍御之术外，还特别强调“为今日守备之策，当以河北、河东之地建藩镇，立豪杰，使自为守，朝廷量以兵力援之；而于沿河、沿淮、沿江置帅府、要郡以控扼”①。这些务守之策其实是李纲对金的一贯思想。靖康元年四月，在金人暂时退师之际，结合宋廷所割三镇军民不愿陷没金人，其势必将坚守的现状，为防秋以备金人，李纲向钦宗奏上“饬武备，修边防，勿恃其不来，当恃吾有以待之”的备边御敌八事，其中就对建藩镇、置帅府二事进行了详细的论述：

唐之藩镇，所以拱卫京师，故虽屡有变故，卒赖其力。而及其弊也，有尾大不掉之患。祖宗监之，销藩镇之权，罢世袭之制。施于承平边境无事则可，在今日则手足不足以捍头目。为今之计，莫若以太原、真定、中山、河间，建为藩镇，择帅付之，许之世袭；收租赋以养将士，习战阵相为唇齿，以捍金人，可无深入之患。又沧州与营、平相直，隔黄河下流及小海，其势易以侵犯。宜分滨、棣、德、博，建横海军一道，如诸镇之制，则帝都有藩篱之固矣。

自熙、丰以来，籍河北保甲凡五十余万，河东保甲凡二十余万。比年以来，不复阅习。又经燕山、云中之役，调发科率，逃亡流移，散为盗贼。今所存者，犹及其半。宜专遣使团结训练，令各置器甲，官为收掌，用印给之，蠲免租赋，以偿其直。武艺精者，次第迁补，或命之官，以激劝之。彼既自保乡里、亲戚、坟墓，必无逃逸。又平时无养兵之费，有事无调发之劳，此最策之得者。②

① 王瑞明点校：《李纲全集》卷59《议守》，第643页。

② 同上书，卷46《备边御敌八事》，第536页。

李纲所奏是以三镇之民为朝廷固守边境为出发点，故所奏八事多涉及河东及河北养马监牧、开浚堤防、修治城池、优免租赋、积蓄粮草等事项，而其中又尤以建立藩镇以保家御敌为着眼点，强调其卫国守土的优势。从军民方面来看，河北、河东建为藩镇，择帅付之，许之世袭，且蠲免租赋，激励武艺，使之“自保乡里、亲戚、坟墓，必无逃逸”；从朝廷方面考虑，收租赋以养将士，习战阵相为唇齿，“平时无养兵之费，有事无调发之劳”，如此备御，则无金人深入之患。

然而，靖康之际，宋廷的实际状况却是敌寇当前，诸事可叹。李纲在《靖康传信录下》中悲愤地记录了朝廷面临的危局：“今河北之寇虽退，而中山、河间之地不割，贼马出没，并边诸郡寨栅相连，兵不少休；太原之围未解，而河东之势危甚，旁近县镇，皆为贼兵之所占据。秋高马肥，虏骑凭陵，决须深入，以责三镇之约及金帛之余数。倘非起天下之兵，聚天下之力，解围太原，防御河北，则必复有今春之警，宗社安危，殆未可知。”① 但当时的宋廷上下并未对此措置防御，“大抵自贼马既退，道君还宫之后，朝廷恬然遂以为无事。方议建立东宫，开讲筵，斥王安石置《春秋》博士。而台谏所论，不过指摘京、黼之党，行遣殆无虚日。防边御寇之策，反置而不问”②。在这种情况下，李纲奏疏所建议之事自然难以得到实施：

> 上俾宰执同议，而其间所论异同，虽建横海军一道，以安抚使总之，而藩镇之议寝；虽委提举官遵旧制教阅上户保甲三分之一，而遣使尽行团结训练，置器甲之议不行；虽委沿边增修塘泺城池，而辅郡畿邑已降指挥，旋即罢止；虽委诸路相视监牧，而不复括马；虽放河北、河东租税，而止及一年；虽行加抬粮草钞，而贴以

① 王瑞明点校：《李纲全集》卷173《靖康传信录下》，第1603页。

② 同上书，卷173《靖康传信录下》，第1598页。

四分香药；虽复解盐，而地分不如旧制。[①]

李纲之策既不得行，而出师援救太原，又因为节制不专、分路进兵等原因而失利，于是言者指李纲“专主战议，丧师费财”及其他十罪，李纲最终落职，他的河东、河北防御之策也因此而搁置下来。

如前所述，靖康元年十二月宋钦宗降金，北宋灭亡。靖康二年五月宋高宗建立南宋。从时间上看，高宗即位，距离北宋的灭亡仅仅五个月；从金宋关系来看，靖康二年三月，金人扶立张邦昌大楚政权，坚决否决赵宋政权。时隔两个月，高宗建立南宋政权，新朝廷面临着内外交困的局面，金人强力的威胁使其形势之严峻绝不亚于靖康之际。在这种情况下，李纲将其靖康时期未曾实施的藩镇方略再次提出，一方面可以说是对自金人入犯以来的对敌策略的一种延续；另一方面，也可以说是为新兴政权稳步生存于艰难时世所做的外交上和政治上的设计。

第三节　李纲“国是”之失败

李纲于高宗初即帝位、国家形势尚处于动乱之时出任宰相，既是时代大势使然，也是高宗全力支持倚重的结果。从新生的南宋政权所面对的时局来看，随时有金人再立北方伪政权，并强势南犯的威胁。在这种情况下，所选任宰相的政治倾向也就成了南宋朝廷新的政治路线及对敌政策的风向标。在这种情况下，李纲出任宰相，可以说既是众望所归，也是高宗此期无主和之意的一个标志。诚如南宋吕中《中兴大事记》

① 王瑞明点校：《李纲全集》卷173《靖康传信录下》，第1598页。

所说："若李公者，其天之所出以弭宣和、靖康之祸，而开建炎、绍兴之业也与！当上即位之初，误国之臣不可用，伪命之臣不可用，张（浚）、赵（鼎）之德望未孚，天下人望之所归者，李公一人而已。上不自内用汪（伯颜）、黄（潜善），而自外召纲，则高宗之志主于恢复可见矣。观上未即位时，与公书云：'王室多故，乘舆蒙尘。方今生民之命，急于倒垂。谅非有不世之才，何以成叶济之功。'则高宗属意于公久矣。"① 然而，李纲的出任却催生并激化了朝廷重臣不同的对敌意见和个人的利益之争。在李纲尚未到任之时，反对之声已经出现，李心传《建炎以来系年要录》记载其时事云：

黄潜善、汪伯彦自谓有攀附之劳，虚相位以自拟。上恐其不厌人望，乃外用纲。二人不平，由此与纲忤。②

御史中丞颜岐言："邦昌，金人所喜，虽已为三公，宜加同平章事，增重其礼。李纲，金人所不喜，虽已命相，宜及其未至，罢之，以为中太一宫使兼经筵官，置散地。"……岐又请罢纲，章五上。上曰："如朕之立，恐亦非金人所喜。"岐乃退。③

右谏议大夫范宗尹力主议和，乃言纲名浮于实，而有震主之威，不可以相。章三上不报……御史中丞颜岐遣人持劾副遗纲，封以御史台印。④

一方面，李纲的出任得到了高宗力排众议的强力支持："朕知卿忠义智略甚久，在靖康时，尝欲言于渊圣，使远人畏服，四方安宁，非相

① （宋）刘时举：《续宋编年资治通鉴》卷1《宋高宗一》引《中兴大事记》，商务印书馆1939年版，第2页。以下所引《续宋编年资治通鉴》皆为此版本。

② （宋）李心传：《建炎以来系年要录》第1册，卷5，建炎元年五月甲午条，第120页。

③ 同上书，卷5，建炎元年五月辛丑条，第129页。

④ 同上书，卷6，建炎元年六月己未朔条，第141页。

卿不可。今朕此志已决，卿其勿辞。”① 另一方面，政治倾向的相异也隐伏着李纲必然要承受的继之而来的朝廷各方势力的掣肘阻抑，以致其施政纲领最终也因之而失败。

建炎元年五月高宗即位，李纲入相，立即以“靖康大臣主和误国”之由，谪贬了其时的主政者李邦彦、吴敏、蔡懋和使金请割地者李棁、宇文虚中、郑望之、李邺等人。紧接着，在李纲的强力要求下，又处置了伪楚朝廷的张邦昌、王时雍、徐秉哲、吴幵、莫俦等人。高宗手诏河东、河北郡县，谕令坚守。其诏曰：

> 河东、河北，国之屏蔽也。朝廷岂忍轻弃？靖康间，特以金人凭陵，不得已割地赂之，将以保全宗社。而金人日横，攻破都城，易姓改号，劫銮舆以北，则两河之地，又何割哉？方命帅遣师，以为声援，应州县守臣，能竭力保有一方，及能力战破敌者，当授以节钺，应移用赋税，辟置将吏，并从便宜。其守臣皆迁官进职，次第录之。②

在否决和议，积极防守的形势下，李纲及时推进其非常时期的治国方略，他上疏高宗，提出宋室中兴当行之事宜：“今日中兴规模所急者，当先理河北、河东，盖两路国之屏蔽。今河北惟失真定等四郡，河东惟失太原等六郡，其余皆在，宜于河北置招抚司，河东置经制司，择其才者为使。”③ 李纲的一系列设想是以其内修然后外攘、专务守策的“国是”为出发点的，其重点又放在“先理河北、河东”之上。李纲请求

① （宋）李心传：《建炎以来系年要录》第1册，卷6，建炎元年六月己未朔条，第141页。

② 同上书，卷6，建炎元年六月丁卯条，第154页。

③ （宋）徐自明撰，王瑞来校补：《宋宰辅编年录校补》卷14，中华书局1986年版，第892—893页。以下所引《宋宰辅编年录校补》皆为此版本。

“以河北之地建为藩镇，朝廷量以兵力授之，而于沿河、沿淮、沿江置帅府、要郡、次要郡，以备控扼。又请出度牒、盐钞，及募民出财，使帅府常有三年之积，要郡二年，次要郡一年”。对于这一系列的意见，高宗悉从之。建炎元年六月，责授凤州团练副使张所借通直郎直龙图阁充河北西路招抚使，七月，温州观察使枢密院都承旨王瓔为河东经制使，通直郎直秘阁傅亮为副使，接着，正议大夫忻州观察使张换为河北制置使。为积极推进守备，李纲又奏上三议：

一日，同执政奏事内殿，余留身，进呈三札子：一曰募兵，二曰买马，三曰募民出财以助兵费。

余奏上曰：国家以兵为重，方熙、丰盛时，内外禁旅合九十五万人；至崇、观间，而阙额不补者几半；西讨夏人，南平方寇，北事幽、燕，所折阅者又三之一；至靖康间，金人再犯阙，溃散逃亡者又不知其几何。方建炎初，天下勤王之师，集于都城侧者三十余万人，其间多系召募民兵。倘择正兵之可用者，留十余万分屯要害州郡，运粮给之，以为后图，亦足以壮声势而备缓急。朝廷乃一切放散，而京东、河北之兵，在元帅府者，又皆援例以归，遂使行在禁旅单弱，虽旋搜裒，其势不多，何以捍强敌而镇四方？今已散之兵，既不可复追，而东南之人，其性轻剽，不可使之远战。耐劳苦，习战阵，惟西北之人可使。为今日之计，莫若取财于东南，募兵于西北。方河北之人为金人骚扰，未有所归之时，而关陕、京东、西流为盗贼，强壮不能还业者甚众，乘此遣使四路，优给例物以招募之，新其军号，勒以部伍，得十数万人，付之将帅，以时教阅训练，不年岁间皆成精兵；于要害州郡，别置营房屯戍，使之更番入卫行在。此最今日之急务也。

夫金人专以铁骑取胜，而中国马政不修，骑兵鲜少，乃以步军

> 当其驰突，宜乎溃散……金人初犯阙，河北、京畿之马为之一空。其后破都城，首下令括马，而京师之马入于贼者万有余匹。今行在骑兵，既已不多，又皆疲劣，官马既无，独陕西、京东西诸路尚有私马。宜降指挥，立格尺，以善价买之，可以济一时之乏。民间养马，必皆上户及僧道、命官之家，中下户自无马可养，取之既不厉民，而旬月间马遂可集。朝廷讨论监牧之制，修复马政，命四川茶马司益市马，责效在年岁之外，马不患乎不足，此今日不得已之务也。
>
> 国家新罹寇难，京师帑藏，悉为金人所取；外路州郡以调发勤王之师，财用为之一空；今又募兵买马，招捉盗贼，措置边事，应副残破州县；振举百度，以图中兴，非常赋之所能供办，又不可横赋暴敛，科取于民。如免夫钱，天下至今咨怨。惟上二等物力有余之家，可行劝诱，使斥其赢余，以佐国用，而以官告、度牒之类偿之。使朝廷军马精强，措置边事就绪，盗贼衰息，彼乃得保其财产；不然，虽欲保家室不可得，况财产哉？宜命州县委曲谕以德意，必有乐输从命者，此又今日不得已之务也。①

李纲经理河东、河北，一新朝政的设想与努力在高宗的全力支持下一步步向前推进。新建立的南宋朝廷及其管制下的国家也在按照李纲的规划渐成规模。对此，何俌在《龟鉴》中说得最为明确：“自纲之入为右仆射也，以英、哲全德勉人主，以内修、外攘为己任，抗忠数书，中时膏肓。和、守之议决，而国是明；僭逆之罪正，而士气作；幸都之谋定，而人心安。他如修军政，变士风，定经制，改弊法，置检鼓院以通下情，置赏功司以伸国法，减上供之弊，以宽州县；修茶盐之法，以通

① 王瑞明点校：《李纲全集》卷176《建炎进退志总叙下之上》，第1625—1626页。

商贾。划东南官田，而募民给佃，仿保甲弓箭手，而官为教阅，招兵买马，分布要害。遣张所招抚河北，王瓔经制河东，宗泽留守京城。西顾关、陕，南葺樊、邓。且将益据形便，以为必守中原之计。此朱文公谓李纲入来，方成朝廷者，正谓此也。”① 然而，如前所述，早在李纲到任之前，反对其入相者已经不在个别。就当时朝廷来看，在和、战、守的问题上，朝廷重臣始终未能达成共识。李纲大规模地更新政事，必定引发其他各方的不安，并由此产生争斗。就以上述李纲所奏三议来说，右谏议大夫宋齐愈入对，论招军、买马、劝民出财非是：“今西北之马不可得，独江、淮之南，而马不可用。括民之财，岂可尽极？至于兵数，若郡增二千，则岁责千万缗以养，今岂堪此？”② 宋齐愈论李纲之过，适遇朝廷惩治从伪逆者之罪，于是，言者论宋齐愈在皇城司首书张邦昌名字以示议臣，由是罢宋齐愈谏议大夫，下台狱。建炎元年七月癸卯，腰斩宋齐愈于都市。吕中《大事记》曾评论这件事：“宋齐愈之罪，当从王时雍等之例，贬而窜之可也，何至是耶？洪刍、陈冲、王及之死，纲尚救其死，而独不救宋齐愈，纲于是失政刑矣。”③ 时任尚书虞部员外郎的张浚一向与宋齐愈友善，又是朝中重臣黄潜善之客，于是李纲与宋齐愈的斗争又引发了张浚、黄潜善对李纲的不满。用吕中的话来说就是“以潜善而忌李纲，是以小人而忌君子也。以张浚而攻李纲，是以君子而攻君子，其可乎？”④ 吕中的话其实也正反映出南宋朝廷新建之初，其内部错综复杂的矛盾斗争，而这种斗争也将李纲的治国方略最终送上破灭之路。

---

① （宋）李心传：《建炎以来系年要录》第1册，卷6，建炎元年六月戊辰条所引，第155—156页。

② 同上书，卷6，建炎元年六月丁亥条，第169页。

③ 同上书，卷7，建炎元年七月癸卯条所引，第184页。

④ 同上。

由于朝中重臣的意见不一，所以李纲在具体实施其专务守策的过程中，虽然能够得到高宗的支持，却难免处处遇到来自各方的阻力。黄潜善和汪伯彦是拥立高宗的重要成员，极受高宗信任。靖康元年十二月，时为康王的赵构开元帅府，靖康二年三月即以汪伯彦为元帅，黄潜善为副元帅。五月高宗即皇帝位，设置御营司以总齐军中政令，以中书侍郎黄潜善兼御营使，同知枢密院事汪伯彦兼御营副使。汪、黄二人在对金策略上与李纲的务守不同，他们是主张议和的。《建炎以来系年要录》卷5记载南宋刚刚成立之际的黄潜善、汪伯彦事迹曰：

> 潜善等复主议和，因用靖康誓书，划河为界。始敌求割蒲、解，围城中许之。潜善等乃令刑部，不得誊赦文下河东、北两路及河中府解州。其乙未丁酉所遣兵，且令屯大河之南，应机进止。①
>
> 戊午，太常少卿周望假给事中，充大金通问使，武功大夫赵哲领达州刺史副之。初，上用黄潜善、汪伯彦计，遣傅雱使金军，祈请二帝。未行，朝论欲更遣重臣以取信。会尚书户部侍郎邵溥乞赴行在，潜善等因白用溥，溥辞，乃黜溥知单州，而更命望。②

用靖康誓书，以划河为界的方式处理新兴的南宋与金的关系，是为其后有可能的议和预设铺垫。以这种思维行事，拒绝出使者自然要受到贬黜。对于李纲的务守方略，黄潜善与汪伯颜通过高宗车驾行幸之地的确定，不动声色地左右了高宗意志，最终消解了李纲的务守方略。

建炎元年七月初，有关边防军政的整治工作基本就绪，高宗车驾的去向问题提上了议事日程。对于此事，当时朝中大臣议论纷纷，李纲请营南阳，宗泽请幸京城，汪伯颜、黄潜善欲幸东南。李纲虑及中原之

---

① （宋）李心传：《建炎以来系年要录》第1册，卷5，建炎元年五月戊戌条，第127页。

② 同上书，卷5，建炎元年五月戊午条，第138—139页。

地，坚决反对巡幸东南："今乘舟顺流而适东南，固甚安便。但一去，中原势难复还。夫中原安则东南安，失中原，东南岂能必其无事？一失机会，形势削弱，将士之心离散，变故不测，且有后艰，欲保一隅，恐亦未易。"① 李纲的考虑是："自古中兴之主，起于西北，则足以据中原而有东南；起于东南，则不足以复中原而有西北。盖天下之精兵健马，皆出于西北，委而弃之，岂惟金人乘间以扰关辅，盗贼且将蜂起，跨州连邑，陛下虽欲还阙且不可得，况治兵胜敌，以迎还二圣哉？夫江之险不如河，而南人轻脆，遇敌则溃，南方城壁，又非北方之比。"他以此为依据，提出了车驾适襄、邓的主张："为今之计，纵未能行上策，当暂幸襄、邓，以系天下之心。夫襄、邓之地，西邻川、陕，可以召兵；北近京畿，可以进援；南通巴蜀，可以取货财；东连江、淮，可以运谷粟。山川险固，民物淳厚，愿为今冬驻跸之计，俟两河就绪，即还汴都。"②

高宗初亦有意独留中原，与金决战，故命李纲起草诏书，颁布于两京。其诏云：

> 朕权时之宜，法古巡狩，驻跸近甸，号召军马，以防金人秋高气寒，再来犯界。朕将亲督六师，以援京城及河北、河东诸路，与之决战。已诏奉迎元佑太后，津遣六宫，及卫士家属，置之东南。朕与群臣、将士，独留中原，以为尔京城及万方百姓请命于皇天，庶几天意昭答，中国之势寖强，归宅故都，迎还二圣，以称朕夙夜忧勤之意。应在京屯兵聚粮，修治楼橹器具，并令留守司、京城所、户部疾速措置施行。③

---

① （宋）李心传：《建炎以来系年要录》第1册，卷7，建炎元年七月丙午条，第185页。

② 同上书，卷7，建炎元年七月乙巳条，第184—185页。

③ 同上书，卷7，建炎元年七月辛丑条，第179页。

然而，从当时的朝臣意向来看，黄潜善、汪伯颜皆欲奉上适东南，而群臣也多不以李纲之策为然：“时上虽用李纲议营南阳，而朝臣多以为不可。”“于是汪伯彦、黄潜善皆主幸东南，故士大夫率附其议。”① 高宗本来已经许诺李纲秋末巡幸南阳，但在黄潜善、汪伯颜力请之下，其意生变，遂取巡幸东南的避敌之策，而李纲以守备战的施政路线也就不可能再持续下去。

> 先是，纲为上谋，以秋末幸南阳，上许之矣。潜善与知枢密院事汪伯彦力请幸东南，上意中变，于是纲所建白，上多不从。客或谓纲曰：“士论汹汹，谓东幸已决，南阳聊复耳尔，盍且从其议乎？不然，事将变。”纲曰：“天下大计，在此一举，国之存亡，于是焉分。果然，吾当以去就争之。”②

李纲要以去就与朝中重臣相争，而黄、汪也绝非等闲之辈。李纲曾向高宗陈情曰：“潜善、伯彦自以谓有攀附之功，方虚位以召臣，盖已切齿。及臣至而议论伪楚，建请料理河北、河东两路，车驾巡幸宜留中原，皆与之不同，而独蒙陛下嘉纳听从，固宜为其媢嫉无所不至。”③ 双方之争从巡幸之地的选择一直到河北、河东等地建藩镇、立豪杰的方略。建炎元年七月丙辰，河北招抚使张所、河东经制使王瓔、副使傅亮辞行，“门下侍郎黄潜善疾纲之谋，建议遣河北经制使马忠节制军马，俾率兵渡河”。又令忠州防御使河北京东都大捉杀李成“将所部，与忠同捣敌虚，欲使敌释两河之围以自救。纲曰：‘今日士怯兵弱，恐未可深入。且忠在靖康中虽尝宣力，其后官崇志满，不肯决战，屡至败衄，

① （宋）李心传：《建炎以来系年要录》第 1 册，卷 7，建炎元年七月癸丑条，第 189 页。

② 同上书，卷 8，建炎元年八月壬戌条，第 198 页。

③ 王瑞明点校：《李纲全集》，卷 177《建炎进退志总叙下之下》，第 1644 页。

宜不足以任此责。莫若令与所协力。’潜善固执，上卒从之。纲复奏以河北制置司张换为副，于是权始分矣”①。八月壬戌，黄潜善与李纲并相，八月乙亥，李纲罢相。李纲的罢相标志着其河北、河东措置之策的最终失败。《建炎以来系年要录》卷八记载此事甚详：

先是，河北招抚使张所才至京师，河北转运副使权北京留守张益谦附黄潜善意，奏所置司北京不当，且言所欲起北京戍兵给用器甲为非是。又言自置招抚司，河北盗贼愈炽，不若罢之，专以其事付帅司。同知枢密院事张悫素善益谦，每与之相表里。纲言：“所今留京师，以招集将佐，故尚未行，不知益谦何以知其骚扰？朝廷以河北民无所归，聚而为盗，故置司招抚，因其力而用之，岂由置司乃有盗贼？今京东、西群盗公行，攻掠郡县，亦岂招抚司过邪？时方艰危，朝廷欲有所经略，益谦小臣，乃敢非理沮抑，此必有使之者。”上乃令益谦分析。是月甲子，命既下，知枢密院事汪伯彦犹用其奏诘责招抚司。纲与伯彦、悫争于上前，言其不当沮抑之，以害大计。伯彦语塞而止。所方招来豪杰，以忠翊郎王彦为都统制，效用人岳飞为准备将……时河东经制副使傅亮军行才十余日，伯彦等以为逗遛，复命东京留守宗泽节制，使即日渡河。亮言：“今河外皆属金人，而遽使亮以乌合之众渡河，不知何地可为家计？何处可以得粮？恐误大事。”纲为之请，潜善等不以为然。上依违者累日。纲留身极论其理，且言：“潜善、伯彦力沮二人，乃所以沮臣，使不安职。臣每念靖康大臣不和之失，凡事未尝不与潜善、伯彦熟议而后行，不谓二人设心乃如此。”……既而潜善有密启。翌日，上批亮兵少不可渡河，可罢经制司，赴行在。纲留御批再

① （宋）李心传：《建炎以来系年要录》第1册，卷7，建炎元年七月丙辰条，第191页。

> 上，上曰：“如亮人材，今岂难得？”纲曰：“亮谋略知勇，可以为大将，今未尝用而遽罢之，古人之用将，恐不如此。”因求去，上不语。纲以御批纳上前曰：“圣意必欲罢亮，乞以御批付潜善施行，臣得乞身归田里。”纲退，闻亮竟罢，乃再章求去……遂罢纲为观文殿大学士提举杭州洞霄宫。①

李纲在相位凡七十五日而罢。紧接着，黄潜善、汪伯彦共议罢李纲所施行之策。于是，诸路买马、劝民出财等策皆勿行。继之，傅亮以母病归同州，张所以罪贬，并于几月死于岭南，张换为乱军所杀，于是招抚、经制司皆废。九月，“黄潜善、汪伯彦共政，方决策奉上幸东南，无复经制两河之意矣”②。十月丁巳朔，高宗登舟幸淮甸。戊午，隆祐太后至扬州。癸未，高宗至扬州。金左副元帅宗维得闻高宗南幸，遂约诸军分道入犯。宗维自河阳渡河，攻河南，十二月入西京；金右副元帅宗辅与其弟宗弼自沧州渡河，攻山东，次年春攻陷青州、潍州；金陕西诸路先锋都统罗索与其副萨里罕自同州渡河攻陕西，翌年正月戊子攻陷长安。从此北中国陷入旷日持久的战火纷飞之中。

---

① （宋）李心传：《建炎以来系年要录》第1册，卷8，建炎元年八月乙亥条，第201—203页。

② 同上书，卷9，建炎元年九月壬辰条，第213页。

第二章　从宗泽乞请回銮奏疏看建炎二年南宋朝廷的政治局势

靖康元年九月，金左副元帅宗维攻陷太原。十月，金右副元帅宗杰攻破真定。十一月，两军分道渡河。宋钦宗急遣康王赵构出使金军，奉衮冕玉辂，尊金主为皇伯，上尊号十八字，请求金军退师。康王行至磁州，知磁州宗泽谓“肃王一去不反，金敌又诡辞以致大王，愿勿行”,①康王遂以所部千人回相州。十二月，康王开大元帅府，宗泽要求急引兵解京城之围。“汪伯彦等难之，劝王遣泽先行。自是泽不得预府中谋议矣。”②

建炎元年的汴京刚刚经历了金军的扰攘，人心不安，内外变故随时都有可能发生。六月，宰相李纲至行在，立即推荐宗泽知开封府。“初，泽至南都，见李纲，与之语国事，泽慷慨流涕。时开封尹缺，纲为上言，绥集旧都，非泽不可。”③ 宗泽在北方实行了整顿行政、招收盗寇、安抚百姓等一系列措施，“驾御群雄，招降剧盗，兵强士勇，法立诛必。

① 《宋史》卷360《宗泽传》，第11277页。

② 同上。

③ （宋）李心传：《建炎以来系年要录》第1册，卷6，建炎元年六月戊辰条，第155页。

敌连岁不敢犯境，于是清宫除道，谋还二圣，奉迎大驾”。“前后奏请为回銮而发者，凡二十有四。其血诚赤心，因可想见。”① 在这些奏疏中，宗泽悲愤地声讨汪伯彦、黄潜善的主和政策，提出内联豪杰，外结高丽、西夏以图北进的策谋，其字里行间充满切望恢复的激情与愤懑。当然，从当时的实际状况来看，高宗最终也没有回銮旧京，究其原因，除了黄潜善、汪伯彦的专一主和外，也有现实的因素。本章拟结合宗泽乞请回銮的奏疏，并以当时的具体历史背景为依据，探讨建炎二年朝廷不能归向汴京的多重因素。

第一节　主政者无意北行

建炎元年八月李纲罢相。九月，黄潜善、汪伯彦共政，“汪、黄待高宗以乳媪护赤子之术，曰：‘上皇之子，殆将三十人，今所存惟圣体，不可不自爱重。’故建为幸东南之策”②。黄、汪二人深得高宗信任，擢为左、右相，主持朝政。“上曰：‘潜善作左相，伯彦作右相，朕何患国事不济。更同心以副朕之意。’”但就黄潜善、汪伯彦的作为来看，却不能副高宗所望。李心传对此评价曰：“潜善入相逾年，当上初政，天下望治，潜善独当国柄，专权自恣，而卒不能有所经画。伯彦继相，略与之同。由是敌国益无所惮。”③

① （宋）楼昉：《宗忠简公集原序》，四川大学古籍研究所编纂《宋集珍本丛刊》第30册，线装书局2004年版，第746页。

② （宋）刘时举：《续宋编年资治通鉴》卷1《宋高宗一》引《中兴大事记》，第8页。

③ （宋）李心传：《建炎以来系年要录》第1册，卷18，建炎二年十二月己巳条，第375页。

一方面，国家处于艰危之际，深得高宗信任并主持朝政的黄潜善、汪伯彦并未及时做出应对外敌与内乱的策划谋略；另一方面，他们又拔擢附随己意者，沮抑排斥与之政见相左之人。对此，殿中侍御史马伸所言最为清楚：

陛下龙飞河朔，近得黄潜善、汪伯彦以为辅相，一意委任，不复致疑。然自大任以来，措置天下事，未能惬当物情，遂使敌国日强，盗贼日炽，国步日蹙，威权日削。且如二帝亲属，尽室北狩，宗庙社稷不绝如线者，系陛下一人，而三镇未复，不当都汴以处至危之地，此理甚明，然前日下还都之诏，以谪许景衡，至于今日，当如之何？其不慎诏令，有如此者。草茅对策，误不如式，考官罚金可矣，而一日黜三舍人，乃取沈晦、孙觌、黄哲诸群小以掌丝纶，其黜陟不公，有如此者。又如吴给、张阊以言事被逐，邵成章缘上言远窜。今是何时，尚仍旧体，以言为讳，其壅塞言路，有如此者。又如祖宗旧制，谏官御史有阙，御史中丞、翰林学士具名取旨，三省不与，厥有深旨。潜善近来自除台谏，仍多亲旧，李处遯、张浚之徒是也，观其用意，不过欲为已助，其毁法自恣，有如此者。又如张悫、宗泽、许景衡公忠有才，皆可重用，潜善、伯彦忌之，沮抑至死，其妨功害能，有如此者。①

黄、汪如此主政，朝廷的政局状况可想而知。建炎二年，外有金人攻掠陕西、京东诸郡，内有群盗蜂起。黄潜善、汪伯彦皆蔽匿敌情不报，以致盗寇张遇焚掠真州，离行在仅六十里，高宗竟然不得闻知。太学生魏祐上书，专论黄潜善、汪伯彦误国十罪，其结果却是奏疏不报。

① （宋）李心传：《建炎以来系年要录》第1册，卷17，建炎二年八月庚申条引马伸所言，第344—345页。

殿中侍御史马伸上疏列举黄潜善、汪伯彦“不慎诏令”“黜陟不公”“壅塞言路”“毁法自恣”“妨功害能”“强狠自专”“收揽军情”等罪，又指高宗“隐忍，不肯斥逐，涂炭苍生，人心绝望”，且要求“速罢潜善、伯彦政柄，别择贤者，共图大事”，但其结果则是“疏留中不出”。[①] 内侍省押班邵成章上疏条具黄潜善、汪伯彦之罪，称其必致误国。及申奏，诏成章不守本职，辄言大臣，除名南雄州编管。尚书右丞许景衡建请渡江，宰相黄潜善以为不可，于是罢许景衡为资政殿学士，提举杭州洞霄宫。“景衡之执政也，凡有大政事，必请间极论榻前。黄潜善、汪伯彦恶其异己，每排抑之。”[②] 忠翊郎河北制置使王彦自东京赴行在见黄潜善与汪伯彦，力陈两河忠义民兵引颈以望王师，请求朝廷因人心向顺，大举北征，犄角破敌，收复故地，却因其言辞愤激，大忤黄潜善、汪伯彦之意，遂降旨免对。黄、汪不仅从言论上抑制异议者，而且也从实际行动上加以沮抑排斥。建炎二年四月，马扩自武功大夫、和州防御使特迁拱卫大夫、利州观察使、枢密副都承旨元帅府马步军都总管，离开行在之前，他上奏朝廷曰：“愿鉴前世之成败，明当世之嫌疑，俾臣得效愚忠，毕意攻取。今王师大举，机会神速，军期文字，不可少缓。若依常制下都堂等处，然后以达天听，则事涉疑似，或欲规避者，定逡巡藏匿，不以进呈。望令专置一司，不限昏夜昼时通进。”又请罢中贵人监军，以免夺权掣肘，每致败事，以及选给器械等事宜。高宗皆从之，且许马扩过河，得便宜从事。“时潜善与汪伯彦终以为疑，乃以乌合之兵付扩，且密授朝旨，使讥察之。扩行，复令听诸路帅臣节制。扩知事变，遂以其军屯于大名。”[③] 张浚本为黄潜善所荐引，其人

---

① （宋）李心传：《建炎以来系年要录》第1册，卷17，建炎二年八月庚申条，第345—346页。

② 同上书，卷15，建炎二年五月甲申朔条，第316页。

③ 同上书，卷15，建炎二年四月，第314—315页。

“好谋，有大志，数招诸将至台，讲论用兵筹策”，“又论无谓金不能来，当汲汲修备治军，常若敌至。潜善始恶之”。① “时金人横行山东，群盗李成辈因之为乱。金左副元帅宗维将自东平历徐、泗以趋行在，而宰相黄潜善、汪伯彦皆无远略，且斥堠不明。东京委之御史，南京委之留台，泗州委之郡守，所报皆道听途说之辞，未尝多以金缯使人伺金之动息。于是淮北累有警报，而潜善等谓成余党无足畏者。金谍知朝廷不戒，亦伪称成党，以欺我师。上以边事未宁，诏百官言所见……殿中侍御史张守上防淮渡江利害六事，大率尤以远斥堠探报为先。别疏论金人犯淮甸之路有四，宜取四路帅臣守倅，铨择能否，各赐缗钱，责之募战士，储刍粟，缮甲兵，明斥堠，公赏罚，使之夙夜尽力扞蔽。疏至再上。又请诏大臣惟以选将治兵为急，凡细微不急之务，付之都司六曹。潜善、伯彦滋不悦。及请遣守抚谕京城，守即日就道。至是，闻北京陷，议者以为敌骑且来，而庙堂晏然不为备，（张）浚率同列为执政力言之，潜善、伯彦笑且不信，乃命浚兼参赞军事，与（吕）颐浩教习河朔长兵。”②

黄潜善、汪伯彦既然无意措置恢复，一意北向的宗泽自然就与之形成了尖锐的对立。建炎元年五月，“潜善等复主议和。因用靖康誓书，画河为界。始敌求割蒲、解，围城中许之。潜善等乃令刑部不得誊赦文下河东、北两路，及河中府、解州”③。宗泽闻之，即奏《上乞毋割地与金人疏》曰：

> 臣闻天下者，我太祖、太宗肇造一统之天下也；奕世圣人，继

① （宋）李心传：《建炎以来系年要录》第1册，卷16，建炎二年六月庚申条，第329页。

② 同上书，卷18，建炎二年十二月戊寅条，第377—378页。

③ 同上书，卷18，建炎元年五月戊戌条，第127页。

继相承，增光共贯之天下也。陛下为天眷佑，为民推戴，入绍大统，固当兢兢业业，思传之亿万世，奈何遽议割河之东，又议割河之西，又议割陕之蒲、解乎？此三路者，太祖、太宗基命定命之地也，奈何轻听奸邪附敌张皇者之言，而遂自分裂乎？……臣意陛下即位，必赫然震怒，旋乾转坤，大明黜陟，以赏善罚恶，以进贤退不肖，以再造我王室，以中兴我大宋基业。今四十日矣，未闻有所号令，作新斯民。但见刑部指挥，有不得誊播赦文于河东、河西、陕之蒲、解。兹非新人耳目也，是欲蹈西晋东迁既覆之辙耳，是欲裂王者大一统之绪为偏霸耳。为是说者，不忠不孝之甚也。既自不忠不孝，又坏天下忠义之心，褫天下忠义之气，俾河之东、西，陕之蒲、解，皆无路为忠为义，是贱其民者也。①

宗泽直言不讳地批评高宗即位以来，没有再造王室、中兴大宋基业的新人耳目之举，而文中所斥的“既自不忠不孝，又坏天下忠义之心，褫天下忠义之气”的“为是说者”，联系上述所陈，则指黄潜善辈已毫无疑问。宗泽直指其“不忠不孝之甚”，欲割地乞盟而重蹈晋室东迁之覆辙，“是贱其民者也”。建炎元年八月，金朝遣人以出使伪楚为名，到达开封府。宗泽认为，这一行为是金国以出使为名，实则借之窥伺宋方虚实，故拘之而上疏朝廷。“泽谓二圣在金，必欲便行诛戮，恐贻君父忧。若纵之使还，又有伤国体，莫若拘縻于此，俟车驾还阙，登楼肆赦，然后特从宽贷。”但当宗泽奏上时，高宗却命宗泽将所拘金使迁置别馆，优加待遇。其诏曰：“卿弹压强梗，保护都城，深所倚仗。但拘留

① 曾枣庄、刘琳主编：《全宋文》第129册，卷2795，上海辞书出版社、安徽教育出版社2006年版，第352页。以下所引《全宋文》皆为此版本。

金使，未达朕心。”[①] 宗泽不奉此诏，且上《奏乞依旧拘留敌使疏》，再指奸邪误国主和之非：

比仇方遣奸狡小丑，假作使伪楚为名，来觇我大宋虚实。臣见如是，因纳谏状与留守范讷，乞收仇方奉使之人，置之牢狴，奏取朝廷指挥，庶激军民士庶怀冤之心，俾肯力战，仰赞陛下再造王室、中兴大宋基业之意。今却令迁置别馆，优加特遇。臣奉此诏命，忧思涕泣，心欲折死。不知二三大臣，何为于仇方情款如是之厚，而于我国家吁谟如是之薄！臣每思京师人情物价，渐如我祖宗时，若銮舆一归，则再造之功与中兴之烈，必赫奕宏大，跨商周而越汉唐矣。何奸邪之臣，尚狃和议，惶惑圣听，伏望陛下察之。臣之朴愚，不敢奉诏，以彰国弱。此我大宋兴衰治乱之机也，臣愿陛下思之。[②]

宗泽直指奸邪之臣狃于和议，惶惑圣听，不顾恤祖宗一统之基业。与之相对应，黄潜善一方朝臣亦借此事对宗泽进行攻击。于是，围绕着扣留使者一事，朝廷上对立的双方展开了论辩。“言者附潜善意，皆以泽拘留金使为非”[③]，而御史中丞许景衡则上《论宗泽札子》，抗疏力辩，其奏疏云：

臣窃闻议者多指开封尹宗泽过失事，未知是否如何。泽之为人及其为政，固不能上逃圣鉴，第未知果指何事而言也。若只缘拘留金国使人，此诚泽之失也。然原其本心，只缘忠义所激，出于轻

---

① （宋）李心传：《建炎以来系年要录》第1册，卷7，建炎元年七月丁未条，第186页。

② 《全宋文》第129册，卷2794，第323页。

③ 《宋史》卷360《宗泽传》，第11280页。

发，未尽识国家事体耳，又未知别有何等罪犯也。然臣自浙度淮以至行在，得之来自京师者，皆言泽之为尹，威名政术卓然过人，诛锄强梗，抚循善良，都城帖然，莫敢犯者。又方修守御之备，历历可观。臣虽不识其人，窃用叹慕，以为去冬京城之内不能固守，良由大臣无谋、尹正不才之故。使当时有如泽等数辈，赤心许国，相与维持，则其祸变亦未至如此其酷也。往者不可咎，来者犹可追，今来只校其末节小疵便以为罪，而不顾其尽忠报国之大节，则臣虽至愚，窃以为过矣。况泽昔在河朔遭遇陛下，遮留拱卫，继参幕府，宣力为多。今尹天府，其绩效又彰彰如此。则其所为终始，亦可考矣。而议者独不能少优容之，其不恕亦甚矣乎！且开封，宗庙社稷之所在，其择人居守，尤非他州别路之比。今若罢逐泽，则当别选留守。不识今之缙绅，其威名政绩，亦有加于泽者乎？若有其人，则除授交割尚费日月，兵民亦未信服，防秋是时，计将奈何？若未有其人，则泽未宜遽然更易也。人材难全久矣，惟圣人以天地为度，包容长养，兼收而并用之，庶几其有济也。其宗泽，伏望圣慈上为宗庙社稷，下为京师亿万生灵，特赐主张，厚加委任，使成御乱治民之功，天下幸甚！①

从许景衡奏疏中所言“今来只校其末节小疵，便以为罪”，“今若罢逐泽，则当别选留守”的内容看，当日朝廷似有问罪罢逐宗泽之议，所以许景衡在充分肯定宗泽“赤心许国”，“威名政术卓然过人”，“绩效又章章”的同时，也表达了对附和黄潜善之意而罪宗泽者的不满：“议者独不能少优容之，其不恕亦甚矣乎！”奏疏最后更明确寄望高宗“以天地为度，包容长养”，“上为宗庙社稷，下为京师亿万生灵，特赐

① （宋）许景衡：《论宗泽札子》，《全宋文》第143册，卷3087，第274页。

主张，厚加委任，使成御乱治民之功”。据史书记载，“疏入，上大悟，诏朝廷别无行遣，亦无臣僚章疏，仍封景衡奏示泽。由是泽赖以安”①。这次论辩表面上是因扣留金使引发，实质上则是南宋朝臣有关和与战的一次交锋。虽然许景衡奏疏使“上大悟”，宗泽也赖之以安，但黄潜善等人在朝廷上的势力确是不容小觑的。

建炎元年七月，李纲入相月余，边防政事已略就绪，车驾行幸之地成为朝廷议论的重要事宜。执政者黄潜善、汪伯彦皆欲奉上幸东南，士大夫率附其议。八月，李纲罢相。九月，“黄潜善、汪伯彦共政，方决策奉上幸东南，无复经制两河之意矣”②。宗泽闻之，连续奏上乞请回銮之疏：

> 比闻远近之惊传，似有东南之巡幸，此诚王室安危之所系，天下治乱之所关。仰祈圣虑之深详，宜戒属车之轻动。且以中国之倚恃，实为两河之盛强……然久阙王师之助援，已深民庶之睽疑。近者虽时遣将徂征，渡河深入，尚阙肤公之奏，先传南幸之音。虑增四海之疑心，谓置两河于度外，因成解体，未谕圣怀。倘敌人乘之而纵横，则中国将何以制御?③
>
> 臣伏读诏书，私窃疑之。此必有进言者劝陛下过江避寇，而不思天下大计，托为爱君之迹，以济其不忠……重念本朝提封万里，京师号为腹心，以祖宗都此垂二百年，宗庙社稷所在，而民人依之以居者，无虑万万计。今两河虽未敉宁，犹一手臂之不伸也，而乃遽欲去而之他，非唯不能疗一手臂之不伸，并与腹心而弃之，岂祖

① （宋）李心传：《建炎以来系年要录》第1册，卷8，建炎元年八月乙酉条，第208页。

② 同上书，卷9，建炎元年九月壬辰条，第213页。

③ （宋）宗泽：《乞回銮表一》（建炎元年九月），《全宋文》第129册，卷2793，第309页。

宗所以付托之意，与天下睽睽万目所以仰望之心哉？彼进言之臣，谈何容易，且利害之端，晓然可见。①

宗泽既愤误国之臣“弃河东、河西、河北、京东、京西、淮南、陕右七路千百万生灵，如粪壤草芥，略不顾恤”，又惜高宗“复听奸邪之语，又浸渐望和，迂回曲折，为退走计”。② 但这些逆耳直言并未得到回应，上疏的结果总是“不报”“再不报”“又不报”。据《建炎以来系年要录》记载：“泽每疏奏，上以付中书省，黄潜善、汪伯彦皆笑以为狂。”③ 黄潜善、汪伯彦不仅对宗泽请还旧京的奏疏不予理睬，而且还在具体行事上屡屡掣肘，宗泽在《条画五事疏》中便愤懑地直陈自己“但有经从，三省与枢密院事百端阻抑，几不可行”的处境：

> 器甲械用纳袄衫兵幕之类，皆桩管准备，不得擅有支遣。今遣将出师，此是军中合用之物，不可阙误，而先行桩管，不容支遣，此一可疑也。臣近召募人于四城扎寨，为守御之备。今承问所召募之人系是何等色额，如此则古人使贪使愚者，皆不可凭信矣，二可疑也。臣为见寻常防河，只以数千卒伍，沿河分布，敌有数骑侵犯，即奔走溃散，不复支吾。臣今合京畿十六县，内有两县濒河，共七十二里，均之诸县，县管四里有畸，各令开河，阔一丈八尺，于南岸埋鹿角连珠扎寨，敌有侵犯，并力御之。已蒙圣慈矜允，行之亦似允当。今枢密院行下约束，只令依仿陕西，以三七分为率，三分出战，七分出助军钱。陛下念畿县居民，例遭残破，平时保

① （宋）宗泽：《乞回銮疏四》（建炎元年九月），《全宋文》第129册，卷2794，第334—335页。

② （宋）宗泽：《奏乞依旧拘留敌使疏》（建炎元年六月），《全宋文》第129册，卷2794，第324页。

③ （宋）李心传：《建炎以来系年要录》第1册，卷9，建炎元年九月乙巳条，第220页。

甲，十亡五六，若止用此，其实无几。况重遭伤残之余，劳来安集之犹恐散去，又乌可以助军钱厄之，使速去耶？此三可疑也。今岁守御之具与城池之备，虽已粗办，尚多卤莽，未能如旧去处，必须晓夕修造，补葺缮备。今三省枢密院指挥诸场库务，如修城造器械，见雇工役，不令支钱，今修城杂场与军器监入作司皆缩手无所为，此四可疑也。①

宗泽所质疑的事件，其实正是黄潜善、汪伯彦等人对于积极准备北向恢复、备战备边的行为的最实在的回应。既然和、战双方各执已意，绝无妥协之可能，在黄潜善、汪伯彦主持朝政的当时，宗泽的抱负不得施展且凡事多遭掣肘也就是必然的事了，所以宗泽愤而斥责以黄、汪为首的主和之士："仆射黄潜善、枢密汪伯彦、张悫，皆无远识见，无公议论，偏颇回遹，惟富贵是念，朝入一言，暮入一说，皆欲赞陛下南幸。"② 宗泽指责持禄保宠者但为身谋，置朝廷国家于不顾，"欺罔天听，凌蔑下民"，所行乃误国之事，其人乃误国之臣：

今之士大夫，志气每下，议论卑陬，上者不过持禄保宠，下者不过便文自营，曾不能留心恻怛，为陛下思承祖宗二百年大一统基业为可惜；又不为陛下思父母兄弟与至亲天眷蒙尘沙漠，翘翘徯望大兵救援之意；又不曾为陛下思祖宗西京园陵寝庙为仇方所占，今年寒食节，未有祭享之地；又不曾为陛下思京师是天下之本根，宗庙朝廷，百司仓廪，俨然如旧；又不曾为陛下思河北河东、京之东西、陕右淮甸百亿万生灵之众，罹涂炭劫掠残破之苦。但朝进一言，暮入一说，计较泛舟，冒大风险，欲南幸湖外，此奸邪之谋

① 《全宋文》第129册，卷2794，第325—326页。

② （宋）宗泽：《条画五事疏》，《全宋文》第129册，卷2794，第326页。

耳。臣尝思之，是一欲为仇方方便之计，二为奸邪亲属，皆先已津置在南。嗟乎！为臣不忠不义，乃至于此！孔子所谓苟患失之，无所不至，正谓是也。①

其不忠不义者但知持禄保宠，动为身谋，谓我祖宗二百年大一统基业不足惜，谓我京城宗庙朝廷府藏不足恋，谓二圣、后妃、亲王天眷不足救，谓诸帝诸后山林园寝不足护，谓周室中兴不足绍，谓晋惠覆辙不足羞，谓巡狩之名为可效，谓偏地之伯为可述。储金币以为敌资，桩器械以为敌用，禁守御之招募，虑勇敢之敌敌也，掊保甲以助军，虑流移之安业也，欺罔天听，凌蔑下民，凡误国之事无不为之。②

尽管宗泽的奏疏情感激烈，言辞犀利，却难以产生反响。相反，自留守京城兼开封府事以来，他虽“砥砺沥竭，知无不为，惟恐失措，有误国家大计”，但还是“谤书盈箧”。③ 其“疏入，黄潜善等忌泽成功，从中沮之”④，宗泽最终因忧愤成疾，郁郁久之，疽作于背而去世。

事实上，宗泽乞请回銮无果，是当时南宋朝廷的实际政治状况决定的。黄、汪主持朝政的基本思路、方略本与宗泽的理念相左，宗泽屡屡奏上的回銮之请是以上下同心、同仇敌忾、与金决战为前提的，是以“率厉同心，剿绝凶残”⑤“直趋两河之外，喋血北廷。非特生缚其帅，

---

① （宋）宗泽：《乞回銮疏九》（建炎二年三月），《全宋文》第129册，卷2795，第342—343页。

② （宋）宗泽：《遣少尹范世延机幕宗颖诣维扬奏请回銮疏》（建炎二年五月），《全宋文》第129册，卷2795，第348页。

③ 同上书，第349页。

④ （宋）李心传：《建炎以来系年要录》第1册，卷15，建炎二年五月辛卯条，第321页。

⑤ （宋）宗泽：《乞回銮疏三》（建炎元年九月），《全宋文》第129册，卷2794，第333—334页。

直迎二圣以归，庶雪靖康一再之耻”① 为其根本目标的，而黄、汪则倡言和议，在其主宰朝廷政事的前提下，宗泽的请求当然不会得到实现。正如吕中《大事记》所说，“自古未有内外不相应而成功者”，“建炎之初，（李）纲在内，（宗）泽在外，此正天拟二人以开中兴之治也。使二人得尽行其志，必能复君父之仇，雪宗庙之耻，伸神人之愤。惜夫纲相则泽之志行，纲去则泽之计沮。盖汪、黄两人既用事于中，则宗泽安能措手于外？二人既主幸东南之议，则宗泽还东京之请，虽二十疏而何益？纵使渡河而北，指日成功，亦安能免后患哉？呜呼！东京之地，宗庙在焉，陵寝在焉，为人子孙，乌可置祖宗而不问？为人父母，乌可弃遗黎而不思？且向也，元帅府方开之始，宗泽解京城之围，而伯彦则谓为不可使金知元帅所在。今也还京之请屡上，而汪、黄则谓上皇之子三十人，今所在者，惟圣体耳。自外而观，汪、黄之计，可谓忠矣；宗泽之计，可谓危矣。以义而论，则君父不可视之如路人，中原不可弃之如土梗。”② 宗泽之志虽可称之为义，却不得伸张，这是特定时代、特定政治背景使然。

第二节　南宋军事外交的困扰

自建炎元年高宗赵构即皇帝大位以来，金人奉行“康王构当穷其所往而追之。俟平宋，当立藩辅如张邦昌者”③ 的策略，一路南下，攻城

---

① （宋）宗泽：《乞回銮疏三》（建炎元年九月），《全宋文》第 129 册，卷 2794，第 335 页。

② （宋）李心传：《建炎以来系年要录》第 1 册，卷 16，建炎二年七月癸未条，第 336—337 页。

③ 《金史》卷 70《宗翰传》，第 1698 页。

略地，连陷慈州、河中府、汝州、邓州、房州、长安、郑州、潍州、青州、颍昌府、凤翔府、唐州、蔡州、淮宁府、中山府、秦州、洛州、绛州、冀州、延安、濮州、淄州、北京、虢州，相对而言，南宋一方的军队却存在诸多问题。

就南宋朝廷统辖的部队来看，其军政堪忧。张守曾上《又乞疾速讲求防秋事务札子》议及此："本朝之兵，自童贯、高俅等坏之，而劝沮之法废，骄惰之风成。出戍则亡，遇敌则溃，小则荷戈攘夺以逞，大则杀掠婴城而叛。天下可用之兵无几矣。"① 在战乱当前、灾难频仍的建炎初期，为及时补充兵源，招募盗寇和流民为军的现象非常普遍。靖康元年十二月，康王赵构开元帅府，有兵万人，其来源则是枢密院将官刘浩从相州所募义士及信德府勤王兵、大名府救河东兵与所招太原真定府辽州溃兵。《宋史》卷一百八十七《志》第一百四十《兵一》称之为"建炎南渡，收溃卒，招群盗，以开元帅府"。建炎元年五月庚寅，高宗即位，甲午，以元帅府左军副统制孔彦威为东平府兵马钤辖，右军副统制刘浩为大名府兵马钤辖，先锋统制丁顺为沧州兵马钤辖，秉义郎王善为雷泽尉。其中，刘浩所统领的都是民兵，丁顺与孔彦威所帅军力则是诸降盗。而丁顺和王善不久也在河北作乱。丁酉，中书侍郎黄潜善兼御营使，同知枢密院事汪伯彦兼御营副使。关于设置御营司的缘由，史书有所记载："自国初以来，殿前、侍卫马、步司三衙禁旅，合十余万人。高俅得用，军政遂弛。靖康末，卫士仅三万人，及城破，所存无几。至是殿前司以殿班指挥使左言权领，而侍卫二司犹在东京，禁卫寡弱，诸将杨惟忠、王渊、韩世忠以河北兵，刘光世以陕西兵，张俊、苗傅等以帅府及降盗兵，皆在行朝，不相统一。于是始制御营司以总齐军中之政。令因其所部为五军，以真定府路马步军副总管王渊为使司都统制，

① 《全宋文》第173册，卷3784，第288页。

诸将韩世忠、张俊、苗傅等并为统制官。又命鄜延路马步军副总管刘光世提举使司一行事务。"① 然而，朝廷军队的结构本已混乱堪忧："今日诸将之兵，冗滥甚矣。或收集叛亡，或招纳盗贼，疲癃稚弱，无所不有。姑取其数之多，初不计其可用与否也。"② 且在当时金人内犯、盗贼踵起的复杂状况下，即便这样的军队都还不能专一地与金人作战，因为在南宋管辖的区域也并不安宁，"自宣和末，群盗蜂起。其后勤王之兵，往往溃而为盗"③。"自金再围城，京西、湖北诸州悉为贼侵犯。随州陆德先，复州赵纵之，郢州舒舜举与荆南、德安皆失守。"④ 建炎元年八月，杭州军变，军校陈通等见杭州富实甲东南，因谋为变，军士百余人纵火作乱，执守臣龙图阁直学士叶梦得，杀两浙转运判官吴昉，逼金紫光禄大夫致仕薛昂权领州事，尽刺城中强壮为军，有众数万。御营统制官辛道宗奉诏讨贼，其军行至镇江府，守臣赵子崧犒赐甚厚，辛道宗据有之，直到部队行至嘉兴县，才下令给予军士每人五百钱，故引发众怒，是夜其众自溃乱而去者六百人，辛道宗挺身得小舟，奔还镇江。众人推高胜为首领，高胜本是太行山之盗，人称高托天，此时即率乱兵攻秀州。朝廷下诏赐杭州黄榜，"招谕作过军民，若能率众归降，当赦其罪，一切不问。仍审量事状情理，命以官赀。若敢抗拒仍旧为恶，则掩杀正贼外，父母妻子并行处斩"⑤。但杭贼继续为乱，其势愈炽。九月辛丑，陈通等夜劫直秘阁两浙路提点刑狱公事周格寨，杀之。直到十月甲子，直龙图阁知秀州赵叔近权提刑司事，方才招降杭贼陈通，且

① （宋）李心传：《建炎以来系年要录》第1册，卷5，建炎元年五月丁酉条，第123页。

② （宋）廖刚：《乞选汰兵卒札子》，《全宋文》第138册，卷2991，第372页。

③ （宋）李心传：《建炎以来系年要录》第1册，卷7，建炎元年七月庚寅条，第173页。

④ 同上书，卷6，建炎元年六月癸亥条，第150页。

⑤ 同上书，卷8，建炎元年八月庚辰条，第206页。

“请官其徒二百二十人，自修武郎至校尉，乞降告身书填”①，城中方才稍定。十二月，御营使司都统制王渊与统制官张俊驰至杭州城下，执陈通党羽于门外，悉腰斩之，凡百八十余人。其他如孙琦为首的御营后军作乱；建州张员叛乱；徐明秀州叛乱；丁进围寿春；张遇寇江州，陷镇江，水陆并进，直犯池州；刘文舜盘踞合肥……

对于此起彼伏的叛乱，朝廷一方面必须分出军队以应对。如建炎元年七月，“命御营使司都统制王渊讨军贼杜用，都巡检使刘光世讨李昱，御营使司左军统制韩世忠、前军统制张俊分讨鱼台、黎驿乱兵”②。建炎元年十月，“御营使司都统制王渊为捉杀杭州盗贼制置使，仍赐银帛万匹两为军费”③，“命奉国军节度使御营使司提举一行事务刘光世讨镇江府叛兵”④，“以刘光世为滁、和、濠、太平州、无为军、江宁府界招捉盗贼制置使，御营统制官苗傅为制置使司都统制，从光世行”⑤。另一方面，则大力实行招安政策，因其力而用之，“募群盗能并灭贼众者授以官”⑥，“凡溃兵之愿归营，与良农愿归业者，皆听之”，“又择其老弱者纵之。其他以新法团结，择人为部队将及统制官，而其首领皆命以官，分隶诸将”。⑦ 但是，接受招安的群盗并不能安心军伍，随之再叛者并不在少数。这样一来，南宋朝廷在对外应付金人南侵的同时，还要耗费精力对付内乱，实在也是应接不暇。

正是由于南宋朝廷的军队构成成分复杂，其内部存在的“师行无纪，士卒为变”的问题也就不是个别现象。建炎元年十月，“殿中侍御

---

① （宋）李心传：《建炎以来系年要录》第1册，卷10，建炎元年十一月辛亥条，第245页。

② 同上书，卷7，建炎元年七月庚寅条，第173页。

③ 同上书，卷10，建炎元年十月丁卯条，第234页。

④ 同上书，卷10，建炎元年十月庚辰条，第235页。

⑤ 同上书，卷10，建炎元年十月辛巳条，第236页。

⑥ 同上书，卷10，建炎元年十月癸亥条，第233页。

⑦ 同上书，卷7，建炎元年七月庚寅条，第173页。

史张浚以为虽在艰难中，岂可废法？乃劾统制官定国军承宣使韩世忠师行无纪，士卒为变。诏世忠罚金。中书舍人刘珏言无以惩后。浚再上章论，且乞擒捕为变者，乃降世忠观察使。上下耸然，始知有国法”①。军政松弛的问题更表现在对敌作战的关键时刻，将帅之间亦不免以个人利益为先，无法有效地相互配合对敌。即以上面提到的平息杭州军变的过程来看，江淮发运司干办公事宣教郎鲍贻逊立功甚多，而翟汝文、高士曈则督捕无功。翟汝文自己分析失利原因在于孤军作战，全无援助配合者：“自杭贼作乱，首提孤军与贼鏖战，而诸将悉为宪臣所制，除鲍贻逊枪仗手在城下与臣相闻外，无单车一介以为犄角，不知使臣与谁会合?”② 高士曈本欲实施招安，却被乱贼诱而执之，幸赖鲍贻逊率福建枪仗手相救得脱。但当王渊受朝廷指派赴杭州镇压乱贼时，鲍贻逊却受命领福建枪仗手移屯江宁。以致给事中刘珏愤而上疏：

> 杭寇猖獗，今已数月。翟汝文之师既无功于前，高士曈之兵又溃散于后，唯贻逊之师屹然不动。盖杭卒颇有窥浙西之心，所以未敢大肆者，以枪仗手为之捍蔽也。郡寇之说，欲遣散枪仗手，乃就招安。赵叔近已令退舍，而寇犹未降，则其说果可信乎？今陛下深念二浙生灵，方以成算授之王渊，令其招捉。彼枪仗手久屯于彼，望有尺寸之功，今乃遣之江宁，万一怏怏不满，复有反侧，是又生一寇也。设或枪仗手已来江宁，而杭寇未肯就招，不知渊之兵果能殄灭之乎？当是时再欲来应援，如其迟疑不前，又将何以处之？昔唐裴度平蔡，李光颜等六人各以师会。今渊岂不能容数千枪仗手而用之乎？愿且令在杭州同共讨捕，候至钱塘荡平，然后遣屯江宁，

① （宋）李心传：《建炎以来系年要录》第1册，卷10，建炎元年十月己卯条，第235页。

② 同上书，卷12，建炎二年正月己亥条，第270页。

或令归福建，皆未晚也。①

从刘珏的陈述中可知，鲍贻逊的移屯江宁乃是出于王渊的不容，至于鲍贻逊枪仗手捍蔽浙西之功，希冀立功之念，遣去江宁的后果却不在其考虑之中。又如建炎二年四月，御营左翼军统制官韩世忠至西京，会京西北路制置使翟进与大名府路都总管司统领官孟世宁和京城都巡检使丁进，约与金战。翟进夜袭金营失败，导引韩世忠与金人战于文家寺，由于丁进失期、统领官合门宣赞舍人陈思恭以后军先退，导致宋师败绩。“世忠还东京，诘先退者一军皆斩左右趾以徇。于是世忠与丁进不和，军士相击无虚日。世忠虑有变，遂收余兵数千人南归。”② 建炎二年五月，集英殿修撰鄜延经略使王庶兼节制环庆、泾原兵，欲袭取东还的金人，但两路皆消极应付，不予支持：“移文两路，各大举协力更战。而环庆经略使王似、泾原经略使席贡自以先进望高，不欲受其节度，遂具文以报，而实不出兵。”王庶“以书约似、贡，欲逼金人渡河，至于再三，似不应，贡许出兵四万，亦迁延不行……”③

在外敌猖獗、内乱频发、军政不振的状况下，宗泽屡屡乞请回銮确实也难以实现。分析宗泽奏疏中屡屡提及的回銮依据，主要包含两个方面：一是会合北方忠义之士大举北进，收复失地，迎还徽、钦二帝；二是联合高丽、西夏、契丹等外部力量共同破金。不过，这两点要在当时实现，其实还是有相当的难度。

首先看会合北方忠义之士大举北进恢复。宗泽出知开封府后，就开始措置京师，为高宗回銮做必要的准备：“京师城壁已增固矣，楼橹已

① （宋）李心传：《建炎以来系年要录》第1册，卷10，建炎元年十一月丁酉条，第241—242页。

② 同上书，卷15，建炎二年四月丙寅条，第311页。

③ 同上书，卷15，建炎二年五月甲午条，第321页。

修饰矣，龙濠已开浚矣，器械已足备矣，寨栅已罗列矣，战阵已阅习矣，人气已勇锐矣；汴河、蔡河、五支河皆已通流，泛应纲运；陕西、京东、滑台、京洛，北敌皆已掩杀溃遁矣。”① 与此同时，更大规模地开展了联结北方诸路义兵豪杰以谋北举的工作。据史书记载，当时宗泽已经招抚河南群盗聚城下，又募四方义士合百余万，储备粮食足支半岁。依凭这支力量，宗泽开展了与金人的争夺。然而，朝廷却指其为“假勤王之名，公为聚寇之患”② 的夺攘纵暴之徒，对于这样的说辞，宗泽针锋相对地予以反驳：“自敌人围闭京城，天下忠义之士，愤懑痛切，感厉争奋，故自广之东、西，湖之南、北，福建、江淮，梯山航海，越数千里，争先勤王。但当时大臣，无远识见，无大谋略，低回曲折，凭信诞妄，不能抚而用之，遂致二圣北狩，诸亲骨肉，皆为劫持，牵联道路。当时大臣，不出一语，使勤王大兵前往救援。凡勤王人，例遭斥逐，未尝有所犒赏，未尝有所帮助，饥饿流离，困厄道路，弱者填满沟壑，强者尽为盗贼。此非勤王人之罪，皆一时措置乖谬耳。”③ 宗泽还进一步尖锐指出盗贼的蜂起，正是源自高宗的久不回銮：

> 盗贼所以作者，诚缘法驾久寓外郡，国势未强，天下不能定于一，故时有窃发之事。乃若六龙来复，宅中图大，则比屋欢呼，人各归业，强不陵弱，众不暴寡，岂复有盗贼耶？④
>
> 两河保山寨之忠民，四方作草窃之贼子，皆缘陛下久驻跸于淮

① （宋）宗泽：《乞回銮疏一二》（建炎二年五月），《全宋文》第129册，卷2795，第347页。

② （宋）李心传：《建炎以来系年要录》第1册，卷12，建炎二年正月丁未条，第274页。

③ （宋）宗泽：《乞回銮疏八》（建炎二年三月），《全宋文》第129册，卷2795，第341页。

④ （宋）宗泽：《乞回銮疏一〇》（建炎二年三月），《全宋文》第129册，卷2795，第344页。

甸，咸思慕于翠华，怀抑郁而吁天罔闻，致猖狂而迁善无路。①

就当时情况来看，宗泽在开封尽力召集、抚慰抗金力量，已招安丁进数十万众，愿为高宗守护京城；又李成愿扈从还阙，即渡河杀敌；杨进等领众百万，愿率众渡河，迎还徽、钦二帝。为达到同心协力、共济国事的目的，宗泽尽力感化他们，“诸统制下皆是招集恶少亡命无行者。臣既领府事，更不敢徇身自顾，但以正道沥诚感之”，② 这些积极的行为对于防卫故地、进击敌人具有重要的意义。不过，宗泽虽然在其《乞回銮疏》中反复宣称只要高宗回銮旧京，即可革去盗贼，灭亡金人，迎还二帝，再造王室，成就中兴大业：“陛下若于二月间，诏勅回銮，登楼肆赦，则天下皆知一人来归九重，强者当革心远罪，弱者当屏迹复业，必无忧疑，聚为盗贼；诸军将士，震奋感激，愿敌所忾；四夷凶残，必灭心烁谋，以就殄灭，尚何恶之能为乎”③，但就当时南宋与金人的实际状态看，敌我双方的对立斗争并不简单，即使是宗泽也没有对敌必胜的把握，这一点在其《奏乞过河措置事宜札子》中就表现得非常清楚：

臣契勘河北西路真定、怀、卫、浚等处，见有敌人占据，今又分留敌马于洺州，四向扎寨，密栽鹿角，意欲攻打。若河西诸州不守，即彼之奸计包藏不浅，京师虽为备御，未易可居。臣为见有上件事宜，已于今月初七，统押人马，自游家渡过河，会约河西忠义统制等，商议随宜措画。若事理可行，即一面招集，同心协力，以

① （宋）宗泽：《乞回銮表四》（建炎二年四月），《全宋文》第129册，卷2793，第312页。

② （宋）宗泽：《乞回銮疏》（建炎元年），《全宋文》第129册，卷2794，第328—329页。

③ （宋）宗泽：《乞回銮疏七》（建炎二年正月），《全宋文》第129册，卷2795，第339页。

图收复，安集流移，为久远利。若敌势厚重，不可施行，即具所见利害，的确便宜，画一敷奏。①

建炎初年正是金人意欲大举灭宋之时。虽有宗泽在开封严守备御，但其周边并不安宁，驻扎的金人随时可能出击攻打，不能排除“敌势厚重，不可施行”的可能性，因此京师也未易居。为应对这种严峻的形势，宗泽也只能约河西忠义统制，与之商议随宜筹划，而无法确保同心协力，必能破敌收复。事实上，就以宗泽所守开封来说，亦非风平浪静。建炎二年，在金人侵袭下，东京屡次遇险：

初金以知滑州王宣善战，不敢窥其境，乃遣兵自郑州抵白沙，距京才数十里，都人甚恐……诸将退，布部伍，撤吊桥，披甲乘城，都人益惧。②

是日，金再犯东京。宗泽遣统制官李景良、阎中立、统领官郭俊民等，领兵万余趋滑、郑，遇敌大战，为敌所乘，中立死之，俊民降金，景良以无功遁去。③

金人犯滑州，东京留守宗泽闻之，谓诸将曰：“滑冲要必争之地，失之则京城危矣。不欲再劳诸将，我当自行。”右武大夫果州防御使张㧑曰：“愿效死。”泽大喜，即以锐卒五千授之。④

张㧑至滑州，身率将士，与金迎敌，众且十倍，诸将请少避其锋。㧑曰：“避而偷生，何面目见宗元帅。”鏖战数合，日暮，敌少却。泽遣统领官王宣以五千骑往援，未至，㧑再战，死之。后二

---

① 《全宋文》第129册，卷2794，第322—323页。

② （宋）李心传：《建炎以来系年要录》第1册，卷12，建炎二年正月壬辰条，第266页。

③ 同上书，卷13，建炎二年二月丙辰条，第281页。

④ 同上书，卷13，建炎二年二月甲子条，第284—285页。

日，至滑州，与金兵大战于北门，士卒争奋，敌出不意，退兵河上。宣曰："敌必夜济。"收兵不追，半济而击之，斩首数百，所伤甚众。泽即命宣权知滑州，且令载扮丧以归，为之服缌，厚加抚恤。①

在金人的进逼侵扰下，即使是宗泽亲自护卫下的东京亦险象不断，其他各地的情况就更是不容乐观。因此，从客观上看，高宗的回銮确也存在困难，宗泽在《乞回銮疏》中所展望的"若陛下敕翠华之御，俾千乘万骑，回复辇毂，奠枕九重，臣窃谓可以垂衣裳而天下治，可以坐视天民之阜，王室自然再造，大宋可以中兴，尚何夷狄之足忧、盗贼之足虑"② 的前景在当时境况下其实很难实现。宗泽去世前曾筹划北进，与诸将商议于建炎二年六月出师，且结诸路山水寨民兵，"臣当身率诸道之兵，直趋两河之外，喋血北廷，非特生缚其帅，直迎二圣以归，庶雪靖康一再之耻"③。但黄潜善、汪伯彦等人忌之，从中沮之，宗泽忧愤成疾，疽作于背，于建炎二年七月去世。朝廷继之任命充显谟阁待制北京留守河北东路制置使杜充复枢密直学士，充开封尹，东京留守；侍卫马军都指挥使郭仲荀为京城副留守。杜充"无意恢复，尽反泽所为，由是泽所结两河豪杰，皆不为用"④。宗泽去世后，其先前所招募的诸军多散去，甚至叛乱，关于这方面的记载，仅《建炎以来系年要录》中就比比皆是：

① （宋）李心传：《建炎以来系年要录》第1册，卷13，建炎二年二月己巳条，第286—287页。

② （宋）宗泽：《乞回銮疏一》（建炎元年九月），《全宋文》第129册，卷2794，第331页。

③ （宋）宗泽：《乞回銮疏四》，同上书，第335页。

④ （宋）李心传：《建炎以来系年要录》第1册，卷16，建炎二年七月甲辰条，第341页。

武节大夫阁门宣赞舍人京城外巡检使丁进叛，率众犯淮西。进初受宗泽招，泽薨乃去。①

东京留守司统制官薛广及金人战于相州，败死。先是宗泽命广与统制官张用、王善会兵收复两河。用，汤阴县射士也，乘民惊扰，聚而呼之，从之者甚众，其后受泽招安。广前驱才出城而泽卒。杜充不善抚驭，专务诛杀，善复叛去，而广已渡河。时相州受围，广往救之，入境遇金人，与战，广败死，其众皆散。②

时东京留守杜充酷而无谋，士心不附，诸将多不安之。马扩、王彦既还朝，余稍稍引去……统制官荣州防御使杨进亦叛，以数万众攻残汝、洛间……初，宗泽之为留守也，日缮兵为兴复计，两河豪杰，皆保聚形势，期以应泽。泽又招抚河南群盗聚城下，欲遣复两河，未出师而泽卒。充无远图，由是河北诸屯皆散，而城下兵复去为盗，掠西南州县，数岁不能止。③

京城留守杜充袭其统制官张用于城南，不克。用与曹成、李宏、马友为义兄弟，有众数万，分为六军……用与王善皆受宗泽招安，泽薨乃去。及充为留守，又受招安，屯于京城之南南御园，善屯于京城之东刘家寺，又有别将岳飞、桑仲、李宝皆屯于京城之西。充以用军最盛，忌之，乃有图之之意。前一日，众入城负粮，诘旦，充掩不备，出兵攻用，令城西诸军皆发。用觉之，勒兵拒战，会善引兵来援，官军大败，李宝为所执。④

京城统制官张用、王善既为杜充所疑，乃引兵去，犯淮宁府。

① （宋）李心传：《建炎以来系年要录》第1册，卷17，建炎二年八月甲申条，第351页。

② 同上书，卷17，建炎二年八月丁未条，第355页。

③ 同上书，卷18，建炎二年十月癸酉条，第361页。

④ 同上书，卷19，建炎三年正月乙未条，第381页。

充遣统制马皋追击之，用、善并兵击皋，官军大败，尸填蔡河，人马皆践尸而渡，追至铁炉步而还。官军存者无几。①

杜充不善抚驭，专务诛杀，士心不附，诸将多不安之，这就是宗泽去世后军中的实际状况。随着散亡叛去军人的增多，东京的守备形势愈加严峻，宗泽北进恢复的理想日益渺茫，而朝廷要花费更大的力气应付乱兵叛卒，高宗回銮的事情也就更加失去可能性。诚如《中兴大事记》所说："泽去而东京之地不可守也。宗泽在则盗可使兵，杜充用则兵皆为盗矣。充守东京，则金至维扬；充守建康，则金至明州。以充继泽，何异以渊代逖，以姜维而续孔明之事功。李纲罢而汪、黄相于内，宗泽死而杜充守于外，天下事可知矣。"②

其次来看宗泽乞请回銮奏疏中提出的第二个依据，即联合高丽、西夏等外部力量共同破金。建炎二年五月，宗泽上疏请求六月出师北伐，同时修好与西夏和高丽的关系，内外协力，共破金人：

臣欲乘此暑月，遣王彦等自滑州渡河，取怀、卫、浚、相等处；遣王再兴等自郑州直护西京陵寝；遣马横等自大名取洺、赵、真定；杨进、王善、丁进、李贵等诸头领，各以所领兵分路并进。既过河，则山寨忠义之民相应者不啻百万，契丹汉儿亦必同心歼殄金人，事才有绪，臣乞朝廷遣使，声言立契丹天祚之后，讲寻旧好，且兴灭继绝，是王政所先，以归天下心也。况使虏人骇闻，自相携贰邪？仍乞遣知几辩博之士，西使夏，东使高丽，喻以祸福。两国素蒙我宋厚恩，必出助兵，同加扫荡。若然，则二圣有回銮之

① （宋）李心传：《建炎以来系年要录》第1册，卷19，建炎三年正月庚子条，第384页。

② （宋）刘时举：《续宋编年资治通鉴》卷1《宋高宗一》引《中兴大事记》，第17页。

期，两河可以安贴，陛下中兴之功，远过周宣之世矣。①

臣为陛下条画措置，造膝陈请，遣一使泛海，道入高丽，谕以元丰构好之旧，令出兵攻仇方之西；又复遣官从间道趋河东，谕折氏修其旧职，以固吾圉，使三陲交攻金国，令彼应敌不暇……访大辽子孙，兴灭继绝，约为兴国，则燕蓟之感恩荷德，不患不为吾用。如此则仇方势必孤弱，自可缚而臣之。二圣天眷自此决有归期；两河故地，自此决可收复。②

宗泽的联合外部力量以对抗金人的思路其实并不新鲜。自金人靖康入寇，南宋朝廷屡屡派遣使者前赴邻近金国的高丽，以图联合制衡金人。靖康元年金人退师后，朝廷遣侯章等至高丽国，钦宗命李纲草拟的诏书中即称两国关系“情同骨肉，义则君臣，以至于我道君太上皇帝频年遣使，赐赉不资，待遇加等”，期望高丽能够“藩卫中国，庶几艰难，有以敌忾”，“率励师众，相为表里，以行天诛”，“荡其巢穴，以报中国”。③ 建炎元年五月高宗即位，建立南宋王朝，因顾虑金人通和高丽，旋即命迪功郎胡蠡假通直郎宗正少卿为高丽国信使，承节郎黄钺假合门宣赞舍人副之，出使其国以间之。建炎二年三月，浙东路马步军都总管杨应诚应诏出使绝域，假刑部尚书充高丽国信使。杨应诚请求身使三韩，结鸡林，由高丽入女真，假道取捷径以图迎回徽、钦二帝。其结果却是无功而返：

国信使杨应诚、副使韩衍至高丽，见国王楷谕旨。楷拜诏已，

① （宋）宗泽：《奏乞回銮仍以六月进兵渡河疏》（建炎二年五月），《全宋文》第129册，卷2795，第351页。

② （宋）宗泽：《乞回銮疏一三》（建炎二年五月），《全宋文》第129册，卷2795，第350页。

③ 王瑞明点校：《李纲全集》卷33《与高丽王诏》，第439页。

与应诚等对立论事。楷曰：“大朝自有山东路，何不由登州以往？”应诚言：“不如贵国去金国最径，第烦国王传达金国。令三节人自赍粮，止假二十八骑。”楷难之。已而命其门下侍郎傅佾至馆中，具言“金人今造舟将往二浙，若引使者至其国，异时欲假道至浙中，将何以对？”应诚曰：“女真不能水战。”佾曰：“女真常于海道往来，况女真旧臣本国，近乃欲令本国臣事，以此可知强弱。”后十余日府燕，又数日复遣中书侍郎崔洪宰、知枢密院事金富轼来，固执前论，且言二圣今在燕、云，不在金国。馆伴使知合门事文公仁亦曰：“往年公仁入贡上国，尝奏上皇以金人不可相亲，今十二年矣。”洪宰笑曰：“金国虽纳土与之，二圣亦不可得。大朝何不练兵与战？”应诚留高丽凡六十有四日，楷终不奉诏。应诚不得已，与楷相见于寿昌宫门下，受其所拜表而还。①

建炎二年十月，杨应诚由高丽返回南宋，“具言王楷君臣见拒之意，上以其负恩，甚怒。尚书右丞朱胜非曰：‘彼国与金为邻，而与中国隔海，远近利害甚明。此乃曩时待之太厚，安能责报？’右仆射黄潜善曰：‘若以巨舟载精甲数万，径造其国，彼能无惧乎？’胜非曰：‘越海征伐，燕山之事可戒也。’上怒乃解”②。朱胜非的意见正切中高丽问题的要害。高丽因其地理位置的近金而远宋，且在金强宋弱的大势下，拒绝南宋要求也是其求得自保的选择，正所谓“远近利害甚明”，“安能责报”。事实上，在当时金人日益强盛的客观情势下，高丽与金的强弱关系已然发生了决定性的转换，“女真旧臣本国，近乃欲令本国臣事，以此可知强弱”。在这种情况下，高丽不可能冒险而从南宋抗金。对于这

① （宋）李心传：《建炎以来系年要录》第1册，卷16，建炎二年六月丁卯条，第330—331页。

② 同上书，卷18，建炎二年十月甲寅条，第357页。

一点，黄宽重先生的意见非常明确，他认为通高丽的建议代表宋人的理想性，其分析相当中肯："从赞成通高丽者的主张，可以发现他们的动机，不论是借兵伐金，假道通金，或者是到高丽刺探女真、蒙古的虚实，其理想无非想借交通高丽，利用其地理的特殊性，来打听敌人的消息，以发挥广耳目、审形势的作用，甚至达成迎回二圣及光复故土的愿望。""而高丽地理密迩金、蒙，在金、蒙的压力下，为图自存，不得不依违其间。"[①]"建炎三年，高丽再请入贡，然而宋高宗对此并无兴趣，盖一方面自东京留守宗泽死后，金兵相继南侵，迫使高宗迁都杭州，甚至于被迫遣散官吏，狼狈的逃到海中避难；自顾犹恐不及，何暇论及交聘？再则，杨应诚假道通金不成，高宗颇不满意，又恐女真利用官吏使节，刺探南宋政情，乃辞却高丽入贡之请，甚至听从叶梦得之建议，罢高丽国信使，复元丰旧仪，地位与夏同，两国关系因此陷入低潮。"[②]由上述分析可见，建炎年间处于奔避金人锋芒的南宋政权是无暇也无力联合高丽以共同对抗金人的，从客观情况来看，宗泽的建议很难在现实中得以实施。

至于联合西夏以抗金，其实也是一种理想。夏国与高丽一样，也是依据外国势力的强弱来调整其对外关系，"立国二百余年，抗衡辽、金、宋三国，偭乡无常，视三国之势强弱以为异同焉"[③]。自靖康年间金人入侵，西夏甚少与南宋有真正意义上的友好亲密之举，相反，多是借金人的强势进攻，乘间侵扰南宋，史书中的相关记载甚多：

> 金兵内侵，夏人乘虚尽取河外诸城镇。[④]

---

① 黄宽重：《南宋史研究集》，新文丰出版公司1985年版，第254—255页。

② 同上书，第248页。

③ 《金史》卷134《西夏传》，第2877页。

④ 《宋史》卷446《朱昭传》，第13170页。

金人灭辽，黏罕遣撒拇使夏国，许割天德、云内、金肃、河清四军及武州等八馆之地，约攻麟州，以牵河东之势。靖康元年三月，夏人遂由金肃、河清渡河取天德、云内、武州、河东八馆之地。四月，陷震威城，兵马监押朱昭死之。①

靖康元年秋，五路之师率皆勤王，关辅一空。夏人乘虚遣太子及其国相李遇昌诱三瓜诸部兵合二十余万人寇怀德军。②

（建炎元年）九月，金帅兀术回云中，遣保静军节度使杨天吉约侵宋，（夏主）干顺许之。③

靖康年间，金人犯阙，夏人亦乘机起兵扰宋之西陲，鄜延路缴进夏人檄书，宋廷派遣武功大夫王佑、武功郎马持出使，钦宗又命李纲草诏赐夏国主，意欲“解其意，以抚慰之”。诏书中称：“永念卿屏翰之旧，信誓皎然，义当戮力，同济艰难，以敌王忾。而陕西奏报，乃言：卿国点集重兵，五路深入，攻陷城堡，杀伤兵民。”④ 宋廷期望与西夏戮力同心，共济艰难，但夏国的回应却是五路深入，攻城略地。建炎元年南宋初立，急需建立抗金联盟，朝臣建议“通夏国之好，而守吾旧疆，所以继好息民也”⑤，但是，西夏并未做出与南宋和好的实际行动。建炎二年正月，南宋朝廷派遣主客员外郎谢亮为陕西抚谕使兼宣谕使，从事郎何洋为太学博士，持诏书赐西夏国主干顺。“亮至，干顺乃倨然见之。留居几月，始与约和罢兵。亮归，而夏之兵已蹑其后，袭取定边军。明年，亮还行在。二月，金帅娄宿连陷长安、凤翔，陇右大震。夏人谍知

---

① 《宋史》卷486《夏国传下》，第14021页。

② （宋）徐梦莘：《三朝北盟会编》，卷61，第453页。

③ 《宋史》卷486《夏国传下》，第14021—14022页。

④ 王瑞明点校：《李纲全集》卷33《赐夏国主诏书》，第437页。

⑤ （明）杨士奇、黄淮等编：《历代名臣奏议》卷84《唐重应诏上疏》，（台北）台湾学生书局1985年版，第1165页。

关陕无备，遂檄延安府言：‘大金割鄜延以隶本国，须当理索，敢违拒者，发兵诛讨之。’”[1] 建炎三年，知枢密院事张浚使川、陕，图谋北伐，欲通夏国为援，复以主客员外郎谢亮假太常卿、权宣府处置司参议官再使夏国，其结果却是“亮往，迄不得其要领而还”[2]。正是因为西夏一再的无意结援联盟的举动，绍兴元年八月，南宋朝廷“诏以夏本敌国，毋复班历日”[3]，由此终结了联夏以抗金的企望。

以历史事实为依据，可以说宗泽所期望的高丽、西夏两国“蒙我宋厚恩，必出助兵，同加扫荡。若然，则二圣有回銮之期，两河可以安贴，陛下中兴之功远过周宣之世矣”的情景其实是不可能出现的。在内部军力有限、外部难以建立彼此支持互助盟约的前提下，图谋北伐恢复实在是极为艰难的事情。

综上所述，宗泽的乞请回銮奏疏体现了他对南北一统的热切期望和对朝廷的忠肝义胆。然而，无论是南宋朝廷当时的内政外交，还是军力军情都不具备北伐恢复的条件，宗泽的回銮奏疏只能停留在历史文献中，让后人感叹唏嘘。

---

① 《宋史》卷486《夏国传下》，第14022页。

② 同上书，第14023页。

③ 同上。

第三章　从建炎三年朝臣对驻跸地的议论看朝廷的艰危

建炎三年，南宋朝廷经历了最艰难、最危急的时期，就其内部来看，不仅盗贼困扰未曾缓解，将帅矛盾依旧突出，而且更爆发了诛杀朝官、逼迫高宗退位的明受之变；就其外部来看，金人步步进逼，一路南下攻城略地，直把高宗追到海上。可以说，建炎三年的南宋政权已到达命悬一线的境地。在这朝政艰难、朝廷漂流的时期，高宗多次就驻跸地问政群臣，群臣的各种意见、建议反映了当时朝廷所面对的内忧外患的困难时局，以及其各自对于国家未来走向的思考，特别是针对中原、江南、西南等地的布局谋划。透过建炎三年朝臣对驻跸地的争论，可以更清晰、更客观地了解高宗及其朝廷在艰危时刻的必然选择。

第一节　为宗社计：以钱塘为驻跸地

建炎三年初，金人节节进逼，高宗暂驻扬州，南宋朝廷面临的形势比之先前更加严峻，“今视去冬又为难矣。去冬金但游骑出入陕西、河北，未知总众者何人。今主兵乃尼玛哈，且亲至濮及开德矣。向者开德、大名、东平三大镇鼎足而立，今惟东平岿然独存，以当宋、魏之冲，而沧州孤绝在后。又南京最重，而敌骑已至楚邱”①。在这种情况下，朝臣屡屡以边事未宁，上奏朝廷，请早图御敌之策。于是，时任吏部尚书吕颐浩、户部尚书叶梦得、起居郎兼权直学士院张守等重臣围绕着驻跸地的选择，从防淮、渡江的不同角度出发，展开了朝廷自保与防敌的相关议论，其基本指向都是以不得已而渡江为归宿的。

吕颐浩立足眼前驻跸扬州的事实，在“防淮难，防江易”的指导思想下，针对当时“敌骑渐逼京东，若人心一摇，则淮南望风而下”的危急之势，明确提出了“阴为过江之备，而大为拒敌之资”的谋略，即一方面“申饬诸将，训习强弩，以俟夹淮一战”，另一方面修水战之具，询水战利害。以军队屯驻盱眙和寿春，以备冲突，卫护维扬。② 叶梦得分析金宋强弱对比的差距，提出“事有缓急，必当从权”的思路，亦即汲取“靖康之失，在固守京城而不知避”的教训，如最终不免于过江，“乘舆或至两浙，则镇江、金陵尤当先治”③。如果说吕颐浩与叶梦得主要是就朝廷在当时处境下所宜采取的具体方略提出建议的话，那么张守则在分析敌情的基础上，更从长远的角度比较防淮与渡江各自的利害得失，其奏疏对于理解南宋朝廷驻跸地的选择具有深刻的意义。其言曰：

金人自去冬已破澶、濮、德、魏，而游骑及于济、郓，虽遣范琼、韩世忠会战，而二将未可恃。臣谓今日莫先于远斥堠。昔三国时，烽火一夕五千里，而前日北京失守再浃始知。今之为策有二：

---

① （宋）李心传：《建炎以来系年要录》第1册，卷19，建炎三年正月戊戌条引户部尚书叶梦得所言，第383页。

② 同上书，卷19，建炎三年正月戊戌条，第382页。

③ 同上书，卷19，建炎三年正月戊戌条，第383页。

一防淮，二渡江。若屯重兵于楚、泗及淮阴三处，敌亦未能遽犯，然恐我师怯战，望风先溃。及舟楫拘于岸，而敌亦能斩木系筏以济。或以精骑间道先绝吾渡江之路，此可患者一也。我若渡江而宿重兵于升、润，敌亦未能遽侵，然去中原益远，而民心易摇动。又行在兵多西人，不乐南去，或生意外之事，维扬亦须留兵，则扈卫势弱，此可患者二也。惟其利害相形，遂不能决。若为中原计，而幸敌不至，则用防淮之策；若为宗社计，而出于万全，则用过江之策。然权其轻重，势当南渡，而别择重帅以镇维扬，则中原不患于摇动。明谕诸军以祸福，则西人不患于不乐。升、润亦择重帅，使当一面，则兵分势弱，亦非所患。明诏大臣，预区处以俟探报，探报速闻，则在我之计，可得而用也。①

因宋金双方战力的不均，南宋一方怯战先溃的可能性是确实存在的，假如防淮不成，金兵先绝南宋渡江之路，其后果不堪设想。但是，如果南宋选择渡江驻跸，又有中原益远，民心摇动之患。这样就提出了朝廷必须面对的抉择："若为中原计，而幸敌不至，则用防淮之策；若为宗社计，而出于万全，则用过江之策。"事实上，当建炎元年九月黄潜善、汪伯彦共政，决定奉高宗幸东南之时，就已经决定了南宋朝廷置宗社计于中原计之先的方向，这在吕中《大事记》中记载得非常清楚："汪、黄待高宗以乳妪护赤子之术，曰：'上皇之子，殆将三十人，今所存惟圣体，不可不自爱重。'故建为幸东南之策。"② 正是基于此，在防淮与渡江的选择上，张守毫不迟疑地提出了为宗社计、出于万全的过江

① （宋）李心传：《建炎以来系年要录》第1册，卷19，建炎三年正月戊戌条，第383页。

② （宋）刘时举：《续宋编年资治通鉴》卷1《宋高宗一》引《中兴大事记》，第8页。

之策："权其轻重，势当南渡。"从当时的外部形势来看，金人一路南下，宋军难以抵御，高宗南向渡江也已经成为不得不行的选择。"金之犯两淮也，不惟楚州之朱琳，秦州之曾班，泗州之吕源、阎瑾，天长军之成喜，高邮军之齐志行，沧州之刘锡、孔德基，或降或走，而韩世忠之军亦溃矣。"① 建炎三年正月，金人侵入泗州，图谋渡淮。江淮发运副使吕源得知，急调淮北舟船数百泊南岸，又命使臣张瑾焚烧浮桥，并上辅臣书，"乞为宗社大计，速图所以上安圣躬者"。"是夕，泗州奏金人且至，上大惊，军中仓皇以内帑所有通夕搬挈"。② 在金人步步进逼之下，南宋的防淮之策不堪一击："金以数百骑掩至，天长军统制官俱重、成喜将万人俱遁。亟遣江淮制置使刘光世将所部迎敌，行都人谓光世必能御贼，而士无斗志，未至淮即溃。"③ 以致仓皇之际，城中大乱，朝廷仪物全都委弃，高宗"介胄走马出门"，"与行人并辔而驰"。"吕颐浩、张浚联马追及上于瓜洲镇，得小舟，即乘以济。次西津口，上坐水帝庙，取剑就靴擦血。百官皆不至，诸卫禁军无一人从行者。"④ 在瓜洲，高宗召宰执从官诸将计事，再次议及驻跸地的问题："姑留此，或径趋浙中耶?"⑤ 吕颐浩顾及江北的屏蔽作用，主张且留瓜洲，为江北声援，以免金人乘势渡江，愈加狼狈。其意见得到二府的赞同；御营都统制王渊则认为，暂驻镇江，止捍得一处，不如前往有重江之阻的钱塘。对此，诸内侍皆以为是。事实上，以吕、王为代表的不同意见，其实质依然还是为中原计还是为宗社计的问题，而且在情势危急的状况下，高宗最终决定径往杭州，其中所包含的为宗社计的意义也是非常清晰的。

① （宋）李心传：《建炎以来系年要录》第1册，卷19，建炎三年正月丙午条引吕中《大事记》，第386页。

② 同上书，卷19，建炎三年正月己酉条，第386—387页。

③ 同上书，卷20，建炎三年二月庚戌朔条，第389页。

④ 同上书，卷20，建炎三年二月壬子条，第390页。

⑤ 同上书，卷20，建炎三年二月癸丑条，第392页。

既然高宗已经确定把驻跸地放在杭州，接下来朝臣能做的工作也就是以此为中心的修补性意见。如集英殿修撰提举杭州洞霄宫卫肤敏就对杭州与建康的地理位置进行了比较，提出了“暂图少安于钱塘，徐诣建康”的建议：

余杭地狭人稠，区区一隅，终非可都之地，自古帝王，未有作都者，惟钱氏节度二浙而窃居之，盖不得已也。今陛下巡幸，乃欲居之，其地深远狭隘，欲以号令四方，恢复中原，难矣。前年冬，大驾将巡于东也，臣固尝三次以建康为请，盖倚山带江，实王者之都也，可以控扼险阻，以建不拔之基。陛下不狩于建康，而狩维扬，所以致今日之警也。为今之计，莫若暂图少安于钱塘，徐诣建康。然长江数千里，皆当守备。如陆口直濡须、夏口直赤壁、姑孰对历阳、牛渚对横江，以至西陵、柴桑、石头、北固，皆三国、南朝以来战争之地。至于上流寿阳、武昌、九江、合肥诸郡，自吴而后，必遣信臣提重兵以守之，而江陵、襄阳尤为要害，此尤不可不扼险以为屯戍也。今敌骑近在淮壖，则屯戍之设，固未能遽为，宜分降诏书于沿江守土之臣，使之扼险屯兵，广为守备，许行鬻爵之法，使豪民得输粟以赡军；许下募兵之令，使土人得出力以自效，又重爵赏以诱之，则人人效命，守备无失，而敌骑必退矣。敌骑既退，则可以广设屯戍，如前所陈，迟以岁月，国体少安，可以渐致中兴之盛矣。①

当时的情况是金人强势向南步步逼近，南宋军队为防护江南而军力分散，抵抗金兵的力量十分有限。金骑已经近在淮壖，南宋方面的屯戍

① （宋）李心传：《建炎以来系年要录》第1册，卷20，建炎三年二月丁巳条，第396页。

施设尚未完备。建炎三年二月戊午，高宗将发平江，以御札任命朱胜非充平江府秀州控扼使，张浚同节制控扼。二月庚申，高宗御舟驻崇德县，因金人尚留江北，故谕令同签书枢密院事江淮两浙制置使吕颐浩还屯京口，令刘光世、杨惟忠并受节制。“颐浩遂以王渊所部精兵二千人还镇江府，命恩州观察使张思正统之。遣御营中军统制张俊以所部八千人往吴江县防扼。时朝廷方以金人渡江为虑，故命大将杨惟忠守金陵，刘光世守京口，王渊守姑苏，分受二大臣节度。于是韩世忠在海道未还，而范琼自寿春渡淮，引兵之淮西境上，扈驾者惟苗傅一军而已。”①

在能用于抵御的兵力缺乏、金人凶猛进逼的情况下，高宗朝廷最终选定了地狭人稠的杭州作为借以稍安的驻跸地。当然从长远来看，假如把最终目标设定为“号令四方，恢复中原”，“迟以岁月，国体少安，可以渐致中兴之盛”，那么进据建康以为驻跸之地，就是理所当然的事情了。史书载高宗对卫肤敏的建议，其态度还是积极的，“上颇纳其言”，②且乘舆抵达杭州后，即罢黜专主和议的宰相黄潜善、汪伯彦，下诏收召隽良，容受直言：“自今政事阙遗、民俗利病，或有关于国体，或有益于边防，并许中外士民直言陈奏。朕当躬览，采择施行，旌擢其人，庸示劝奖，言之或失，朕不汝尤。”③三月乙卯，更下诏欲前往江宁府：“金人已退，当进幸江宁府，经理中原。”④然而就在三月，发生了震惊朝野的明受之变，扈从统制武功大夫鼎州团练使苗傅、起复武功大夫威州刺史刘正彦以“陛下信任中官，赏罚不公，军士有功者不赏，内侍所主者乃得美官”为由，拥兵作乱，诛杀签书枢密院事王渊及内侍

① （宋）李心传：《建炎以来系年要录》第1册，卷20，建炎三年二月庚申条，第399页。

② 同上书，卷20，建炎三年二月丁巳条，第396页。

③ 同上书，卷20，建炎三年二月丙子条，第408页。

④ 同上书，卷21，建炎三年三月乙卯朔条，第411页。

省押班康履等人，更声言“上不当即大位，将来渊圣皇帝来归，不知何以处”，请立皇太子，又请隆祐太后同听政。① 高宗被迫禅位，以建炎三年三月十一日改为明受元年。幸赖朝廷之内有宰相朱胜非、御史中丞郑瑴、兵部侍郎兼权直学士院李邴与叛将周旋，外则张浚唱之，吕颐浩和之，联络众帅，起兵勤王，方才避免了一场大灾难。张浚、吕颐浩发布传檄内外书，历数苗傅、刘正彦之罪，表明奋忠义以济多艰，愤幽废以讨元恶，祈请高宗复位的政治诉求：

逆臣苗傅躬犬彘不食之资，取鲸鲵必戮之罪，乃因艰难之际，敢为废立之谋；刘正彦以孺子狂生，同恶共济，自除节钺，专擅杀生。仰惟建炎皇帝忧勤恭俭，志在爱民，闻乱登门，再三慰喻，而傅等陈兵列刃，凶焰弥天，逼胁至尊，苍黄逊位，语言狂悖，所不忍闻……今者吕颐浩因金陵之师，刘光世引部曲之众，张某（张浚）治兵于平江，韩世忠、张俊、马彦溥各领精锐，辛道宗、陈思恭总率舟师，汤东野、周杞扼据冲要，赵哲调集民兵，刘诲、李迨馈饷刍粮，杨可辅等参议军事，并一行将佐官属等，同时进兵，以讨元恶。师次秀州，四方响应。用祈请建炎皇帝亟复大位，以顺人心。今檄诸路州军官吏军民等，当念祖宗涵养之恩，思君父幽废之辱，各奋忠义，共济多艰。所有朝廷见行文字，并是傅等伪命，及专擅改元，即不得施行。敢有违戾，天下共诛之。②

在内外强大的压力下，苗傅、刘正彦等不得不对宰相朱胜非等所言

① （宋）李心传：《建炎以来系年要录》第1册，卷21，建炎三年三月癸未条，第417—418页。

② （宋）朱熹：《少师保信军节度使魏国公致仕赠太保张公行状上》，朱杰人、严佐之、刘永翔主编《朱子全书》第25册，上海古籍出版社、安徽教育出版社2002年版，第4363—4364页。

“今国家多事，干戈未弥，当急防秋之计。睿圣皇帝宜还尊位，总揽万几”的提议“一皆听从”。[①] 建炎三年四月初一高宗复位，初四皇太后撤帘，下诏复用建炎年号，复辟成功。继之，因朱胜非多次请求，罢其尚书右仆射兼中书侍郎兼御营使，罢为观文殿大学士，知洪州。朱胜非在宰相位共三十三日。任命张浚为中大夫知枢密院事；资政殿学士太中大夫同签书枢密院事吕颐浩特迁宣奉大夫，守尚书右仆射，兼中书侍郎，兼御营使；端明殿学士同签书枢密院事李邴守尚书右丞；端明殿学士签书枢密院事郑瑴进签书枢密院事；检校太保奉国军节度使殿前都指挥使御营使司提举一行事务都巡检制置使刘光世为太尉御营副使；起复定国军承宣使带御器械鄜延路马步军总管御营平寇左将军韩世忠为武胜军节度使，充御营左军都统制；宁武军承宣使带御器械秦凤路马步军副总管御营前军统制张俊为镇西军节度使，充御营右军都统制；秘阁修撰知平江府汤东野充徽猷阁待制；朝奉大夫知常州周杞充右文殿修撰。其他将佐全部进官二等。五月丁亥，韩世忠生擒刘正彦，乙亥，福建提点刑狱公事林杞擒获变姓冒名为商人的苗傅。七月辛巳，执苗傅、刘正彦、苗翊诣都堂审验，尽磔于建康市，枭其首。

这场持续二十余日的明受之变正发生在金人的强势进逼期间，对于本就动荡不安的南宋初兴政权是一个严峻的考验。正如《中兴圣政龟鉴》所说：“方苗、刘之猖獗也，杜鹃之诗，闻者伤心；投鼠之举，势不可亟，其事至难处也。在内则有朱胜非、李邴、郑瑴以正大之理折其锋，在外则有张浚、韩世忠、刘光世勤王之师挫其锐。取日虞渊，洗光咸池。二凶以三月癸未至四月戊申反正，凡二十六日而平。盖张忠献

① （宋）李心传：《建炎以来系年要录》第1册，卷22，建炎三年四月戊申朔条，第463页。

（张浚）倡义之功居多焉。”① 政变平定后，主要功臣吕颐浩、张浚等都登上了南宋朝廷的政治舞台中心，高宗也于建炎三年四月丁卯离开杭州去往建康，南宋政权又面临着新的走向。

第二节　驻跸武昌之争

由于明受之变的发生，有关驻跸地的选择再次提上议事日程。建炎三年五月，张浚提出暂且移至武昌的建议。围绕着由此可能发生的南宋朝廷中心由东南向西南的转移，朝廷重臣再一次展开了激烈的争论。

五月戊寅，高宗驻常州，任命知枢密院事兼御营副使张浚为宣抚处置使，以川陕、京西、湖南北路为所部。张浚一向以锐意北进为对外对内的政治出发点，故当高宗问之以方今大计时，张浚便“请身任陕、蜀之事，置司秦川，而别委大臣与韩世忠镇淮东，令吕颐浩扈驾来武昌，张俊、刘光世从行，庶与秦川首尾相应”。高宗“许之”，且“许浚便宜黜陟”②，对此，吕颐浩亦无异议。然而，此议却遭到以御史中丞张守为代表的朝廷中江南籍朝臣的坚决反对。张守听闻吕颐浩、张浚已有奉高宗幸武昌、议论趋陕之计，又欲徙中原之民于东南，即约左谏议大夫滕康曰：“幸蜀之事，吾曹当以死争之。”张守向高宗呈上奏疏，力陈其害，坚持移跸武昌之说乃是为将士计，而非为高宗与国家考虑之说：

东南今日根本也。陛下远适，则奸雄生窥伺之心。况将士多陕

① （宋）李心传：《建炎以来系年要录》第1册，卷22，建炎三年四月戊申朔条所引，第464页。

② 同上书，卷23，建炎三年五月戊寅朔条，第481页。

西人，以蜀地近关、陕，可图西归，不过将士为此计耳，非为陛下与国家计也。①

张守站在江南朝官的立场上反对驻跸武昌，其理由主要有二：一是东南当时只赖皇帝驻跸而稍安，来自奸雄的威胁尚无法从根本上消除。朝廷一旦向西迁移，则东南根本之地必定动摇；二是将士多西人，驻跸武昌以图西归，其实质是为个人打算，把自己的利益置于国家之上。就张守立论的第一点看，结合当时的实际情况，群盗、军卒反复作乱，朝廷无力约束，苟且招安，形势确实非常严峻：

盖自宣和末，群盗蜂起。建炎以来，祝靖、薛广、党忠、阎瑾、王存之徒，虽皆招安，而淮宁、山东、河北之盗皆拥兵数万。拱州之黎驿、单州之渔台，亦有溃卒数千。赵万袭常州，张遇焚真州，丁进犯寿春，桑仲据襄阳，戚方犯镇江，杨勍犯处州，刘超据荆南，王辟犯房州，崔增犯太平州，张用据桂阳军，赵延寿犯德安军，皆随灭随起。甚而范琼召见，亦不肯释兵，则天子之兵皆盗矣。②

今淮南盗贼，大者数万，小者数千。③

自军兴后，淮西八郡，群盗攻蹂无全城。④

李成以朝廷不恤之而稽馈饷，有引众纳命建康之语。今靳赛据扬州，薛庆据高邮，万一三叛连衡，何以待之？此含垢之时，宜遣辩士谕意，优进其秩，畀以京口纲运，如晋待王敦可也。⑤

① （宋）李心传：《建炎以来系年要录》第1册，卷23，建炎三年五月戊寅朔条，第481页。

② 同上书，卷25，建炎三年七月丙戌条引《中兴圣政大事记》，第510页。

③ 同上书，卷25，建炎三年七月甲申条引集英殿修撰知庐州胡舜陟所言，第508页。

④ 同上书，卷27，建炎三年闰八月戊寅条，第530页。

⑤ 同上书，卷24，建炎三年六月戊申朔条引徽猷阁待制洪皓上疏所言，第491页。

朝廷尚在东南，乱象已如此之剧，一旦西迁，江南一带的后果确实也难以想象。至于“将士多陕西人”一事，张守在建炎三年正月所上奏疏中即已提出“行在兵多，西人不乐南去”[①] 的问题，此时再次提出，则是要证明驻跸武昌之说乃将士自谋，不虑国家的观点。张守甚至直接把矛头指向认可驻跸武昌的宰相：“今位宰相者虽有勋绩，然其才可以办一职，而识不足以干万几，愿更择文武全才海内所共推者，擢任之。”[②] 其指向之尖锐、锋芒之犀利可见一斑。如果说张守对将士自谋的指责还只是点到即止的话，中书舍人季陵则对此进一步展开，直斥将帅恃权骄纵：“今将帅位高身贵，家温禄厚，拥兵自卫，浸成跋扈之风。去年御敌，尝遣王渊，桀骜不行；改命范琼，心怀怏怏。苗、刘二贼乘间窃发，岂一朝一夕之故哉？逮勤王之师一至钱塘，拘占房舍，攘夺舟船，凌铄官吏，侵渔百姓，恃功益骄，莫敢谁何。此将帅之权太盛。”[③] 并重提明受之变前马扩的入蜀、都武昌之议，且予以痛斥。建炎三年二月丙子，高宗于罢黜宰相黄潜善、汪伯彦后，下诏征求事关国体、有益边防之建议。三月庚辰，右武大夫和州防御使马扩应诏上书曰：

> 陛下乘时御极，不知西据蜀险，就六路形势，力治兵战，以图恢复，反使翠华淹处淮甸，甘蹈覆辙，泥于讲和，使势力日益穷蹙……臣今辄以机势利害，画为三策。愿陛下幸巴蜀之地，用陕右之兵，留重臣使镇江南，委健吏以抚淮甸，破敌人之计，回天下之心，是为上策；都守武昌，襟带荆、湖，控引川、广，招集义兵，屯布上流，扼据形势，密约河南诸路豪杰，许以得地世守，用为屏

---

① （宋）李心传：《建炎以来系年要录》第 1 册，卷 19，建炎三年正月戊戌条，第 383 页。

② 同上书，卷 24，建炎三年六月己酉条，第 492 页。

③ 同上书，卷 24，建炎三年六月己酉条，第 493 页。

翰，是为中策；驻跸金陵，备御江口，通达漕运，亟制战舰，精习水军，厚激将士，以幸一胜，观敌事势，预备迁徙，是为下策。若贪顾江湖陂泽之险，纳探报之虚言，缓经营之实绩，倚长江为可恃，幸敌人之不来，犹豫迁延，候至秋冬，使敌人再举，驱集舟檝，江淮千里，数道并进，方当此时，然后又悔，是为无策。①

马扩的建议在当时并未引起多大反响，直到同年六月争论驻跸武昌之时，却被季陵翻出严厉批判："奸臣马扩上疏，谓上策入蜀，中策都武昌，下策都江宁。臣常诘之，第言'天子必惮远涉，由下引之以及中，由中引之以及上'，此奸谋也。扩乃西人，知关、陕残破，不可以遽往，欲先幸蜀以便私耳。侧闻道路之言，谓銮舆不久居此，人情皇皇，未知死所，立赏禁止，终莫之信。虽自臆度，决无是事，万一有之，不几于狂乎？"② 季陵以马扩西人，其谋乃出于私而予以斥责，且谓銮舆轻动，乃狂乱之举，其结论亦可谓斩钉截铁。对于强硬的反对移跸者，高宗取调和的态度，对于张守"论吕颐浩不可独任，而张浚不宜西去。上不然之"③。七月，知枢密院事御营副使宣抚处置使张浚按计划率亲兵千五百人，骑三百由行在出发西行，赐度僧牒二万，紫衣师号五千为军费。高宗并赐川、陕官吏军民诏书曰：

朕嗣承大统，遭时多故，夙夜以思，未知攸济，正赖中外有位悉力自效，共拯倾危。今遣知枢密院事张浚往谕密旨，黜陟之典，得以便宜施行。卿等其念祖宗积累之勤，勉人臣忠义之节，以身徇

① （宋）李心传：《建炎以来系年要录》第1册，卷21，建炎三年三月庚辰条，第412页。

② 同上书，卷24，建炎三年六月己酉条，第493—494页。

③ 同上书，卷24，建炎三年六月甲戌条，第500页。

国，无贻名教之羞，同德一心，共建隆兴之业。当有茂赏，以答殊勋。①

刚刚经历了明受之变，高宗正要赖吕颐浩、张浚等重臣效力朝廷，“共拯倾危”，当然不会完全认同张守的提议。随同张浚西行的有明州观察使刘锡、亲卫大夫明州观察使赵哲。张浚又辟集英殿修撰知秦州刘子羽参议军事；尚书考功员外郎傅雱、兵部员外郎冯康国主管机宜文字；武功大夫忠州防御使王彦为前军统制，率八字军从行；太学博士何洋、合门祗侯甄援等全都随行，正所谓“元枢新立大功，出当川、陕，半天下之责”②。高宗将半天下之责交付张浚，其地位之重要，高宗信任之深亦由此可见。但另一方面，高宗亦并不轻许移跸武昌。建炎三年五月，众臣争议朝廷西移时，显谟阁直学士致仕翟汝文呈上奏疏，请求銮舆幸荆南，其结果是“不从”③。同时，高宗又把对于西移持异论的翰林学士滕康擢为端明殿学士签书枢密院事。

时当国势衰微之际，南宋朝廷的前途不明，所采取的措施亦很难确保胜算，加之反对者众多，宰相吕颐浩也在驻跸问题上发生摇摆，“始，张浚建武昌之议，吕颐浩是之，有成说矣。浚行未几，江浙士大夫摇动颐浩，遂变初议”④。此时高宗对于驻跸之事也是疑虑重重，建炎三年闰八月初一，高宗再以御笔问朝臣驻跸之地：

朕嗣位累年，寅奉基绪，爱育生灵，凡可以和戎息兵者，卑辞降礼，无所不至，而敌人猖獗迫逐，凌犯未有休息之期，朕甚惮

---

① （宋）李心传：《建炎以来系年要录》第1册，卷25，建炎三年七月庚子条，第514页。

② 同上书，卷25，建炎三年七月庚子条引赵鼎所言，第515页。

③ 同上书，卷23，建炎三年五月戊寅朔条，第481页。

④ 同上书，卷27，建炎三年闰八月丁丑朔条，第529页。

之。比命杜充提兵防淮，然大江之北，左右应接，我所守者一，由荆、襄至通、泰，敌之可来者五六，兵家胜负，难可预言。所议众多，未易偏废。轸念旬月，莫适决择。朕将定居建业，不复移跸。与夫右趋鄂、岳，左驻吴、越，山川形势，地利人情，孰安孰危，孰利孰害，以至彼我之所长，步骑之所宜，何险可守，何地可战，甚地之钱物可运，甚郡之粟觳可漕，其各悉心致思，以告于朕……三省可示行在职事官，共条具以闻。①

于是，召随驾百官及诸统制赴都堂，至晚，以二十五封进入，大率皆言鄂、岳路途遥远，馈饷难继，又顾虑高宗大驾一动，江北群盗将乘虚过江，则东南终将难保。“翌日，辅臣入对，上犹未观，谓颐浩曰：‘但恐封事中趋向不一。昔真宗澶渊之役，陈尧叟蜀人，则欲幸蜀；王钦若南人，则欲幸金陵；惟寇准决策亲征。人臣若不以家谋，专为国计，则无不安利矣。’然卒定东巡之策。”② 朝臣的意见与前述张守之说大体一致，高宗虽然对于群臣置家谋先于国计的态度明显不满，但对于渡江而北，缓辔而上，直把恢复进击作为目标的激进建言也不予采纳。如起居郎胡寅应高宗御笔询问而呈进的《上皇帝万言书》，即以恢复故国为宗旨，将荆襄、吴越、建康三者的地理、历史形势相比较，然后提出立荆襄为根本之地，措置规模，使之成为进取之基：

欲谋进取，则非坚坐不动之所能。必观进取形势之便，用之而图成。臣窃谓惟荆襄为胜……今湖北接京西，虽无大险，然方城为城，汉水为池，管仲之所不敢轻。盖地近中州，上下不过千里，其要害易守，非如淮泗汗漫，平原按衍，四通五达，易入而

① （宋）王明清：《挥麈后录》卷10，中华书局1961年版，第203页。

② （宋）李心传：《建炎以来系年要录》第1册，卷27，建炎三年闰八月丁丑朔条，第529页。

难备也……诚能屯唐、邓、襄汉之田，以养新兵，出广西、武陵峒丁，并施、黔、獠军筑坚垒列守汉上，阻以水军，经以正军，纬以弓手民军，牵制江、黄，呼吸庐、寿，则进取之基立。然后陕西声气血脉通达，而骑卒可至，川广之富皆犹外府，易以拱挹。其比于漂泊大江之南，栖伏东海之滨，险易利害，相去远矣。建康固是六朝旧都，甘守偏隅，迁延国祚，亦何不可？臣独以为不可焉，盖为陛下之责与晋元帝不同故也……今陛下之父兄在敌中固无恙，穹庐蛮帐，羁栖杂聚，其衣服饮食居处动静，岂得比中国民庶中人之奉哉？其闻陛下嗣登宝位也，必日夕南望曰："吾有子弟为中国帝王，吾之归庶有日乎？"痛维愁荒屈辱之中，发此念，为此言，于今三年，日迫月切。而献谋者方欲导陛下南狩，日远日忘，遂无复国之心，别求建都之所，此臣所深不喻也。今河北、河东之民知朝廷不复顾恩，已甘心事敌，山东、京西、淮甸之民犹冀陛下，未忍遽弃，若更迟延岁月，无以及之，则怨恨陛下而为敌国者，所至皆然，亦何必粘罕邪？于此而欲建都，非特不可，亦必不能矣。故臣愿陛下先命吕颐浩、杜充分部诸将过江，广斥候，治盗贼，自以精兵二三万为舆卫，于稳密州郡速置营屋，以安存其所谓老小者。陛下提此兵渡江而北，缓辔而上，遣使巡问父老，抚绥挺刃之余民。至于荆襄，规模措置为根本之地，犹汉高之于关中，光武之于河内，虽巡历往来，征伐四出，而所固守必争而勿失者，以荆襄为重。①

胡寅之文的立论是以提兵北向、复国雪耻、迎返二帝为立足点的。客观地看，这个目标与当时金人汹汹进攻，南宋朝廷招架无力，高宗所至皆

① （宋）胡寅：《上皇帝万言书》，《全宋文》第189册，卷4166，第215—216页。

为边境，只能且战且避，奉之于万全之地的现实有着明显的距离。加之胡文观点犀利，言辞激烈，故此疏入，“吕颐浩恶其切直，罢之”①。

八月丁亥，高宗再召诸将，问以移跸之地。御前右军都统制张俊、御营都统制辛企宗劝高宗自岳、鄂幸长沙，左军都统制韩世忠坚决反对：“国家已失河北、山东，若又弃江淮，更有何地?”“上闻俊等退避之说，殊怫然，至晚不食。戊子，吕颐浩等入对，上谓曰：‘俊、企宗不敢战，故欲避于湖南。朕以为金人所恃者，骑众耳。浙西水乡，骑虽众，不得骋也。且人心一摇，虽至川、广，恐所至皆敌国尔。’颐浩曰：‘金人之谋，以陛下所至为边面。今当且战且避，但奉陛下于万全之地。臣愿留常、润死守。’上曰：‘朕左右岂可无宰相?’周望曰：‘臣观翟兴、李彦仙辈以溃卒群盗，犹能与金兵对垒，拒守陕、洛。臣等备位宰执，若不能死战以守，异日何颜见彦仙辈？臣实耻之。’上曰：‘张守入对，言不如留杜充建康，不可过江。’颐浩曰：‘臣与王绹、周望、韩世忠议，本自如此。’上又欲令世忠守镇江府，刘光世守太平及池州，颐浩等以为然。防淮之议遂格。”② 高宗明确反对驻跸湖南，倾向于遏制金骑奔冲的浙西水乡，吕颐浩等便于此展开论说，于是君臣共定东巡之策，朝廷西迁之议就此搁置下来。

第三节　被逼入海避敌

东巡之策既定，相关工作随即展开。建炎三年八月壬戌，隆祐皇太后登舟发建康，高宗顾虑金人骤来，密谕滕康、刘珏，令缓急取太后圣

① （宋）李心传：《建炎以来系年要录》第1册，卷27，建炎三年闰八月庚寅条，第549页。

② 同上书，卷27，建炎三年闰八月丁亥条，第532页。

旨，便宜以行。闰八月辛卯，朝廷进行大规模的军事部署：命尚书右仆射杜充兼江淮宣抚使，领行营之众十余万人守建康，留下中书印交付杜充；统制官王民、颜孝恭、孟涓、刘经、鲁珏，殿前副都指挥使郭仲荀皆隶之；又以御前前军统制王𤫉为之援。御前左军统制韩世忠为浙西制置使，守镇江府。太尉御营副使刘光世为江东宣抚使，守太平及池州，刘光世仍受杜充节制。御营使司都统制辛企宗守吴江县，御营后军统制陈思恭守福山口，统制官王琼守常州。紧接着，承议郎监都进奏院周元曜自京太庙奉迎艺祖以下神位九室往临安。闰八月壬寅，高宗自建康出发，幸浙西，御前右军都统制张俊、御营使司都统制辛企宗随从高宗出行。九月癸丑，以端明殿学士签书枢密院事周望充两浙荆湖等路宣抚使，总兵守平江府。诏江东宣抚使刘光世移屯江州，因为隆祐皇太后当时在南昌，议者认为如果金人自蕲、黄渡江，陆行二百余里即可抵达，故命刘光世自姑熟移军，作为南昌屏蔽。十月癸未，高宗至临安，壬辰，至越州。与此同时，金人向南推进的速度极快，建炎三年九月丙午朔，谍报金人陷登、莱、密州，且于梁山泊造舟，恐由海道以窥江浙。壬子，金人降单州，取兴仁府，遂陷南京；甲戌，金陕西诸路先锋都统罗索大合兵渡渭水，侵长安；十月丁丑，侵蔡州；戊戌，陷寿春府；庚子，侵黄州；辛丑，金人开始自黄州济江，凡三日全部渡江完毕，其后，自大冶县直趋洪州。十一月乙巳朔，金人抵达庐州；戊申，完颜宗弼至和州；己酉，陷无为军；庚戌，攻采石渡；丁巳，陷六合县，又陷临江军；戊午，至洪州；庚申，陷真州；壬戌，金人自马家渡渡江。尚书右仆射江淮宣抚使杜充急遣都统制陈淬督统制官岳飞、刘纲等十七人率兵三万与金人战，又命御前前军统制王𤫉率所部万三千人前往援助。陈淬与完颜宗弼在马家渡遭遇，共战十余个回合，胜负大致相当。但王𤫉引西兵先遁，留下陈淬孤军与金人战，最终力不能敌金人，不得已还屯蒋山，战死，岳飞等皆引去。水军统制邵青以一舟十八人在江中抵挡金人，舟师张青中十七矢，遂退于竹筱港，统赤心队。朝请郎刘晏领所部走常州。浙西制置使韩世忠在镇江，将储藏之资，尽装海舶，焚其城郭，既而得知金人南渡，即引舟去江阴。癸亥，金人至太平州；丁卯，至吉州。杜充得知南宋军队败北，欲乘舟出奔。此时，南宋各路官军基本上是全面溃败，据《建炎以来系年要录》引《大事记》所载："金之分道寇海也，不惟庐州之李会，濠州之孙逸，和州之李铸，无为军之李知几，真州之向子忞，洪州之王子猷，临江之吴将之，吉州之杨渊，抚州之王仲山，袁州之王仲嶷，建康之杜充，越州之李邺，谭州之向子諲，荆南之唐殻，或降或走，而张浚、刘光世之兵，亦遁矣。"① 可以说，南宋政权已经到了山穷水尽、千钧一发的危急时刻了。

在金人席卷南下，南宋一路后退，朝廷上下深深忧虑金人驰突不测之际，十一月甲子，高宗再下诏向朝臣问策，给事中兼权直学士院汪藻、中书舍人李正民建议移跸平江，亲督诸将拒敌，缓急则登海舟避之。此外，又有遣兵将、募敢士以行之说。丙寅，以殿前副都指挥使郭仲荀轻兵三千人从驾，往平江府，倚周望、韩世忠兵为重。又以张俊重兵不可留，遂决议皆行。丁卯，金人逼近建康的消息尚未传到越州，高宗发布诏书曰：

> 朕纂承以来，深轸念虑，谓父兄在远，而兵民未抚，不欲身陷于锋镝，故包羞忍耻，为退避之谋，冀其逞志而归，稍得休息。卑辞厚礼，遣使相望，以至愿去尊称，甘自贬黜，请用正朔，比于藩臣。在建康则遣洪皓、崔纵、杜时亮，在平江则遣张邵，其为书指，无不曲尽哀祈，假使金石无情，亦当少动。近报金人一项自采

① （宋）李心传：《建炎以来系年要录》第1册，卷28，建炎三年十月辛丑条，第566页。

石，一项自黄州渡江，生民嗷嗷，何时宁息？今诸路兵聚于江、浙之间，朕已移跸浙西，为迎敌之计。我将佐人民，与其束手待毙，不若并计戮力，以存国家。①

事实上，高宗朝廷在金人的凌厉攻势下，确已是包羞忍耻，以为退避之谋。诏书中所述朝廷遣使赴金，曲尽哀祈，卑辞厚礼，皆非虚语。建炎三年正月，高宗为避金人而入扬州，朝廷旋即议论遣人使金。正月己丑，召责授果州团练副使李邺，复其官，与中书舍人周望分往河东、河北，而以兵部员外郎宋彦通、左武大夫贵州防御使同管客省四方馆合门公事吴德休副之。既而金兵奄至，遂辍行。二月戊午，高宗听闻金人尚在扬州，特意在平江出发之前，派遣秉义郎合门祗候刘俊民出使金人军前。俊民请张邦昌一子弟同行，庶可借口。高宗即与黄潜善、汪伯彦、朱胜非共议，下诏尊礼张邦昌，录用坐累拘管的其子与兄；五月，高宗于明受之变后至江宁府，立即起复朝散郎洪皓为徽猷阁待制假礼部尚书充大金通问使，以武功郎龚璹为右武大夫假明州观察使副之。高宗在致金左副元帅宗维的书信中明确表示愿去尊号，用金国正朔，比于藩臣。洪皓行至泗州，谍报有迎骑介而来，于是复还。七月，金左副元帅宗维自东平还云中，右副元帅宗辅自滨州还燕山，留左监军完颜昌守山东。高宗深虑金人再至，复遣朝奉郎监诸司审计司崔纵为中奉大夫右文殿修撰假工部尚书充奉使大金军前使，武节郎合门宣赞舍人郭元明为武显大夫忠州刺史副之，使金议和。八月，再遣朝散大夫京东路转运判官杜时亮为秘阁修撰假资政殿学士充奉使大金军前使，进士宋汝为授修武郎假武功大夫开州刺史副之，命持书遗金主晟请和。高宗致左副元帅宗维书可谓哀恸之至：

① （宋）李心传：《建炎以来系年要录》第1册，卷29，建炎三年十一月丁卯条，第576页。

某昨遣洪皓输恳切之诚，惧道途梗塞，或不时布闻，则又令崔纵进书御者。既遣使者于庭，君臣相聚，泣而言曰：古之有国家而迫于危亡者，不过守与奔而已。今大国之征小邦，譬孟贲之搏僬侥耳。以中原全大之时，犹不能抗，况方军兵挠败，盗贼侵交，财贿日朘，土疆日蹙。若偏师一来，则束手听命而已，守奚为哉！自汴城而迁南京，自南京而迁扬州，自扬州而迁江宁。建炎三年之间，无虑三徙，今越在荆蛮之域矣。所行益穷，所投日狭，天网恢恢，将安之耶？是以守则无人，以奔则无地，一身彷徨，局天蹐地，而无所容厝，此所以朝夕鳃鳃然，惟冀阁下之见哀而赦已也。……愿削去旧号……金珠玉帛者，大金之外府也；学士大夫者，大金之陪隶也。是天地之间，皆大金之国，而无有二上矣。亦何必劳师远涉，然后为快哉……伏望元帅阁下，恢宏远之图，念孤危之国，回师偃甲，赐以余年……社稷存亡，在阁下一言。某之受赐，有若登天之难；而阁下之垂恩，不啻转圆之易。伏惟留神而特加矜察焉。①

高宗“以守则无人，以奔则无地”的陈情可谓悲痛，祈哀而冀赦的恳告可谓迫切；愿去尊号，无有二上的言辞可谓屈辱。然而，南宋一方虽然是卑辞厚礼，遣使相望，凡可以息兵者，无所不至，但金人对南宋的进攻却更加凶猛，甚至南宋使者的处境也愈加艰危。建炎三年九月，南宋朝廷遣迪功郎张邵为奉议郎直龙图阁假礼部尚书充大金军前通问使，起复武翼郎杨宪为武义大夫副之。张邵自楚州渡淮，正逢金军，遂见金左监军完颜昌于昌邑。完颜昌责张邵拜礼，张邵不从，完颜昌怒而使人拘张邵。久之，副使杨宪与其随从者图谋杀监己者以脱身，然而所谋事泄，金人执杨宪而鞭之，与其徒俱囚于祚山寨土牢。十月，京东转

① （宋）李心传：《建炎以来系年要录》第1册，卷26，建炎三年八月丁卯条所引《与元帅书》，第524页。

运判官杜时亮使金请和，修武郎宋汝为副之。行次寿春，恰遇金帅完颜宗弼的军队，宗弼却不与杜时亮会面。宋汝为独驰入金军，奉上国书。宗弼怒，命拘宋汝为，欲加僇辱……此时金廷一意灭宋，无意议和，所以当金人已经逼近建康，南宋朝廷尚不知情的状况下，高宗诏书所说"近报金人一项自采石，一项自黄州渡江，生民嗷嗷，何时宁息？今诸路兵聚于江浙之间，朕已移跸浙西，为迎敌之计。我将佐人民与其束手待毙，不若并计戮力，以存国家"的号召，亦可谓困兽之怒，其悲愤激切之情尽透纸背。

但是，悲切愤激之辞却不能换来对金形势的转变，就在高宗宣称移跸浙西迎敌的十一月丁卯，金人攻至吉州，遣兵追隆祐皇太后御舟，太后夜行，天亮方才到达太和县。舟人耿信及龙神卫四厢都指挥使杨惟忠所领卫兵万人皆溃散，其将傅选、司全、胡友、马琳、杨皋、赵万、王琏、柴卞、张拟九人悉去为盗，乘舆服御之物皆弃之。杨惟忠与权知三省枢密院滕康、刘珏皆窜山谷中，兵卫不满百，从者唯中官何渐、使臣王公济、快行张明而已。金人追至太和县，太后乃自万安舍舟而陆，遂幸虔州，宫人死者甚众，从事郎三省枢密院干办官刘德老亦为金人所杀。己巳，高宗方才得到杜充所奏宋师败绩的消息，这时杜充已经引亲兵三千绝江而北。在南宋朝廷的生存受到严重威胁的情况下，高宗深陷忧虑，再与群臣商讨移驾之地：

> 上谓辅臣曰："（杜）充守江不利，陈淬战没，王瓆拥兵南遁，金国人马必临浙江追袭，事迫矣，卿等意如何？"吕颐浩曰："臣有一策，望圣意详度，断在必行。"上曰："何如？"颐浩奏："金人以骑兵取胜，今銮舆一行，皇族百司官吏兵卫家小甚众，若陆行山险之路，粮运不给，必致生变，兼金人既渡浙江，必分遣轻骑追袭，今若车驾乘海舟以避敌，既登海舟之后，敌骑必不能袭我。

江、浙地热，敌亦不能久留，俟其退去，复还二浙。彼入我出，彼出我入，此正兵家之奇也。”上沉吟久之，曰：“此事可行。卿等熟议，来日召侍从台谏至都堂参议可否。”……晚次越州城下，从官对于河次亭上。侍御史赵鼎言：“众寡不敌，势难与战，宜姑避之。”吕颐浩乃聚议航海。新除吏部侍郎御营使司参赞公事郑望之后至，独谓自古兴王，未有乘舟檝者。权户部侍郎叶份、中书舍人綦密礼曰：“若别有策，甚善。不然，舍海道将安之?”颐浩晚朝奏事，上曰：“航海之事，朕昨夕熟思之，断在必行。卿等速寻船。”遂决策移四明。①

杜充守江不利，金人大举渡江，紧接着完颜宗弼陷建康，建昌军、抚州亦继之陷落。南宋朝廷的存亡已经成为首要的问题，在这样的现实之下，前述诏书所称欲“移跸浙西，为迎敌之计”已经没有可能，故高宗旋即回銮避敌，决策移四明，航海避敌。十一月己巳，吕颐浩奏令从官以下各从便而去，于是郎官已下不少留在越州，有的径直归家。又命范宗尹兼权枢密院事，端明殿学士签书枢密院事周望同知枢密院事，仍兼两浙宣抚使，总兵守平江府；殿前副都指挥使郭仲荀为两浙宣抚副使，与御营使司都统制辛企宗并守越州；御前右军都统制张俊为浙东制置使，从高宗行。癸酉，高宗由越州出发；十二月己卯到明州。此时完颜宗弼既得建康，区处已定，乃率众自溧水路径趋临安，辛巳，陷广德军；壬午，侵安吉县；癸未，过独松岭；乙酉，完颜宗弼至临安府。其时南宋朝廷形势之险峻，不入海已无退路，诚如高宗所言：“缓急之遇，岂可如二圣不避敌，坐贻大祸。”② 十二月己丑，高宗幸定海县，只有

① （宋）李心传：《建炎以来系年要录》第1册，卷29，建炎三年十一月己巳条，第578页。

② 同上书，卷30，建炎三年十二月壬午条，第584页。

亲兵三千人自随，百官有司随其便寓浙东诸郡。“吏部侍郎郑望之以疾辞，不至。给事中兼权直学士院汪藻以不便海舶，请陆行以从，许之。于是扈从泛海者，宰执外惟御史中丞赵鼎，右谏议大夫富直柔，权户部侍郎叶份，中书舍人李正民、綦密礼，太常少卿陈戬六人。而昕夕密卫于舟中者，御营都统制辛企宗兄弟而已。时留者有兵火之虞，去者有风涛之患，皆面无人色。”① 十二月戊戌，金人陷越州。己亥，高宗得知金军分兵自诸暨趋嵊县，径入明州，于是再议移舟至温、台以避之。庚子，高宗自昌国县出发，登舟航海。

南宋朝廷在建炎三年所经历的来自内外两方面的大变故、大危机、大动荡堪称惊心动魄。高宗在前途未卜的情况下仓皇入海，本身就是南宋朝廷风雨飘摇、命悬一线的最真实写照。在这一年的重重危难中，南宋朝臣的忠诚与智勇也受到了最严峻的考验。度过这一年的大危机之后，南宋朝廷逐渐走向安稳。

① （宋）李心传：《建炎以来系年要录》第1册，卷30，建炎三年十二月庚寅条，第589页。

第四章　从朝臣奏疏看建炎四年南宋朝廷对外对内策略的调整

建炎四年，南宋朝廷暂时摆脱了海上漂泊的命运，但朝廷面对的内外形势依然严峻，所谓“今日国势，危如缀旒，敌国盛强，盗贼充斥”①。一方面金人灭宋之心不死，“强敌之患，已无宁岁。焚劫杀虏，几遍天下。夏则北去，秋则南牧。往年休士马于燕山，次年移于河北，次年移于京东。今寓淮甸，无复去意。患在朝夕，可谓急矣”②。所以，如何根据当前形势制定应对的策略就成了高宗及南宋朝臣必须考虑的问题。刚刚进入建炎四年，高宗就在正月陆续下发诏书，要求朝臣奏上有关的措置方略：“诏将来敌骑北归，或尽数过江，或留兵守建康、杭、越，当如何措置，及于何驻跸，令侍从官条具以闻。”③“诏行在职事官条具驻跸所在及守御之策。”④ 到了六月，积粟聚财、屯兵拒守的防秋事务又提上议事日程，辛未朔，高宗再诏侍从、台谏、三衙、诸军

① （宋）李心传：《建炎以来系年要录》第1册，卷34，建炎四年六月戊寅条引中书舍人季陵所言，第659页。

② 同上书，卷35，建炎四年七月甲辰条引中书舍人季陵所言，第674页。

③ 同上书，卷31，建炎四年正月辛未条，第605页。

④ 同上书，卷31，建炎四年正月癸酉条，第606页。

统制并赴都堂集议驻跸事宜。

另一方面，在金人南犯的同时，南宋统辖范围内的各种反叛力量乘朝廷应付金人不暇、难以遣发大军之机，拥众袭扰，也给朝廷造成了极大的困扰。加之刘豫在金人的扶立下称帝，也实施了积极吸纳叛宋力量的各种政策。在这种情况下，如何有效地调整对外对内策略，调动各方力量最大限度地打击敌对力量，以保障朝廷的安全稳定；怎样尽可能地发挥朝廷在国内的统御作用，以确保其至上权威就成为建炎四年朝廷需要解决的主要问题。

第一节　赦罪立功、有捷必赏

在金人凌厉的攻势下，南宋政权一再遭受灭顶的威胁，而各地不断涌现的反叛力量更是雪上加霜。建炎四年正月己未，明州失守，南宋朝廷陷入危局："明既失守，则海道可虞，而行在必不敢安也。"[①] 金人随之自明州引兵，攻破定海县，遂以舟师绝洋，至昌国县，欲袭御舟。和州防御使枢密院提领海船张公裕引大舶击散金人，金兵乃去。高宗引舟而南，与金人才隔一日。二月癸未，"虔州乡兵首领陈新率众数万围虔州，隆祐皇太后震恐，赦其罪，不听。权知三省枢密院滕康、刘珏，主管侍卫步军司公事杨惟忠皆坐视其乱而不能禁"[②]。三月乙丑，高宗所在的御舟搁浅，险遭覆没。冬十月己丑，有谍报称金人引舟自漕渠南

① （宋）王明清:《挥麈录·第三录》卷1，中华书局1961年版，第230页。

② （宋）李心传:《建炎以来系年要录》第1册，卷31，建炎四年二月癸未条，第609页。

来，行在闻之震撼……

在金人步步进逼、朝廷安危未卜的情形下，如何最大限度地调动文武官员为朝廷效力，以度过艰危，成为南宋朝臣奏疏的重要内容。为此，高宗屡下诏书，采取赦罪记功、有捷必赏的激励措施：

> 金人侵犯两浙，陷没州郡，官吏以众寡不敌，遂且降伏。推其本心，实非诚意，并特与放罪。①
>
> 统兵官以众寡不敌，致有溃散，理宜矜恤，可特放罪，仍旧统押人马。②

建炎四年五月甲辰，参知政事权枢密院事范宗尹为通议大夫守尚书右仆射同中书门下平章事兼御营使，针对当时形势，他提出了“勿遽勿亟”的施政方略：“今日国势，政如人之疾病，沉痼方笃，稍施驶药，立有颠仆之患。要使施设有序，勿遽勿亟。”③ 在用人任事上，他主张以宽容为怀，对于台谏官论事，不必斤斤相较：“朝廷但当容纳，可即行之，不可则已，不必相与较是非也。大抵言者有建明，若朝廷一一行之，则天下不胜多事。”④ 事实上，这样一种兼容并包的执政趋向是建炎四年南宋朝廷的一大特征，所谓“有才者或短于行，自非陛下弃瑕录用，则举世无全人矣”⑤。建炎四年八月，户部侍郎季陵转对，也上疏专论用人不当求其备，特别是在时当多难之际，更应责功补过，以求同心协济：

> 臣闻宣王承板荡之后，任贤使能，周室中兴焉。夫贤以德称，

---

① （宋）李心传：《建炎以来系年要录》第1册，卷31，建炎四年正月丙辰条，第599页。

② 同上书，卷32，建炎四年三月庚申条，第624页。

③ 同上书，卷33，建炎四年五月癸丑条，第645页。

④ 同上书，卷35，建炎四年七月壬戌条，第679页。

⑤ 同上书，卷32，建炎四年三月辛未条引参知政事王绹所言，第627页。

能以才称。贤者必有才，故任之勿疑。能者不必有德，顾所使何如耳。自古以为才难，使人不当求备。记其功，忘其过，取所长，弃所短，安得乏才之叹乎？前日士大夫名节不立，有愧于古，论事之人皆喜攻之，瑕疵既彰，不复可用，纵加拔拭，攻者踵来，虽君相制命，亦不能为之地矣。臣试举其罪大且重者言之。自崇、观以来，党助臣奸，交结非类，各由诡道，以饕宠荣，坐此当责者不知其几何人也；至靖康末，二圣北狩，邦昌摄朝，不能死节，间或从伪，坐此当责者不知几何人也；至明受初，苗、刘专杀，几危宗社，拱手受制，不能讨贼，坐此当责者又不知几何人也。以义责之，皆不容诛。以情恕之，亦士大夫不幸耳。蔡京、王黼当国日久，阉宦弄权，豪强贩禄，欲仕进者，舍此无阶，虽名家文士，甘从污蔑，特立独行，是为希有，首恶者既已伏辜，其余勿论可乎？邦昌内奉太母，外迎陛下，一城生灵，忍死须臾，事有权宜，初无异意，首恶者既已伏辜，其余勿论可乎？太母垂帘，东宫监国，回容以防挟主之变，隐忍以待勤王之师，各不统兵，难备仓卒，首恶既已伏辜，其余勿论可乎？陛下昭德塞违，以临照百官，虽皆赦而不诛，然弄笔墨者，至今未容贷，文致其罪，当得恶名，虽知其才，谁敢引荐？当今多难之时，朝廷缓急，无可使者。独不闻举魏尚于狱中，卒能却匈奴；起张敞于亡命，卒能弭盗贼。责功补过，前古有之。臣愿陛下明诏宰执，于罪戾之中，选择贤能，量付以事，勿因一眚，废其终身。仍诏台谏，为国爱人，许以自效，非误国者，勿复再言，使人人皆得自新，誓死图报，同心协济，以成中兴之业，天下幸甚。①

① （宋）李心传：《建炎以来系年要录》第1册，卷36，建炎四年八月辛未朔条，第685—686页。

季陵结合宋室多难之际士大夫所处客观环境及其种种表现，申明“以义责之，皆不容诛。以情恕之，亦士大夫不幸”的历史事实，请求“首恶者既已伏辜，其余勿论”，提出“为国爱人，许以自效”的主张，以期“责功补过”，达到“誓死图报，同心协济，以成中兴之业”的目的。季陵的奏疏得到了积极的回应，“疏奏，后二日，范宗尹进呈，诏榜朝堂”①。

正是在“勿因一眚废其终身”，“自古以为才难，使人不当求备”的施政理念指导下，范宗尹就任宰相后立即实施用人的新思路：“今所除用多儒生，欲兼用才吏，以备缓急使令。”② 七月，又用赦令复谪臣，于是，前宰相责授建宁军节度副使李邦彦、责授单州团练副使李纲并复银青光禄大夫；责授崇信军节度副使吴敏复通议大夫；前执政光禄大夫知潼川府宇文粹中，通奉大夫提举西京嵩山崇福宫王孝迪，中大夫提举亳州明道宫王易简、颜岐、许翰，朝散大夫提举江州太平观路允迪并复端明殿学士；责授单州别驾耿南仲复宣奉大夫；责授昭化军节度副使王安中、责授宁远军节度副使王襄、责授宁国军节度副使蔡懋、责授秘书少监分司南京冯澥并复中大夫；前侍从朝奉大夫提举杭州洞霄宫陆德先、朝奉郎孙觌并复徽猷阁待制；通奉大夫提举江州太平观葛胜仲复集英殿修撰；责授成州团练副使卢襄复中奉大夫；责授单州团练副使赵子崧复朝请大夫；前管军责授海州团练副使英州安置王元、责授秀州团练副使贺州安置左言皆许自便。八月辛未朔，礼部尚书谢克家拜参知政事，即请留已罢相的吕颐浩于行在，其言曰：“吕颐浩老成练事，去岁勤王有大功。时方艰难，强寇内逼，望留行在，以备咨访。”③ 八月乙

① （宋）李心传：《建炎以来系年要录》第1册，卷36，建炎四年八月辛未朔条，第686页。

② 同上书，卷33，建炎四年五月癸亥条引范宗尹所奏，第649页。

③ 同上书，卷36，建炎四年八月辛未朔条，第685页。

亥，在明受之变中有功的前宰相朱胜非亦被任为江州路安抚大使。"上曰：'胜非当苗、刘之变，不为无功。'范宗尹曰：'胜非能使二凶不疑，以待勤王之师，议者或称其有谋。'"① 总之，南宋朝廷于建炎四年施行的一系列宽待朝官的举措，体现出多难之际收纳人心，务求经世有功，以避免"贤人远遁，皆无经世之心"，"自张确、许景衡饮恨而死，刘豫、杜充相继飏去，凡知几自重者往往卷怀退缩"② 的局面再现。

对待文臣的宽松政策，同样体现在将帅身上。其实，从当时军队情况来看，将帅本身确实存在诸多问题，正如中书舍人季陵所说："今天下不可谓无兵，若刘光世、韩世忠、张俊者，各率诸将，同心而谋，协力而行，何所往而不克？然兵柄既分，其情易睽，各招亡命，以张军势，各效小劳，以报主恩，胜不相逊，败不相救，大敌一至，人自为谋，其能成功哉？"③ 建炎四年正月，给事中兼直学士院汪藻上《奏论诸将无功状》，结合当时将帅的任意进退，直指高宗以万乘之尊却立足不定的原因就在于"将帅不得其人，而陛下所以驭将帅者未得其术也"，并由此提出"大明赏罚，再立纪纲"的主张：

> 臣窃闻金人为中国患虽已五年，而自陛下即位以来，祖宗土宇，日蹙一日，生灵涂炭，岁甚一岁。臣尝稽之载籍，虽至微弱之邦，至衰闇之主，敌人临境，犹能使其国人勉强一战。未闻以堂堂中国之大，州县所存者大半，陛下英明之资，励精求治，无失德于天下，而敌骑长驱，去巢穴万有余里，如入无人之境，至山东则破

① （宋）李心传：《建炎以来系年要录》第1册，卷36，建炎四年八月乙亥条，第687页。

② 同上书，卷34，建炎四年六月戊寅条引中书舍人季陵所言，第660页。

③ 同上。

山东，至淮南则破淮南，至浙江则破浙江，嘻笑而来，饱满而去，坐令原野厌人之肉，川谷流人之血，宗社不绝如线，以万乘之尊，至于乘桴入海，怅怅然未知税驾之所。其所以至此者何哉？将帅不得其人，而陛下所以驭将帅者未得其术也。今陛下所谓将帅者谁乎？臣知之矣，不过曰刘光世、韩世忠、张俊、王瓔之徒是也。论其官则膺节钺之除，兼两镇之重，视执政之班，在韩琦、文彦博所不敢当者，其宠可谓极矣。论其家则金帛充盈，所衣者锦衣，所食者玉食，奢豪无所不至。虽舆台厮养，皆得以功赏补官，至一军之中，使臣反多，卒伍反少，其志可谓骄矣。平时飞扬跋扈，不循朝廷法度，所至焚掠驱掳，甚于敌人者，陛下不得而问也；拥重兵，居闲处，邀犒设锡赉者，陛下不得而吝也。然天下之人犹谓陛下宽之至此者，防秋之时，责其死力耳。及敌人之来，是数人者曾不能为陛下施一镞之劳。独张俊明州，仅能少抗，若更坚守数日，待敌再来，乘其机会，极力剿除，敌必终身惩创，不敢复南，此则俊忠于陛下也，其利害岂直为今日计哉？奈何敌未退数里间，遽狼狈引军而行。其引军而行也，虽三尺童子知其不可，以为寇性强愎，不婴其锋，犹惧屠戮，况已致怨而去，既不增兵益戍，反旋军空城以挑之，是前日至小之捷，乃莫大之祸也。未几，果残明州，无噍类，是杀明州一城生灵。而陛下再有馆头之行者，张俊使之也。臣尝痛念自秋以来，陛下为宗社大计，惧敌人之侵，宵旰焦劳，未尝顷刻少安。以建康、京口、九江，皆要害之地，当宿重兵，故以杜充守建康，韩世忠守京口，刘光世守九江，而以王瓔隶杜充。其措置非不尽善也，若敌骑渡江，杜充、韩世忠、王瓔并力扼其前，刘光世掩其后，可使奔北之不暇。洎杜充力战于前，世忠、王瓔卒不为用，刘光世亦偃然坐视，不出一兵，方与韩相朝夕饮宴，敌至数十里间不知。呜呼！诸将已负国家，罪恶如此，谓须少畏陛下之威，惮台谏之言，日夜惶恐，席藁负质，请罪有司，谢数州生灵之死，亦知尚有朝廷之法。而张俊方且以万人杀数十人之功，冒朝廷不赀之赏。自明引军至温，道路鸡犬为之一空，居民闻来，奔逃山谷，数百里间，寂无人烟。王瓔自信州入闽，所过州县，邀索动以千计，公然移文曰“无使枉害生灵”，其志果安在哉？方国家危急之时，所恃者诸将，而诸将所为如此，不知何以立国？臣窃愤之……臣窃观今日诸将，在古法皆当诛，然不可尽诛也。惟王瓔本隶杜充，充败于前，而瓔不救，此不可赦，当先斩瓔以令天下，其他以次重行贬降，使以功赎过。如张俊之军，独可赏其有功将士耳。所以移军辄遁者俊也，罪亦何逃？如此，庶几国威少振。①

汪藻文中所愤张俊“移军辄遁”，“冒朝廷不赀之赏”的事件，就是指建炎四年正月乙巳金人入侵明州，张俊先是遣兵掩杀，以致金人奔北。庚戌，金人再至明州，张俊在高桥抵御，双方交战数个回合后，张俊顾虑金人增援，于是假托高宗扈从旨意，率其众撤退，往台州，赴行在。由于张俊退师，金人很快攻陷了明州，并由明州引兵攻定海，追袭高宗。然而，在国步艰难之际，朝廷无力惩罚，只能以有捷必赏之策应对，故明州一役，张俊因掩杀金人而全军立功，人并迁七官，这就是汪藻所说“张俊方且以万人杀数十人之功，冒朝廷不赀之赏”。至于文中所说不可赦罪的“王瓔本隶杜充，充败于前，而瓔不救”，则是指建炎三年闰八月，朝廷遣尚书右仆射杜充兼江淮宣抚使，领行营之众十余万守建康，且令时为御前前军统制的王瓔为杜充之援。十一月壬戌，金人过江，直逼建康，杜充急遣都统制陈淬督统制官岳飞、刘纲等十七人

① 《全宋文》第157册，卷3378，第128—131页。

率兵三万人与金人接战，又命令王瓒以所部万三千人驰往支援。结果王瓒引兵先遁，在由信州入福建的途中，所过大扰。陈淬则终因孤军无援，力不能敌金人，遂战死。正是基于将帅无视朝廷的跋扈任性，汪藻要求“以法裁之。凡军辄敢擅移屯，以护驾为名者，自主将以下并论如法”。但是，在国家危机重重之际，南宋朝廷根本无力执行严厉的法令、追究将帅的罪责，相反，朝廷必须依赖将帅的力量抵御金人，平息内乱，所以只能采取姑息的态度，以责其戴罪立功。“时朝廷恐将士溃散者众，乘乱为变，故贷之。”① 建炎四年正月，“御史中丞赵鼎请遣使督王瓒进军宣州，周望分兵出广德与之合，邀敌归路。仍责王瓒不策应杜充之罪，俾立功自赎”②。七月，因饶、信州南连福建，东接温、台，正当金兵人马之要冲，地理位置极为重要，朝廷特诏神武前军统制王瓒率所部屯信州。九月辛丑，又命王瓒以所部前军隶属建康府路安抚大使兼知池州吕颐浩，前往守建康等重要去处。建炎四年二月丙申，金人游骑进入平江城东，统制官郭仲威未及交兵而退，同知枢密院事两浙宣抚使周望奔太湖。丁酉，金人大集于城下，郭仲威与将官鲁珏在城中纵火，当夜，周望及郭仲威皆遁去。高宗得知平江失守，亦只能命周望往常州袭敌师，以功赎过。建炎四年五月，侍御史沈与求等共同弹劾周望脱身先遁，致失苏、杭。“上与辅臣言及望，张守曰：‘三吴之人恨不食其肉。’上曰：‘此不可全罪望，乃朕不知人之过。’既而言者不已，乃降望为秘书少监分司，衡州居住。”③ 建炎四年二月甲午，金人过吴江县，统制官巨师古不战而溃，以太湖民舟为向导，归于西山。五月，贼戚方围宣州甚急，朝廷即命巨师古统兵三千人自平江往援，巨师古三战三

① （宋）李心传：《建炎以来系年要录》第1册，卷32，建炎四年三月庚申条，第624页。

② 同上书，卷31，建炎四年正月辛未条，第605页。

③ 同上书，卷33，建炎四年五月甲子条，第651页。

败，遂引去。六月，戚方犯湖州安吉县，巨师古再与之战，亡其卒千余人。九月，巨师古再隶属吕颐浩出守建康。十一月，吕颐浩遣巨师古以所部三千七百人救江州，师古遇伏而败，其众溃去，师古奔洪州。

再论艰危之际高宗特别倚仗也特别隐忍宽容的高层将帅。建炎三年七月庚子，知枢密院事御营副使宣抚处置使张浚西行措置川陕，高宗许其黜陟之典得以便宜施行。“朝廷待浚之意亦至矣，浚之奏请，无有不行；浚之官属，推赏甚厚，盖望其竭力为报，缓急有助也。”① 当时，张浚的威权直欲凌驾朝廷，以致中书舍人季陵入对，指斥张浚云：“张浚在陕右，无敢言者。夫区处军事，恐失机会，便宜可也。乃若自降诏书，得无窃命之嫌耶？官吏责以办事，便宜可也。若安置从臣，得无忌器之嫌耶？以至赐姓氏，改寺额，事类此者，无与治乱，待报何损？是浚在外伤于太专。虽陛下待之不疑，臣恐自陕以西，不知有陛下矣。”②季陵所言并非耸人听闻，张浚因得旨便宜黜陟，遂遣主管机宜文字傅雱往湖南，参议官李允文往湖北，二人因之而得以自恣。建炎四年三月，张浚请求除荆夔诸帅。朝廷有诏：复朝议大夫叶宗谔直龙图阁知鄂州；中大夫知夔州张上行知荆南府；朝议大夫成都府路提点刑狱公事苏觉知夔州。然而张浚却先于朝廷自除其吏，三人遂不行。张浚宣抚川陕之初，重用大将曲端。“浚自收揽英杰，以端在陕西屡与敌角，欲仗其威声。承制筑坛，拜端为威武大将军，宣州观察使，宣抚处置使司都统制，知渭州。端登坛受礼，军士欢声如雷。”③ 建炎四年八月，金左监军完颜昌与完颜宗弼在淮东，“约秋高入犯，浚闻宗弼踌躇淮上，度必再犯东南，议出师分挠其势。士大夫多以为不可”。曲端持不战之说，

---

① （宋）李心传：《建炎以来系年要录》第1册，卷38，建炎四年十月庚寅条引右正言吴表臣所言，第725页。

② 同上书，卷34，建炎四年六月戊寅条，第660页。

③ 《宋史》卷369《曲端传》，第11492页。

张浚认为曲端沮出师之议，“积前疑，卒用彭原事罢端兵柄，与宫观，再责海州团练副使，万州安置”。“陕西人倚端为重，及贬，军情颇不悦。”① 富平之败发生后，张浚斩同州观察使环庆路经略安抚使赵哲，“军士为之丧气”。“浚率帐下退保秦州，于是陕西人情大震。”②

再看东南战事。楚州地处要冲，具有屏蔽两淮的战略意义，也是建炎四年八、九月间南宋和金人争夺的重要地区。但是，围绕着楚州的守卫战，南宋将帅的表现却难称朝廷之意。仅以史书所载有关楚州陷落前后所发生的事情为例，即可窥其一斑：

> 完颜宗弼既屯六合县，欲自运河引舟北归。而赵立在楚、薛庆在承，扼其冲不得进。宗弼患之，左监军（完颜）昌自孙村来见宗弼计事，欲会兵攻楚州。真、扬镇抚使郭仲威闻之，约庆俱往迎敌。庆以是月戊寅出兵，已卯，至扬州。仲威殊无行意，置酒高会。庆怒曰：“此岂纵酒时耶？我为先锋，汝当继后。”上马疾驰去，平旦，出扬州西门，从骑不满百，转战十余里，亡骑三人。仲威迄不至，庆与其下走还扬州，仲威闭门拒之。庆仓皇坠马，为追骑所擒。马寻旧路归承州，军中见之曰：“马空还矣，太尉其死乎？”仲威弃扬州，奔兴化。敌长驱犯承州，兵马钤辖王林出城迎敌，不胜，亦奔兴化。承州陷。措置高邮军事国奉卿走还楚，敌惧庆复脱归，敲杀之……庆死，承州遂陷，楚势孤，卒无以抗敌。③
>
> 时扬、承二镇已陷，楚势亦危。赵立遣人告急，签书枢密院事赵鼎欲遣神武右军都统制张俊往救之。俊曰：“敌方济师，达兰善

---

① （宋）李心传：《建炎以来系年要录》第 1 册，卷 36，建炎四年八月癸未条，第 691—692 页。

② 同上书，卷 38，建炎四年十月庚午朔条，第 717 页。

③ 同上书，卷 36，建炎四年八月庚辰条，第 689—690 页。

兵，其锋不可当。（赵）立孤垒危在旦夕，若以兵委之，譬徒手搏虎，并亡无益。”鼎曰：“楚当敌冲，所以蔽两淮，若委而不救，则失诸镇之心。”俊曰：“救之诚是，但南渡以来，根本未固，而宿卫寡弱，人心易摇。此行失利，何以善后？”鼎见上曰：“江东新造，全藉两淮，若失楚则大事去矣。是举也，不惟救垂亡之城，且使诸将殚力，不为养寇自讨之计。若俊惮行，臣愿与之偕往。”俊复力辞，乃命（岳）飞、（赵）立腹背掩击，仍令刘光世遣兵往援，毋失事机。①

两浙安抚刘光世畏金人之锋，不能援扬、楚，但遣统制官王德、郦琼将轻兵以出。②

是日，金左监军（完颜）昌犯楚州，守臣右武大夫徐州观察使楚泗州涟水军镇抚使赵立死之。③

右正言吴表臣乞趣刘光世解围楚州。表臣言：“楚州实淮南控扼之地，赵立乃陛下封疆之臣，万一不利，可为寒心。望诏光世等，以山阳不利，则淮、浙之忧未艾，宜速进援。”上览奏，谓辅臣曰：“立坚守孤城，虽古名将无以过之。可趣光世躬亲渡江，庶几鼓率诸镇。”时上以金书疾置趣光世会兵者五，而光世不行。于是城陷且再旬，而朝廷犹未知也。④

戊辰，金左监军（完颜）昌急攻楚州，破之……始（赵）立走人诣朝廷告急。上命浙西安抚大使刘光世督淮南诸镇往援之，东海李彦先首以兵至淮河，扼敌不得进；高邮薛庆至扬州，转战被执

① （宋）李心传：《建炎以来系年要录》第1册，卷36，建炎四年八月己丑条，第695页。

② 同上书，卷36，建炎四年八月甲午条，第697页。

③ 同上书，卷37，建炎四年九月丙辰条，第708页。

④ 同上书，卷38，建炎四年十月甲申条，第724页。

死；光世前军将王德至承州，其下不用命；维扬郭仲威按兵天长，阴怀顾望；独海陵岳飞屯三墪，仅能为援，而亦众寡不敌。敌知外援绝，攻围益急……是役也，敌锐意深入，会张浚出师围关、陕，完颜宗弼往援之。又立以其军蔽遮江、淮，故敌师亦困弊而止。议者谓（赵）立之功，虽张巡、许远不能过云。①

扬州镇抚使郭仲威率先约时为拱卫大夫福州观察使承州天长军镇抚使的薛庆一起迎战金人，但其本人却无行意，终致薛庆被金人执杀，承州陷落，而郭仲威也弃扬州奔兴化。在扬州、承州二镇被金人攻破后，右武大夫忠州刺史楚泗等州镇抚使赵立因楚州势危而求援于朝廷，此时的朝廷却无法调动大将张俊和刘光世前往救援，“俊复力辞”，“光世不行”。金人攻破楚州，南宋更加陷入危机之中。“金左监军（完颜）昌既得楚州，有经营南渡之意。”②“自金人破楚州，游骑至江上。朝廷震恐，乃议放散百司，仍结绝三省枢密院文字，士民多奔窜者。”③

在国家艰危之际，将帅仍以个人利益为重，朝廷的调遣难以顺利实施，国家一再陷入危机。如前所述，对于这样的事实，朝臣上疏请求严治军纪的呼声不断。建炎四年正月癸酉，太常少卿陈戬即有言曰：“兵将用命，则寡可敌众；不用命，则多适致败。今国之典刑，不能加之将，将之威令，不能施之军。宜申严纪律，使左右进退，惟命之从，则敌可破矣。”④ 高宗也深虑“唐室之衰，不以他事，秖是藩镇跋扈尔”⑤。但是，在金人南进势急、南宋穷于应付之际，兵将的不用命几乎成为常

---

① （宋）李心传：《建炎以来系年要录》第1册，卷37，建炎四年九月戊辰条，第713—714页。

② 同上书，卷39，建炎四年十一月丙午条，第734页。

③ 同上书，卷39，建炎四年十一月庚戌条，第735页。

④ 同上书，卷31，建炎四年正月癸酉条，第606页。

⑤ 同上书，卷37，建炎四年九月甲辰条，第702页。

态，朝廷既要赖之抵御强大的敌人，则无法对其施加严厉的惩罚。建炎四年十月戊子，高宗与赵鼎围绕刘光世违命不救楚州之罪的讨论就很能说明问题：

> 签书枢密院事赵鼎奏诘刘光世等违命不救楚州之罪，有云："逐官但为身谋，不恤国事。且令追袭金人过淮，以功赎过。"翌日，上批语言太峻，令改定进入。及进呈，上曰："光世当此一面，委任非轻，若责之太峻，恐其心不安，难以立事。"鼎曰："陛下待诸将可谓无负矣。不知何以为报？"①

赵鼎欲严责刘光世之罪，高宗却恐其心不安，则高宗对将帅的忧虑与姑息及无奈与无力的困扰亦由此可见。可以说，这一时期对于将帅的赦罪立功、有捷必赏的策略既是最大限度地倚仗其力量以护卫朝廷，也是艰难时局下不得不取用的抉择。

第二节　藩镇政策的实施

建炎四年，南宋朝廷虽然结束了漂流海上的艰难命运和行程，但在金人的进逼下依然辗转迁移，难以稳固驻足。为此，高宗与朝臣就朝廷的驻跸问题进行了多次讨论，最终否决了西去关、陕和东移海上的意见。建炎四年三月，高宗驻台州松门寨，宰执奏事，君臣就朝廷的西迁问题进行讨论：

---

① （宋）李心传：《建炎以来系年要录》第1册，卷38，建炎四年十月戊子条，第724—725页。

吕颐浩因言："此行未审，且驻会稽，为复须到浙右。"上曰："须由苏、杭往湖州，或如卿所奏往宣州。朕以谓会稽只可暂驻，若稍久，则人怀安而不乐屡迁。"颐浩又曰："将来且在浙右为当，徐谋入蜀。"上曰："朕谓倚雍之强，资蜀之富，固善。但张浚奏汉中止可备万人粮，恐太少。两浙若委付得人，钱帛犹可泝流而西，至于粮斛，岂可漕运?"颐浩曰："若第携万兵入蜀，则淮、浙、江、湖，以至闽、广，将为盗区，皆非国家之有矣。"上曰："当益进上流，用淮、浙榷货盐钱，以赡军费，运江、浙、荆、湖之粟，以为军食。"王绹曰："议者但知轻议晋元帝迁都建邺，不能恢复中原，而多言入蜀便，殊不知自秦用张仪，至本朝遣王继恩下蜀者八矣，取辄得之，不劳再举，则亦未可谓之便也。"范宗尹曰："臣谓若便入蜀，恐两失之。据江表而徐图关、陕之事，则两得之。决择取舍，不可不审。"上曰："然。"既而浚复上疏言："陛下果有意于中兴，非幸关、陕不可。愿先幸鄂渚，臣当纠率将士，奉迎銮舆，永为定都大计。"上不许。①

这次讨论最引人注目的地方在于否定了朝廷西移的决策，王绹还对轻议晋元帝迁都、不能恢复中原的说法表示了异议，结合其后高宗对张浚幸关、陕主张的否决，高宗朝廷的态度亦可于此见其一斑。

至于东走海道以避险的主张，也受到了宰相范宗尹的否定。"议者以金人尚留淮东，恐其侵轶，欲复为海道之行。范宗尹独以为危事不可再蹈，若频年海道，则远近离心，大事去矣。乃诏浙西安抚大使刘光世遣

---

① （宋）李心传：《建炎以来系年要录》第1册，卷31，建炎四年三月乙丑条，第625页。

兵防江，仍会合淮南诸镇，并力邀击。”①

既然朝廷决定放弃驻跸川陕和远走海道，那么在当时的情况下，唯有尽可能地维持局部的安稳，以保障朝廷的安全。然而这种可能性的实现，有待于军力的充足和朝廷命令的顺利实施。可是，建炎四年的南宋朝廷在外来金人的步步南逼下，危机屡现，险象环生；其内部各种大规模的变乱不断发生，也给朝廷带了极大的压力和困扰。“时江北、荆湖诸路盗益起，大者至数万人，据有州郡。朝廷力不能制，盗所不能至者，则以土豪溃将或摄官守之，皆羁縻而已。”② 绍兴元年二月，江西安抚大使朱胜非曾上疏专论变乱的情状及其成因：

方今兵患有三：曰金人，曰土贼，曰游寇。金人自冬涉春，不闻南渡；所谓游寇者，皆江北剧贼，自去秋以来，聚于东南；所谓土贼者，二年以来，为害日大，原其实情，而似有可矜。南人资产素薄，比年科率烦重，愿特降宽诏，稍蠲苛扰，案赃吏之尤重者，举行祖宗显戮之典，以慰疲民……东南盗贼，则欲招抚；西北剧寇，则命之以官。使流离北人，各得其所，汰被俘老弱与不从军者，留其精锐，使散处诸军，如此当不复为患。至于江西土寇，皆因朝廷号令无定，横敛不一，名色既多，贫民不能生，以至为寇。臣自桂岭而来，入衡州界，有屋无人；入潭州界，有屋无壁；入袁州界，则人屋俱无。良民无辜，情实可悯。陛下自降宽诏，择其首领与补官，收隶军籍，而散遣其徒，使民还业，则江西之乱，可指日平也。不然，则为盗者日众，势必南

① （宋）李心传：《建炎以来系年要录》第1册，卷36，建炎四年八月丁亥条，第694页。

② 同上书，卷33，建炎四年五月甲辰条，第639—640页。

轶，湖南、二广，皆不得安矣。①

当时南宋朝廷的治民政策亦实属困窘，“今国家所有不过数十州，所谓生者，必生于此。数十州之民，何以堪之”②。一方面为应对金人与变乱，不得不增加军队的各类开支；另一方面，随着实际管辖范围的缩小，势必加大对百姓的征敛。于是，“朝廷号令无定，横敛不一，名色既多，贫民不能生，以至为寇”的现象也就必然发生。在内外交困的状况下，如何应对国内的乱局，最大限度地平复、稳定内部，就成为建炎四年高宗朝廷必须面对并解决的问题。对此，作为宰相的范宗尹力推藩镇之法，并得到了高宗的积极支持。

范宗尹对于“盗”的看法是：“此皆乌合之众，急之则并死力以拒官军，莫若析地以处之。盗有所归，则可以渐制。”③ 基于此，他向高宗提出了恢复藩镇之法以救弊的具体主张：

> 昔太祖受命，收藩镇之权，天下无事百有五十年，可谓良法。然国家多难，四方帅守事力单寡，束手而莫知所出，此法之弊也。今日救弊之道，当稍复藩镇之法。亦不尽行之天下，且裂河南、江北数十州为之，少与之地，而专付以权，择人久任，以屏王室。④

范宗尹欲以重建藩镇来解决当时帅守事力单寡的弊端，且为此预设了实施范围。值得注意的是，范宗尹所设想的行使藩镇的河南、江北之地是金人入侵后南宋朝廷难以庇护的地区，其后所任用的诸路镇抚使也多是乱世豪雄，如桑仲、李成、孔彦舟、薛庆皆起于群“盗”；翟兴、

---

① （宋）李心传：《建炎以来系年要录》第1册，卷42，绍兴元年二月乙酉条，第768页。

② 同上书，卷42，绍兴元年二月癸巳条所引翰林学士汪藻所上驭将三说，第771页。

③ 同上书，卷33，建炎四年五月甲辰条，第640页。

④ 同上。

刘位则皆是土豪出身；李彦先、郭仲威曾是溃将。日本学者寺地遵认为，“范宗尹藩镇策的根本目的，还是在对南宋政权统治力不及的中原、两淮地区军事势力，赋予一定地域之管领权，使其能在当地安居、定居，一方面防止其向江南或其他地区再移动，一方面亦可成为对金防卫的军事力量”①。范宗尹欲利用这些力量尽可能扩大抗击金人的范围，最大限度地提升防御的效果，正如他在反驳群臣异议时所言：“今诸郡为盗据者以十数，则藩镇之势骎骎成矣，曷若朝廷为之？使恩有所归。”② 既然当时割据势力已然形成，朝廷在内外交困的情状下又无力应对，那么范宗尹提出的因势利导的主张也就有了实施的合理性，所以高宗决意行之。于是，高宗与范宗尹便进一步在细节上加以斟酌：

> 请以京畿、淮南、湖北、京东、西地方并分为镇，除茶盐之利，国计所系，合归朝廷置官提举外，它监司并罢。上供财赋权免三年，余令帅臣移用。管内州县官许辟置知、通，令帅臣具名奏差，朝廷审量除授，遇军兴，听从便宜。其帅臣不因朝廷召擢，更不除代，如能捍御外寇，显立大功，当议特许世袭。始宗尹等议即令世袭，上曰：“未须尔。”辅臣奏江北残破，若不许世袭，恐不能死守。上曰：“便令世袭，恐太重。俟其保守无虞，然后许之。”宗尹曰：“当如圣训，臣等虑所不及。”③

范宗尹设立藩镇的目的，是授予将帅极大的权限，以冀其捍御外寇，显立大功。高宗则有所保留，务要责其保守无虞，以副朝廷建立藩

① ［日］寺地遵：《南宋初期政治史研究》，刘静贞、李今芸译，稻禾出版社1995年版，第90页。以下所引《南宋初期政治史研究》皆为此版本。

② （宋）李心传：《建炎以来系年要录》第1册，卷33，建炎四年五月甲辰条，第640页。

③ 同上书，卷33，建炎四年五月甲子条，第650页。

镇之初衷。五月甲子，朝廷正式下诏建立藩镇：

> 周建侯邦，四国有藩垣之助；唐分藩镇，北边无番马之虞。永惟凉眇之资，履此艰难之运，远巡南国，久隔中原。盖因豪杰之徒，各奠方隅之守，是用考古之制，权时之宜，断自荆、淮，接于畿甸，岂独植藩篱于江表，盖将崇屏翰于京都。欲隆镇抚之名，为辍按廉之使。有民有社，得专制于境中；足食足兵，听专征于阃外。若转移其财用，与废置其属僚，理或应闻，事无待报。惟龙光之所被，既并享于终身，苟功烈之克彰，当永传于后裔。尚赖连横之力，共输夹辅之忠。①

诏书中说得非常清楚，隆镇抚之名，使之得以专制于境中，专征于阃外的目的是要赖其连横之力，共输夹辅之忠，以屏翰朝廷。从实际效果来看，在当时错综复杂的内外形势下，镇抚使确实也发挥了一定作用。如滁、濠镇抚使刘位虽为“贼兵”所杀，但也打击了张文孝的变乱势力；德安府复州汉阳军镇抚使陈规在郡四年，屡破群盗，护卫德安府，“傍郡皆失守，惟德安一城独存，识者伟其能”②；薛庆、赵立与金人死战；翟兴结约忠义，屡胜金人，“时京西与河东北接境，而忠义之人，犹有聚兵保守山寨者。河南镇抚使翟兴遣亲信持蜡书，取间道以结约之。如向密、王简、王英等数十寨，皆愿听节制。兴言于朝，上大喜”③。“金人侵犯陵寝，河南镇抚使翟兴遣其子琮及统领官赵林，率兵自河阳南城至巩县、永安军邀击之，屡战皆胜，追奔至渑池而还”；鼎澧镇抚使程昌“披荆棘，立军府，屡与贼接战。其御下甚严，有不用命

① （宋）李心传：《建炎以来系年要录》第1册，卷33，建炎四年五月甲子条，第650页。

② 同上书，卷34，建炎四年六月庚辰条，第662页。

③ 同上书，卷36，建炎四年八月乙酉条，第693页。

者必诛之。贼不敢犯"①。

当然，范宗尹的藩镇措施亦有其明显的弊端，正如寺地遵所言："在南宋政权不可能支配统治的地区，不问其军事势力之性质，即一律授与镇抚使之任，使其个别归服南宋政权，加以羁縻。""范宗尹的计划从开始就不过是纸上谈兵而已。"② 在金人强势南下之际，临阵逃脱者大有人在，如上述真、扬镇抚使郭仲威当金人南下攻楚之时，弃扬州奔兴化。且从当时活跃于南宋势力范围内的变乱势力来看，其受镇抚使之命却又复叛的例子也不在少数，以致吕中在其《大事记》中称："自范宗尹裂诸侯为镇抚使，而李成敢于犯江、浙，桑仲敢于窥蜀。绍兴以来，虽李成摧破，张用招安，李允文革面，而孔彦舟据鄂，马友据潭，范汝为据建州，杨么据重湖，曹成、李宏在湖南、江西之间，邓庆、龚富剽掠南雄、英、韶诸郡，而内郡之民皆盗矣。"③

仅以建炎四年李成变乱为例。建炎二年十月，李成入犯淮西，为刘光世所败，遂转寇淄州。建炎三年，淮南盗贼踵起，五月，李成自山东至泗上，就招后，即命之知泗州，只为羁縻而已。九月，李成复叛。十月，李成陷滁州。十二月，李成自滁州率众往淮西。建炎四年正月，李成陷六安军水寨。二月，引众入舒州，得修职郎李雱，即以之为参议官兼军正，李雱建议李成顺流而过金陵，号召江浙，以观天意。五月，适逢朝廷下诏建立藩镇，遂授命李成为舒、蕲镇抚使，兼知舒州。但李成虽受朝命，却称兵如故。八月丙戌，"枢密院言，往岁金人自蕲、黄渡江，今防秋是时，乞令舒蕲镇抚使李成、光黄镇抚使吴翊捍御上流，毋

① （宋）李心传：《建炎以来系年要录》第1册，卷36，建炎四年八月戊戌条，第699页。

② ［日］寺地遵：《南宋初期政治史研究》，第91页。

③ （宋）李心传：《建炎以来系年要录》第1册，卷33，建炎四年五月甲子条引吕中《大事记》，第651页。

令敌骑深入。时光州统制官武功大夫刘绍先引所部去，翊以光州不可守，率军民弃其城东下，道梗无所向，往依成，死于军中。朝廷遂以成为舒、蕲、光、黄四州镇抚使”①。但是，李成却并未承担起为朝廷捍御上流的使命，相反，趁着金人扰乱，“时盗寇纵横，成欲据一方，以观天下之变，遂径犯江西”②。九月，李成遣其副都统武略大夫合门宣赞舍人马进自黄州渡江，由大冶县犯兴国军。十月，马进犯江州，以致建康府路安抚大使兼知池州吕颐浩本来将赴镇，也被马进所阻，未得前行。当时，李成的势力极大，“据江、淮六七州，连兵数万，有席卷东南之意，使其徒多为文书符谶，幻惑中外，朝廷患之”③。建炎四年十月末，高宗与重臣范宗尹、赵鼎议及李成一事，曾有这样一段对话：

> 范宗尹等进呈江东探报孔彦威、李成人马。宗尹曰：“臣等商量，将来万一移跸，欲令韩世忠屯饶州，张俊留越州，相为声援。”上曰：“朕日夕念此，未尝忘怀。世忠兵少，与李成相拒，万一决战，少有败衄，国威愈挫。朕欲留世忠浙东，此人忠勇，不畏金人，敢与之战。使张俊以五千精骑策应之，恐能成功。来春事定，朕亲督诸军，巡幸江东，虽过淮南，亦所不惮，平此二寇不难也。”赵鼎曰：“臣恐成辈乘间深入，愈难支梧。”上曰：“卿所虑极当，顾力未能及耳。然朕之所说，未必皆是，卿等之言，亦未必皆非。更呼诸将议之。”④

范宗尹欲遣朝廷主力韩世忠和张俊剿除李成、孔彦威的势力，高宗

① （宋）李心传：《建炎以来系年要录》第1册，卷36，建炎四年八月丙戌条，第694页。

② 同上书，卷36，建炎四年八月戊戌条，第698页。

③ 同上书，卷40，建炎四年十二月乙未条，第748页。

④ 同上书，卷38，建炎四年十月丙申条，第728页。

则有国威愈挫的忧虑。赵鼎恐李成辈进一步扩张势力，高宗则应之以“力未能及”的无奈。从这次君臣的对话中，可以明显地看出其时南宋朝廷在面对汹汹而起的内部变乱时的无力和尴尬。建炎四年十二月，群臣更进一步质疑高宗移跸饶、信，亲督诸军以讨李成的设想。“中书舍人胡交修曰：‘郡盗猖獗，天子自将，胜之不武，不胜贻天下笑。此将帅之责，何足以辱王师?’中书舍人洪拟亦言：‘舍四通八达之郡，而趋偏方下邑，道里僻远，非所以示恢复；形势卑陋，不足以坚守御；水道壅隔，非漕挽之便；轻弃二浙，失煮海之利。’力上疏争之。”① 十二月乙未，朝廷派出神武右军都统制张俊为江南路招讨使，进兵解江州之围，且平群盗，又令前军统制王𤫊、后军统制陈思恭、通泰镇抚使岳飞皆隶属张俊统辖。直到绍兴元年三月，在张俊、王𤫊、杨沂中、岳飞、陈思恭的共同配合下，方才击败李成、马进。五月，马进为追兵所杀，李成北去归附伪齐刘豫。

从以上分析可见，建炎四年南宋内外的形势都十分严峻，朝廷无力有效地应对各种矛盾，故及时调整了对外对内的策略，以期最大限度地达成抵御金人和消灭内部变乱势力的目的。在具体的实施过程中，朝廷以宽容忍耐的态度换取了部分目标的实现，应当说，在当时复杂多难的形势下，这样的政策是起了积极作用的。

① （宋）李心传：《建炎以来系年要录》第1册，卷40，建炎四年十二月辛未条，第743—744页。

第五章　绍兴元年吕颐浩“先平内寇然后可以御外侮”的策略探讨

绍兴元年，南宋朝廷面对的主要问题有三：一是与金人的对立，二是与刘豫伪齐政权的争夺，三是较大规模的变乱事件的频发。就第一个问题看，自绍兴元年以来，宋金交战仍旧继续，但其性质和结果已经开始发生变化。从宋金对立的整体情况来看，这一年金人大规模的、积极的对宋作战不多；宋人也一改之前被动应战、奔走避敌的局面。在这一年，宋人翟兴、张荣和吴玠先后取得了对金作战的胜利，这对于南宋朝廷和朝臣来说，无疑是极大的鼓舞。但北向恢复的条件并不成熟，这就为积极整理内部，平息“寇盗”提供了时间上和军力上的可能。就第二个问题看，自建炎四年九月金人扶立刘豫伪齐政权以来，宋齐双方都以破坏对方军事力量为目标，积极吸纳对方的武装力量。总体上说，伪齐此时尚处于积蓄、壮大自身力量的阶段，因此，“先平内寇”，以便最大限度地切断伪齐汲取南方武装力量的源头，也是南宋朝廷的当务之急。至于第三个问题，南宋统辖范围内的变乱事件不断发生，其中规模之大者，朝廷已经无法轻易平息。正是在当时北有刘豫窥视、南则高宗朝廷企望稳定内部的前提下，吕颐浩于绍兴元年九月就任宰相之际，提出了“先平内寇，然后可以御外侮”的应对政策，并迅即将其付诸实施。

第一节　“先平内寇”的政治背景

绍兴元年九月，吕颐浩出任宰相后，旋即提出了“先平内寇，然后可以御外侮”之政策。结合绍兴元年前后南宋与金、伪齐的对立情况来看，该政策的提出是有其特定的政治背景的。

首先，从南宋与金的对立情况看。

建炎四年以来，南宋对金的绝对弱势的局面已经逐步发生改变。就南宋方面看，已经屡次取得了对金之捷。“张俊以孤军，敢与金战，而有明州城下之捷；陈思恭邀击于吴县，而有太湖之捷；牛皋邀击于荆南，而有宝丰之捷；岳飞邀击于荆南，而有静安之捷；而韩世忠捷于镇江，敌势尤为穷蹙。虽海舟无风，天时未顺，而颐浩固请幸浙西，下诏亲征。兵势稍张，而敌自是不敢复过江矣。”① 金军的推进则一再受挫，其南侵的主力大将兀术“回至镇江，韩世忠屯焦山寺以邀之，兀术不得济，遣使致辞，愿还所掠，益以名马。世忠不从”。“兀术遣人约日会战”，“战数十合，俘获甚众。又获兀术之婿封龙虎大王者舟千余艘。兀术俱不得济，复遣使致词，愿还所掠假道，世忠不从。益以名马，又不从。”“兀术欲自建康谋北归，又不可。”“兀术辎重自瓜步口舳舻相衔，至六合不绝，为宋岳飞所败。既而自六合归屯楚州九里径，又为赵立所败。”“兀术自江南回，初至江北，每遇亲识，必相持泣下，诉以过江艰危，几不免。又达兰时在潍州，遣人诮兀术南征无功，可止于淮东，俟

---

① （宋）李心传：《建炎以来系年要录》第1册，卷32，建炎四年四月丙申条引《中兴大事记》，第635页。

秋高相会，再征江南。兀术皇恐，推避不肯从之。”[1] 随着宋金时局的改变，高宗的自信也因之增长，李心传记载高宗之言曰：“金人侵犯以来，诸军率望风奔溃。今岁如世忠辈，虽不成大功，皆累获捷。若益训卒缮兵，今冬金人南来，似有可胜之理。”[2] 从宋金对立的总体发展局势来看，南宋正逐步摆脱被动奔避的状况。

绍兴元年，南宋方面在对金作战中取得了缩头湖及和尚原大败金人的战绩。在东部战场，张荣在缩头湖杀退金大将完颜昌；在西部战场，吴玠在和尚原击退了金主晟之从侄摩哩和金将乌噜、珠赫，更大破金将完颜宗弼。这两次关键性的战役，对于宋金间的势力转变皆产生了重要影响，宋金双方的对立关系已经开始发生变化。

张荣并非南宋正规军，史书称之为“水贼”。据《建炎以来系年要录》卷三十三记载：“承楚相距，有樊梁等三湖，绵三百里，水贼张荣往来其中。”张荣本是梁山泊打鱼人，他聚集众人，有舟数百，曾劫掠金人。杜充任东京留守时，曾假张荣官至武功大夫忠州刺史，军中称之为张敌万。金人陷扬州之时，张荣乘间以舟载粮食，从清河而下，驻于鼍潭湖，积茭为城，以泥敷之，渐有众万余。建炎四年十一月，金左监军完颜昌攻占楚州后，有经营南渡之意，故进攻张荣鼍潭湖水寨，在金人的强大攻势下，张荣不能抵挡，遂焚其积聚而去。其后，率众引舟入缩头湖建水寨。绍兴元年三月，完颜昌在泰州，图谋久驻之计，遂以舟师进犯张荣水寨。张荣出数十舟载兵迎战，危急时刻弃舟登岸，大呼杀敌。金人自乱，溺水陷淖者不可胜计。完颜昌收拾余众，奔还楚州，张荣俘获完颜昌之婿佛宁，俘馘甚众。《大金国志》卷七《太宗文烈皇帝

---

① （金）宇文懋昭撰，李西宁点校：《大金国志》卷6《太宗文烈皇帝四》，齐鲁书社2000年版，第55—56页。以下所引《大金国志》皆为此版本。

② （宋）李心传：《建炎以来系年要录》第1册，卷32，建炎四年四月戊子条，第632页。

五》称完颜昌“时新为张敌万所败，锐气沮丧。又南兵已复淮东，去金兵不远，且多传南兵袭之，军中每夜无故而惊，加之寇盗乘时蜂起，东北大恐。达兰不能遽回，故自是岁四月屯宿迁，至七月率众北归”。“达兰自天会八年攻淮南，至是方渡淮，休兵于宿迁。是行也，攻战之久，人马疲敝。”① 缩头湖之战大大打击了金军的士气，对宋军扭转局势具有重要的意义。

吴玠在和尚原与金作战的胜利则改变了南宋自富平之败后在川陕一线的被动局面，也是一场具有改变宋金格局之意义的大战。关于富平之战的起因，据朱熹《少师保信军节度使魏国公致仕赠太保张公行状上》记载云：

> 时闻兀术犹在淮西，公（张浚）惧其复扰东南，使车驾不得安息，事几有不可测者，即谋为牵制之举。始公陛辞，上命公三年而后用师进取。至是，上亦以虏欲萃兵寇东南，御笔命公宜以时进兵，分道由同州、鄜延以捣虏虚。公遂决策治兵。②

建炎三年七月，知枢密院事御营副使宣抚处置使张浚西赴川陕，置司秦川。建炎四年九月，“权永兴军路经略使吴玠已得长安，而环庆经略使赵哲收复鄜延诸郡。浚乃檄召熙河经略使刘锡、秦凤经略使孙渥、泾原经略使刘锜各以兵会，合诸路兵四十万人，马七万，以锡为统帅。浚又贷民赋五年，金钱粮帛之运，不绝于道，所在山积。浚亲往邠州督战。金左副元帅宗维闻之，急调完颜宗弼自京西入关，与罗索会”③。

---

① 《大金国志》卷7《太宗文烈皇帝五》，第64页。

② 《晦庵先生朱文公文集》卷95上，朱杰人、严佐之、刘永翔主编：《朱子全书》第25册，上海古籍出版社、安徽教育出版社2002年版，第4371—4372页。以下所引《晦庵先生朱文公文集》皆为此版本。

③ （宋）李心传：《建炎以来系年要录》第1册，卷37，建炎四年九月癸丑条，第711—712页。

宋金两军在富平展开大战，宋师败绩，金人所获军资不可计。十月，张浚率帐下退保秦州。十一月，再自泰州退军兴州，“金人至渭州，得我情实，乃入德顺军。浚闻敌入德顺，遂移司兴州，簿书辎重，悉皆焚弃”。“浚之自邠南归也，将士皆散，惟亲兵千余人自随，其属官皆惧。”[①] 绍兴元年三月，金骑破福津，蹂同谷，迫武兴，张浚再退，保阆州。

富平之战是宋金战争史上一次非常重要的大规模战事，此役的失利，对南宋西线乃至整个局面都造成了极大的负面影响，“军民益体解，而五路遂陷于虏”[②]。富平战败后，秦凤路马步军副总管吴玠自凤翔走保大散关之东的和尚原。和尚原的地理位置在宋金交战之际极为重要，“和尚原最为要冲，自原以南，则入川路散，失此原，是无蜀也”[③]。吴玠以坚守和尚原为保蜀之良策，“或谓吴玠，宜移屯汉中，以保巴蜀。玠曰：‘敌不破我，讵敢轻进？吾坚壁重兵，下瞰雍甸，敌惧吾乘虚袭其后。此保蜀良策也。’”[④] 绍兴元年五月，时当富平新败，川陕形势艰难，金主晟的从侄摩哩与乌噜、珠赫以数万骑分两道入犯。摩哩自凤翔出兵，乌噜、珠赫自阶州、成州出大散关，两路约日合攻和尚原。吴玠面对金人汹汹入侵、内部人心不稳的危局，以忠义激励诸将，奋力杀退入犯的金人。史书记载此役甚详：

玠与其弟统领官武翼郎合门宣赞舍人璘，以散卒数千人驻原上。朝问隔绝，军储匮乏，将士家属往往陷敌，人无固志。有谋劫

① （宋）李心传：《建炎以来系年要录》第1册，卷39，建炎四年十一月丙寅条，第740—741页。

② （宋）徐梦莘：《三朝北盟会编》卷147，第1066页。

③ （宋）李心传：《建炎以来系年要录》第3册，卷134，绍兴十年三月丙戌条引成都府路安抚使张焘所言，第2157页。

④ （宋）李心传：《建炎以来系年要录》第1册，卷39，建炎四年十一月丙寅条，第741页。

玠兄弟北去者，幕客陈远猷夜入告玠，遽召诸将，励以忠义，歃血而誓，诸将感泣，为备益力。是日，二将以劲骑先期而至，阵于原北。玠击之，四战皆捷。山谷中路狭而多石，马不能行，敌弃马，遂败去。后三日，摩哩自犯箭筈关，玠遣别将击之。二军卒不得合。又五日，敌移寨黄牛岭，会大风雨雹，翼日引去。[①]

对于南宋一方来说，和尚原之捷发生在富平新败之后，打破了金人窥蜀的企图，提升了宋军的士气。故此战后，“张浚录其（吴玠）功，承制以玠为明州观察使，璘为武德大夫康州团练使，赐金带，擢秦凤路兵马都钤辖，统制和尚原军马”[②]。对于金来说，吴玠则成为其西部战场的障碍，“金人自起海角，狃常胜，及与玠战辄北，愤甚，谋必取玠”[③]。绍兴元年十月，完颜宗弼会集诸道兵十余万，造浮梁，跨渭河，自宝鸡结连珠营，垒石为城，夹涧与宋军相拒，攻和尚原。吴玠与其弟吴璘率统制官雷仲等，选劲弓强弩分番迭射，号驻队矢，射退金人。吴玠又出奇兵，邀击金人，断其粮道，大破之。《金史》卷七十七《宗弼传》载：“及攻吴玠于和尚原，抵险不可进，乃退军，伏兵起，且战且走，行三十里，将至平地，宋军阵于山口，宗弼大败，将士多战没。”[④]吴玠“俘馘首领及甲兵以万计。宗弼中流矢二，仅以身免，得其麾盖。自入中原，其败衄未尝如此也。”“始，宗弼既犯江、浙，乃自淮南入陕西。是行也，及韩世忠战于大江，刘锡战于富平，吴玠战于和尚原，凡三战而两胜。盖世忠与锡失利，至是宗弼为玠所败，始自河东还燕

① （宋）李心传：《建炎以来系年要录》第1册，卷44，绍兴元年五月乙巳条，第799页。

② 同上。

③ 《宋史》卷366《吴玠传》，第11410页。

④ 《金史》卷77《宗弼传》，第1754页。

山。"[①] 吴玠在和尚原取得的对金之战的胜利，大大打击了金人的气焰，护卫了南宋的西线疆域。《宋史》卷三百六十六《吴玠传》高度评价了吴玠保和尚原之功绩："方富平之败，秦、凤皆陷，金人一意睨蜀，东南之势亦棘。微玠身当其冲，无蜀久矣。"[②] 吴玠和尚原对金的胜利对于南宋的西线战场来说，具有重要的意义，正如粟品孝在其《南宋军事史》一书中所说："和尚原之战，挫败了金军攻战'蜀口'以南攻四川的计划。""吴玠率数千人击退了数万骑军的来犯，在相当程度上遏制了富平之战后宋军的颓势，为宋军构建并完备川北防线赢得了宝贵的时间。"[③]

南宋军队取得的一系列对金胜利对于朝廷上下是极大的鼓舞，这一时期高宗对辅臣说："祖宗基业宏固，偶值戎寇，故刘豫、李成等辈，跋扈猖獗。或谓止于淮上作篱落，朕甚不取，要当以次收复，须一统乃已耳。"[④]"金人既去，陕西必可经理。荆楚以南，亦须措画，庶几形势相应，有收复之渐。"[⑤] 都表现出其恢复的信心，与之前被动奔避时的无奈完全不同。与高宗的积极态度相应和，宰相吕颐浩进一步分析当时的国家形势，设计了收复中原的路线图：

> 今国步多艰，中原隔绝，江淮之地尚有巨贼，驻跸之地最为急务。伏惟陛下发中兴之诚心，行中兴之实事，要当先定驻跸之地，使号令易通于川、陕，将兵顺流而可下，漕运不至于艰阻。然后速

① （宋）李心传：《建炎以来系年要录》第 2 册，卷 48，绍兴元年十月乙亥条，第 862 页。

② 《宋史》卷 366《吴玠传》，第 11414 页。

③ 粟品孝：《南宋军事史》，上海古籍出版社 2008 年版，第 153 页。

④ （宋）李心传：《建炎以来系年要录》第 1 册，卷 43，绍兴元年三月己未条，第 782—783 页。

⑤ （宋）李心传：《建炎以来系年要录》第 2 册，卷 47，绍兴元年九月甲午朔条，第 841 页。

发大兵，一军从江西、湖南以平群寇；一军往池州至建康府，处置已就，招安尚怀反侧之人。于明年二三月间，使民得务耕桑，则在我之根本立矣。然后乘大暑之际，遣精锐之兵，与刘光世渡淮犄角而北去，由淮阳军、沂州入密州，以摇青、郓，命张浚躬亲统兵，由河中府入绛州，以撼河东。乘两路余民心怀我宋未泯之时，知王师有收复中原之意，则中兴之业可觊也。若不速为之，逡巡过春夏，则金人他日再来，不惟大江之南，我之根本不可立，而日后之患，不可胜言矣……三四年来，金人才退，士大夫及献言之人，便以为太平无事，致机会可乘之便，往往沮抑不得行。今天下之势，可谓危矣，既失中原，止存江、浙、闽、广数路而已，其间亦多曾经残破。浙西郡县，往往已遭焚劫；浙东一路，在今形势漕运，皆非所便。若不移跸于上流州军，保全此数路，及渐近川、陕，使国家命令易通于四方，则民失耕业，号令阻绝，俄顷之间，已至秋冬，金人复来，则虽欲追悔无及矣。至是遂定移跸之议。①

值得注意的是，南宋君臣虽然都已提及“收复”，但其前提则是“金人才退，士大夫及献言之人便以为太平无事，致机会可乘之便，往往沮抑不得行”。至于收复行动，亦并未在绍兴元年的几次对金捷报后立即实施。高宗所说“陕西必可经理，荆楚以南，亦须措画”，其实还是一个时间未定的前瞻性计划。吕颐浩提出的立根本、西移驻跸之地，然后于大暑之际，遣精锐之兵的主张，也有待于多种因素的实现。其中，立根本的落脚点就在于“使民得务耕桑”。然而，当时的情况却是“南人资产素薄，比年科率烦重”，“朝廷号令无定，横敛不一，名色既

① （宋）李心传：《建炎以来系年要录》第2册，卷49，绍兴元年十一月戊戌条，第871—872页。

多，贫民不能生，以至为寇”①。至于移跸出师，亦缺乏立即实施的条件。绍兴元年十一月，“襄阳镇抚使桑仲始上疏，请正（刘）豫恶逆之罪，下诏进幸荆南，庶几中原人心不致摇动。诏答以荆南形势，固可驻跸，但以粮运未通，已令参知政事孟庾计置，俟就绪进发”②。桑仲曾遣镇抚司书写机宜文字左承事郎谭志来朝廷，“告以愿宣力取京师，乞朝廷出兵淮南，以为声援。吕颐浩信之，始大议出师，以仲兼神武左副军统制”③。但是，绍兴二年三月戊戌，桑仲被知郢州霍明所杀，这就使先前的计划出现了不确定的变数。加之“禁卫寡弱，兵权不在朝廷”④，南宋朝廷的“收复”之功实在难以在短期内实现。对此，御史中丞沈与求在其上疏中所言甚明：

> 陛下移跸东南，将图恢复之举。先务之急，宜莫如兵。汉有南北军，唐自府兵、彍骑之法既坏，犹内有神策诸卫，外有诸镇之兵，上下相维，使无偏重之势，其意远矣。今图大举，而兵权不在朝廷，虽有枢密院及三省兵房尚书兵部，但奉行文书而已。愿诏大臣，讲求利害而举行之，使人情不骇，而兵政益修，助成经理中兴之志。⑤

在朝廷无法操控兵权的背景下，“欲图恢复，先务在兵”的方略虽然难以在现实中顺利实施，但在宋金对战的大形势已经发生变化的背景下，南宋一方利用金人北还的机会整顿内部，以便为日后可能的恢复之

---

① （宋）李心传：《建炎以来系年要录》第1册，卷42，绍兴元年二月乙酉条引江西安抚大使朱胜非之言，第768页。

② （宋）李心传：《建炎以来系年要录》第2册，卷49，绍兴元年十一月辛丑条，第873页。

③ 同上书，卷52，绍兴二年三月庚申条，第926页。

④ 同上书，卷51，绍兴二年正月壬子条，第897页。

⑤ 同上书，第897—898页。

举做好先期准备已然成为可能。也正是在这样的背景下，宰相吕颐浩于绍兴元年甫任宰相，即提出了“先平内寇，然后可以御外侮”的策略。

其次，再从南宋与伪齐的对立情况来看。

伪齐本身就是作为南宋的对立政权而被金人扶立的。所以自其建立之日起，就开始了积极吸纳南宋各种力量，以壮大自身实力并破坏骚扰南宋政权的实际行动。

建炎四年七月，“金主晟遣西京留守特进检校太保尚书右仆射大同尹兼山西兵马都部署上柱国高庆裔、金紫崇禄大夫尚书礼部侍郎知制诰护军韩昉，册命中奉大夫知东平府充京东西淮南安抚使节制河南诸州刘豫为皇帝，国号大齐，都大名府。世修子礼，永贡虔诚”[①]。十一月，“伪齐刘豫改元阜昌。豫初僭立，止用天会之号，至是奉金命而改之”[②]。这样，在宋金之间出现了新的政权，南宋面临的对外形势也因之而更加复杂。刘豫为了巩固其金人卵翼下的新政权，迅即实行了收买人心、招徕士人的措施。在宿州设置招受司，专一吸纳南宋变乱者，以增强其军事力量。刘豫的种种作为，使南宋朝臣深感忧虑，“刘豫在齐、魏间，省徭薄赋，招徕人士，诱以伪官。安知不图吾根本地乎？”[③]

从绍兴元年前后的实际情况看，刘豫的一系列对宋政策确也收到了成效。他所擢用的重臣不少来自南宋，如张孝纯“昵于亲爱，惧于还金，遂丧晚节”，出任伪尚书左丞相。“金以前知越州李邺、知和州李俦、显谟阁直学士郑亿年臣豫，豫以俦为监察御史，亿年为工部侍

---

① （宋）李心传：《建炎以来系年要录》第1册，卷35，建炎四年七月丁卯条，第680—681页。

② 同上书，卷39，建炎四年十一月辛酉条，第738页。

③ （宋）李心传：《建炎以来系年要录》第2册，卷48，绍兴元年十月甲戌条引尚书吏部员外郎廖刚所言，第861页。

郎。"① 南宋一方的文武人员也不断有叛附刘豫者，如建炎四年十月，直秘阁淮宁顺昌府蔡州镇抚使冯长宁以淮宁附于刘豫。绍兴元年五月，真、扬镇抚使郭仲威图谋据有淮南，以通刘豫；刘光世得知其反，遣前军统制王德擒之；张俊引兵渡江至黄梅县，亲与李成战，李成遁去，以余众降伪齐；据濠州之横涧山的变乱者王才，以王命阻隔，遂以其众附伪齐，反引伪知宿州胡斌以兵入寇。九月，金房镇抚使王彦在秦郊店击败李忠，李忠遂降附刘豫。绍兴二年二月，知商州董先叛附于刘豫；合门宣赞舍人知濠州寇宏虽受朝命，却暗中与伪宿州守胡斌相通；知光州许约与武节大夫中州刺史知寿春府陈卞皆与伪齐往来，兼用绍兴、阜昌年号……这种混乱状况的存在，对于南宋朝廷的稳定极为不利。尤其是军事变乱者降附刘豫，既增加了伪齐攻击南宋的武装力量，也对南宋政权的安全和稳固造成了严重威胁。南宋朝臣对此忧心忡忡，绍兴元年秋七月，中书舍人林通转对，就曾专论这个问题：

> 金虽北去，安知不示弱以怠我师，候秋高马肥，遣李成招集濒淮饥民，呼吸群盗，侵轶江南，徐遣劲骑，由真、扬、福山捣虚浙右。愿乘此时，聚众积粟，搜将阅士，以备防秋之计。今日之弊，在于兵不习战，将不肃命，财用殚匮，民食艰鲜。州县以军兴为名，而掊取无度，此乃腹心之深病，政事所当先。而盗贼四裔，尚为病在四肢，可以渐去也。惟陛下与大臣汲汲讲图之。②

随着伪齐新政权的建立以及不断出现的南宋变乱分子的降附伪齐，金与伪齐利用南宋变乱势力"侵轶江南"，骚扰南宋境土的局面已经形

---

① （宋）李心传：《建炎以来系年要录》第1册，卷37，建炎四年九月戊申条，第705页。

② （宋）李心传：《建炎以来系年要录》第2册，卷46，绍兴元年七月乙卯条，第825页。

成，以致南宋朝廷不得不因此调整对变乱分子的政策，但另一方面却又因为种种原因而难以实施。如绍兴元年九月，南宋朝廷因张琪、邵青反复为盗，命诸将毋得招安。右司谏韩璜即奏“青拥舟数千艘，而朝廷未有舟师制御，恐转入海道，惊动浙东。且浙西正当收成之时，青若倏来，必误国计。又师老费财，或金、齐寇江，藉青为用，凡可虑者五事。疏奏，遂趣光世招降之”①。在伪齐不断破坏的形势下，如何应对南宋内部的变乱势力，尽可能地阻断伪齐对其的吸纳，尽力保障南宋朝廷的安全稳定，就成为吕颐浩出任宰相之后的重要任务。正是在这一政治背景下，吕颐浩提出了“先平内寇，然后可以御外侮”的政策。

第二节　“先平内寇”之政策的具体实施

绍兴元年九月丙辰，吕颐浩在提出“先平内寇，然后可以御外侮”的政策后，更具体分析了当时“内寇”活动的具体情况：“今李成摧破，李允文革面，张用招安，李敦仁已败江淮，惟张琪、邵青两寇，不久必可荡平。惟闽中之寇不一，又孔彦舟据鄂，马友据潭，曹成、李宏在湖南、江西之间，而邓庆、龚富剽掠南雄、英、韶诸郡。贼兵多寡不等，然闽中之寇最急，广东之寇次之。盖闽中去行在不远，二广未经残破，若非疾速剿除，为患不细。”② 这其实就是一幅具体的“先平内寇”的路线图。从后来的实际情况看，吕颐浩的构想得到了很好的实施。

---

① （宋）李心传：《建炎以来系年要录》第2册，卷47，绍兴元年九月甲辰条，第845页。

② 同上书，卷47，绍兴元年九月丙辰条，第848页。

吕颐浩所指江淮“两寇”中的张琪，初时聚众，屯舒城县，后引兵渡江，进犯建康府、太平、池州诸县，曾受江东安抚大使司参谋官刘洪道招降，后复叛去。其后，统制官韩世清、张俊会兵讨之，追至溧水县，其势穷蹙，遂受浙西安抚大使刘光世招安，又叛去，进兵掠安吉县，犯宣州、徽州、饶州，其众号称五万。绍兴元年七月，时任江东安抚大使兼知池州的吕颐浩督统制官右武大夫宣州观察使阎皋、统兵官姚端、崔邦弼、颜孝恭、郝晸等驻军城外，且自画阵图授之，与张琪战于饶州城外，大败张琪。张琪遁去，走浮梁县，复还徽州。张琪爱将姚兴以所部受降于朝廷统制官巨师古，张琪部下李捧、华旺以所部就刘洪道，接受招安。

至于邵青，建炎三年以舟师扰楚、泗间，其后接受江东帅司招安，杜充因任邵青为沿江措置司水军统制。建炎三年十一月，邵青参与对金完颜宗弼的作战，以一舟十八人与金人战于江中，因舟师张青中十七矢，遂退于竹筱港。十二月，邵青与李成之党周虎战，败之，遂据芜湖。绍兴元年五月辛亥，“邵青以舟师犯太平州。初，青以枢密院水军统制屯芜湖。及张俊讨李成，上令青受俊节制。青至池州，不得进，复还芜湖就粮。守臣郭伟闻之曰：‘邵统制已受命讨李成，安得还此?’青怒，率众欲入城，城门皆闭，青遂拥众攻城”①。邵青与郭伟相持凡九日，最后接受了刘光世的招安。六月，邵青自太平州以舟师泊镇江，停留三日，复叛去，引兵趋江阴，入平江之常熟县，再移舟通州海门镇。随着邵青势力的扩张，南宋朝廷的忧虑也与日俱增。绍兴元年七月，殿中侍御史章谊曾专论刘光世不能应时擒制邵青的原因，并因此提出朝廷当经营舟师，于驻跸之地措置水军，以名将统之的主张：

① （宋）李心传:《建炎以来系年要录》第1册，卷44，绍兴元年五月辛亥条，第801页。

刘光世以枭将锐兵而不能应时擒制者，邵青所乘皆舟楫，而光世皆平陆之兵故也。国家既凭大江以为险阻，而于舟师略不经意。今邵青小丑，光世大帅，乃敢越境深寇，使贼有大于此者，将何以御之？臣闻古兵法，舟师有三等，其舟之大者为阵脚船，其次为战船，其小者为传令船。盖置阵尚持重，故用大舟；出战尚轻捷，故用其次；至于江海波涛之间，旗帜金鼓，难以麾召进退，故用小舟。由此观之，凡舟之大小，皆可以为守战之备，不必皆用大舟然后济也。望于驻跸之地，置一水军，帅以名将，计亦易办。①

章谊因邵青的难制，分析其“越境深寇”的行动，因此而提出措置水军的方略，其建议得到了南宋朝廷的认可，且随即付诸实施，诏淮南三宣抚措置。绍兴元年九月，刘光世上奏，称邵青穷蹙，恐其绝洋犯明州之时，朝廷即诏枢密院准备将领徐文以舟师屯定海县以应之。

南宋朝廷对章谊建议的接受，其实也从另一个角度说明了邵青变乱对朝廷的影响之大。这一点还可以从徽猷阁待制知平江府胡松年论邵青的言论中得到证实：

大将四合，连旬不能破贼。今青据通州崇明镇沙上，寨栅之外，水浅舟不可行，泥深人不可涉。本府钱粮，已费十三万贯石，公私骚然，而贼未可睥睨。况刘光世兵将，类多西北人，一旦从事江海间，有掉眩不能饮食者，况能与贼较胜负于矢石间哉？②

邵青之乱无论是从军事上还是经济上都给南宋朝廷带来了极大的负担，所以吕颐浩于九月初任宰相之际，立即有“荡平”之说。十月己

① （宋）李心传：《建炎以来系年要录》第2册，卷46，绍兴元年七月丁未条，第823—824页。

② 同上书，卷47，绍兴元年九月甲辰条，第844页。

已，浙西安抚大使司统制官王德与邵青大战，继又请于朝廷，许其先前之罪一切不问，特与赦免，邵青方才接受招安。

吕颐浩说“闽中之寇最急”，是因为“闽中去行在不远”。虽然“闽中之寇不一”，但究其为害尤大者，则是建州范汝为之乱。据熊克《中兴小纪》记载，范汝为“因刃伤人至死，遂作乱。时方艰食，饥民从之者甚众。州兵战败，贼势滋盛”①。建炎四年九月，朝廷遣神武副军统制官李捧、统领官王民以所部合三千人，与范汝为战，结果官军被范汝为所败而溃散，李捧等皆遁去。十月，朝廷再遣朝散郎谢向持金字牌前往招安。十一月，又命神武副军都统制辛企宗以所部讨范汝为。十二月，朝廷最终招安了范汝为，“授汝为武翼郎合门祗侯，充民兵都统领。其徒叶铁最骁健，亦以为忠翊郎”。“时汝为慕得官，且惧大军继至，故听命，然未肯散其徒。（辛）企宗驻军邵武军，不能制。”② 绍兴元年二月，右谏议大夫黎确陈述范汝为及其属下为害一方的情状，提出分其众以弱其势等控制性措施：

> 福建盗起，本于科敛诛剥，民不堪命。今自范汝为以下，官者一二百人，而聚万众于建安。辛企宗坐视而不能制，谢向顺从而不敢违。建、邵之间，鸡犬一空，横尸满道，远近谓之谢、范而不敢名，其无生理，殆亦可见。愿稍分汝为之众，以弱其势；择官吏信厚练达闽人素所畏爱，如梁泽民、张穆、李芘辈，委以一路之寄，汰牧守之无状者，权免二年科配，使前日胁从之辈，得齿于民，非小补也。③

① （宋）熊克：《中兴小纪》卷 9，商务印书馆 1935 年版，第 108 页。以下所引《中兴小纪》皆此版本。

② （宋）李心传：《建炎以来系年要录》第 1 册，卷 40，建炎四年十二月丁酉条，第 748—749 页。

③ 同上书，卷 42，绍兴元年二月癸未条，第 767 页。

由于“辛企宗坐视而不能制，谢向顺从而不敢违”，范汝为的势力不断扩大，以至据建安，拥众十余万，造黄红伞等。虽然朝廷接受了黎确建议，下诏要求辛企宗、谢向放散范汝为手下所结集的兵众，又诏民兵愿归业者允许其自便，但是，“汝为不听命”①。绍兴元年十月，范汝为引兵入建州，守臣直秘阁王浚明以下皆逃遁，范汝为遂占据其城，继之遣兵进犯邵武军，守臣朝散郎吴必明、统制官合门宣赞舍人江西兵马副都监李山率兵与范汝为战，结果官军溃散。对于闽地难以平息的变乱，“论者皆言神武副军都统制福建制置使辛企宗懦怯玩寇，福建安抚使程迈等请改命将帅，章四十三上”②。承议郎知铅山县姚舜恭分析形势，提出具体征讨方案：

> 建贼范汝为等乍臣乍叛，首尾二年。中间谢向、叶棠、施逵等三人，皆以招安为职，反为贼计，俾其固守巢穴。辛企宗提兵本路，经今及年，而企宗初不识汝为之面。昨企宗全军自南剑退往福州，止留李山一军，守御邵武。近汝为据建州，破邵武军，李山已来信州驻扎。万一贼兵果破福州，则全闽皆贼有矣。契勘江南、两浙系与福建邻境，本县正与崇安、光泽连接。虽申信州遣发巡尉，召募土豪，分布把截，然不谙战敌，深虑不能捍御。伏望朝廷速赐分遣大兵，专委近上将帅，从浦城、崇安等处，分路致讨。③

面对日益滋蔓壮盛的敌势，南宋朝廷于绍兴元年十一月命参知政事孟庾为福建江西荆湖宣抚使，神武左军都统制韩世忠副之。十二月，高

---

① （宋）李心传：《建炎以来系年要录》第1册，卷42，绍兴元年二月癸未条，第768页。

② （宋）李心传：《建炎以来系年要录》第2册，卷49，绍兴元年十一月戊戌条，第872页。

③ 同上书，卷49，绍兴元年十一月庚戌条，第876页。

宗手诏云："闽贼范汝为啸聚日久，反复变诈，害吾良民。比再遣帅，尽行剪戮。重念军旅暴露，转输劳烦，皆朕不德之所致也。王师到日，其诸徒众能执汝为请命者，当受重赏。自余咸赦除之。可令宣抚司多出榜示，及箭射蜡弹入贼中，使明知朕意。"① 绍兴二年正月丙申，韩世忠围建州。辛丑，破范汝为军。"贼众死者万余，生擒其将张雄等五百余人。汝为窜回源洞中，自焚死。其将叶谅以所部犯邵武军，世忠击斩之，余众悉平。"②

"据鄂"之孔彦舟本是武经大夫潍州团练使，趁金人离潭州、南宋变乱者大起之际，孔彦舟自淮西收溃兵，侵据荆南、鼎、澧诸郡。时鼎州人钟相乘湖、湘盗起，与其徒结集为忠义民兵，士大夫避乱者多依之。至是，钟相托言拒孔彦舟，聚众起兵。"鼎、澧、荆南之民响应，（钟）相遂称楚王，改元天战，立妻伊氏为皇后，子子昂为太子。行移称圣旨，补授用黄牒，一方骚然。""鼎州之武陵、桃源、辰阳、沅江，澧州之澧阳、安乡、石门、慈利，荆南之枝江、松滋、公安、石首，潭州之益阳、宁乡、湘阴、江化，陕州之宜都，岳州之华容，辰州之沅陵，凡十九县，皆为盗区矣。"③ 建炎四年三月，因鼎州孤危，官吏、军民计无所出，遂迎孔彦舟入城以拒钟相。其时，宣抚处置使司主管机宜文字傅雱权湖北制置使，遂以本司便宜之命授孔彦舟翊卫大夫康州防御使荆湖南北路捉杀使。孔彦舟时出兵与钟相战，最终大败钟相，"（钟）相弃妻子，窜入山谷，为农人范颜所擒。彦舟乃执（钟）相及伪后伊氏、伪太子子昂，并槛赴行在。伪将相及用事之人皆枭首，（钟）

---

① （宋）李心传：《建炎以来系年要录》第1册，卷50，绍兴元年十二月庚午条，第885页。

② 同上书，卷51，绍兴二年正月辛丑条，第894页。

③ （宋）李心传：《建炎以来系年要录》第1册，卷31，建炎四年二月甲午条，第613页。

相少子子义逃去，与其徒居洞庭湖”[①]。七月，孔彦舟因捉捕钟相有功，拜利州观察使，充辰、沅、靖州镇抚使，兼知辰州。八月，孔彦舟自鼎州渡江，入益阳县，宣抚处置司参议官王以宁率所部拒之，被孔彦舟击败。王以宁遁去，孔彦舟入潭州。傅雱以便宜任孔彦舟权湖南马步军副总管。十月，南宋朝廷任命孔彦舟为鼎、澧、辰、沅、靖州镇抚使，兼知鼎州。十一月，再除为湖南路兵马副总管，孔彦舟以所部屯潭州。绍兴元年正月，孔彦舟为东湖副总管，屯鄂州。二月，朝廷命孔彦舟与吕颐浩、张俊会兵，讨李成。孔彦舟托词不奉诏，于是朝廷诏孔彦舟分兵，听向子諲节制。三月，马友自江北趋潭州，孔彦舟为之所逼，遂焚潭州，大掠公私之财，引兵趋衡州。五月，“湖东安抚向子諲奏孔彦舟犯衡、永州。诏张俊密行措置”[②]。“孔彦舟自衡山引舟而下，过潭州。权湖南招捉公事马友以舟师迎击之，彦舟大败，遂趋岳州。”“进犯鄂州……安抚使李允文遣人招彦舟，彦舟听命。”[③] 八月，孔彦舟在鄂州，舟多粮富，张俊恐其盘踞要地，故上奏请用孔彦舟为蕲黄镇抚使，兼知黄州。至此，孔彦舟的变乱暂告结束。

前述吕颐浩对形势的分析中，还提到“马友据潭，曹成、李宏在湖南、江西之间”。在当时，荆、湖两路的地理位置极为重要，绍兴二年二月，宰相吕颐浩、秦桧向高宗陈述天下大计时，即提出“当用二广财力，葺荆、湖两路，使通京西，接陕右，此天下右臂”[④]。但当时的情况是“湖东名贼曹成在道州，马友潭州，李宏岳州，刘忠处潭、岳之间，虽时相攻击，其实闻二宣抚之来，阴相交结，分布一路，为互援之

---

① （宋）李心传：《建炎以来系年要录》第 1 册，卷 32，建炎四年三月戊辰条，第 626 页。

② 同上书，卷 44，绍兴元年五月壬子条，第 801 页。

③ 同上书，卷 44，绍兴元年五月庚申条，第 804 页。

④ （宋）李心传：《建炎以来系年要录》第 2 册，卷 51，绍兴二年二月庚午条，第 903 页。

计。马友据潭州逾半年，漕臣钱粮不得移用”①。这些变乱势力是南宋朝廷必须面对并予以解决的问题。

曹成曾因杀人，投拱圣指挥为兵，有膂力，善战，军中服其勇。马友始以巡社结甲夹河守御。建炎四年六月，直秘阁京西南路提点刑狱公事权沿江措置副使李允文知鄂州，兼主管本路安抚司公事，任命马友知汉阳军，其后再任为权荆湖南路招捉公事。五月，马友击败孔彦舟。七月，诏马友补正拱卫大夫成州团练使，权荆湖东路副总管。绍兴元年三月，朝廷任命李宏为武功大夫贵州团练使，知复州；曹成为武功大夫荣州团练使，知郢州。“曹成虽受官爵，称兵如故。自鄂、岳引兵数万掠湖西。”“与知复州李宏合军，屯浏阳县。既而二人有不相下之心，成引众攻宏，宏遂奔潭州。湖东副总管马友令宏屯于湘阴，而成亦移屯攸县。”② 十月，曹成引兵与马友战于潭州，曹成败去，复还攸县。

从当时湖南、江西的变乱情况来看，曹成、马友的威胁极大。朝奉大夫提举江西茶盐公事侯懋曾比较曹成、马友二人的势力强弱和发展趋势，希望朝廷早为措置，以保障江西、二广的安全：

> （曹）成今据衡山上流，控扼要害，毒流三千里，莫之谁何。马友见与李宏溃卒合为一军，虽驻兵在潭，然素畏曹成。昔成在鄂，友自汉阳移军潭、衡以避之，其忌成可知矣。臣料贼意，若成由衡山顺流而下，友必弃潭而东入江西，盖前有孔彦舟之隙，后逼曹成，西拒刘忠，万一势穷力尽，则必归曹成而攻江西矣。闻友近招人买马，打造兵器，度其狡狯之心，观望向背，止在今春。朝廷

① （宋）李心传：《建炎以来系年要录》第2册，卷52，绍兴二年三月乙未条所引江西安抚大使李回之言，第917页。

② 同上书，卷46，绍兴元年八月癸巳条，第838页。

若不早作措置，则江西诸郡，恐非朝廷有。江西失则二广危矣。①

基于防危杜渐的考虑，在吕颐浩“先平内寇”的政策指导下，绍兴元年十一月，朝廷下诏命武功大夫荣州团练使曹成以所部赴行在，命张浚遣使持诏书往攸县赐之。但曹成旋即叛去，进犯安仁县，且执湖东安抚使向子諲。十二月，曹成入道州。绍兴二年正月，朝廷命神武副军都统制岳飞权湖东安抚使，将所部往潭州。二月，朝廷任命李纲为观文殿学士、荆湖广南路宣抚使，兼知潭州；令福建等路宣抚副使韩世忠以所部统制官任仕安一军三千人授纲，由汀道州之任；又命岳飞率湖东副总管马友及诸将李宏、韩京、吴锡等共击之。三月，曹成犯贺州。闰四月，岳飞引兵击曹成于贺州境上，曹成大败，其众死者万数。曹成败走连州，继走郴州，转入邵州。“会福建江西荆湖宣抚使韩世忠既平闽盗，乃旋师永嘉，若将就休息者，而道处、信，径至豫章江滨，连营数十里。群贼不虞其至，大惊，以为神。世忠闻成屡败，遣神武左军提举事务官拱卫大夫贵州刺史董旼往招之，成以其众就招。”②

绍兴二年六月庚寅朔，武功大夫贵州团练使新知复州李宏引兵入潭州，执湖东招抚使马友杀之。乙卯，“福建江湖宣抚司前军统制官解元、后军统制官程振以所部入潭州，屯于子城之内。新知福州李宏称疾不出，夜，宏中军由恩波门以遁。元遣将李义追击之。翌旦，元尽拘宏舟楫之在江皋者，引兵至寨中，见宏计事，因悉其兵械以归”③。七月，韩世忠进兵讨刘忠，与贼对垒，刘忠大败遁去，其辎重皆为韩世忠所得。

---

① （宋）李心传：《建炎以来系年要录》第2册，卷49，绍兴元年十一月丙辰条，第878—879页。

② 同上书，卷53，绍兴二年闰四月丙午条，第944页。

③ 同上书，卷55，绍兴二年六月乙卯条，第974页。

吕颐浩还提到“邓庆、龚富剽掠南雄、英、韶诸郡”。据《建炎以来系年要录》记载，邓庆、龚富于绍兴元年六月围南雄州，守臣郑成之率军民拒之。又查张嵲《紫微集》卷十三有《陈之道为生擒贼首邓庆及斫到龚富首级及生擒次首领共一百九十三人，转一官，比类合于阶官，上循两资。杨志招为与莫公晟贼众斗敌掩杀，逐次斫到贼头三级，及杀死贼人不知其数，转忠训郎制》，则邓庆、龚富的变乱亦因其被官军生擒及斩杀而得以平息。

可见，绍兴元年吕颐浩所提出的“先平内寇，然后可以御外侮”之政策是有其特定的历史背景，且得以顺利实施了的。这就为其后迎战金、伪齐的南攻奠定了必要的基础。

第六章　绍兴二年南宋朝廷艰难的中兴之路

绍兴二年，“中兴”二字一再出现于南宋君臣的议论中。绍兴二年正月，御史中丞沈与求向高宗进言，即提出了“将图恢复之举，先务之急，宜莫如兵”，“愿诏大臣，讲求利害而举行之，使人情不骇，而兵政益修，助成经理中兴之志”① 的意见。四月，高宗诏书中明确写道：“朕寤寐中兴，累年于兹。”② 五月，端明殿学士签书枢密院事权邦彦献上十议，以图中兴。八月，朝廷诏曰：“韩世忠荡平诸寇，连奏大捷，已加优擢。其告内外诸军统制官，各务立功报国，共济中兴，以光史册。”③ 中兴俨然成为南宋君臣这一年的重要目标，但是，从朝廷实施中兴之策的实际效果来看，无论是向外的与金、伪齐的对立关系方面，还是内在的朝廷重臣彼此协力、共济艰难方面都存在诸多问题。事实上，绍兴二年南宋朝廷的中兴之路是严峻的、困难的。下文就以此为中心，从南宋朝廷所面对的外、内两个方面进行论述。

---

① （宋）李心传：《建炎以来系年要录》第2册，卷51，绍兴二年正月壬子条，第897—898页。

② 同上书，卷53，绍兴二年四月癸未条，第933页。

③ 同上书，卷57，绍兴二年八月甲午条，第990页。

第一节　来自外部的伪齐势力困扰

自建炎四年七月刘豫被金人扶立为伪齐皇帝，成立伪齐政权以来，原来南北直接对立的宋金政权间多出了这个新的汉人政权，这就使得南宋的对外形势变得更加复杂，“豫在开封，凡军国事，以至赏刑斗讼，毋巨细，申元帅府取决。沿河沿淮，及陕西、山东等路，皆驻北军”①。在金人的支持下，刘豫在人才、土地、财富等多个方面与南宋朝廷展开争夺。南宋朝廷方面，迫于金人的压力，不再招纳北方来归者，“时光世招纳蕃汉及淮北人民来归者不绝，江东安抚大使叶梦得之未去也，亦招宿州人陆清等率众来归。枢密院言，事体非便，诏令后不许招纳。其后光世言，结约到北界七十余寨，请降诏书抚之。上不许”②。同时，朝廷还严令将帅，不得擅自出兵，“诏诸镇抚使襄阳桑仲、河南翟兴、荆南解潜、金州王彦、德安陈规、蕲黄孔彦舟、庐州王亨训习兵马，广行布种，储蓄粮食。非奉朝旨，毋得擅出兵”③。伪齐方面，则在金人庇护下，对南宋境地不断骚扰破坏，使南宋一方疲于奔波应付。

进入绍兴二年，南宋与伪齐的冲突不断，就其结果来看，南宋一方虽然也取得了一些胜利，但总的形势不容乐观。与北方伪齐力量的逐渐增强相对应，南宋一些力主恢复的将帅或为部下所杀，或因种种原因，竟至投降刘豫。加之将帅不谐、花费巨大、军队所收编的变乱者缺乏统

---

① （宋）李心传：《建炎以来系年要录》第 2 册，卷 53，绍兴二年四月庚寅条，第 937 页。

② 同上书，卷 53，绍兴二年闰四月丙午条，第 943—944 页。

③ 同上书，卷 55，绍兴二年六月壬寅条，第 970—971 页。

一训练等因素，使南宋的恢复之策、中兴之路充满不确定的因素。

绍兴二年初，合门宣赞舍人李兴以节制军马屯于商州，董先因受陕、虢安抚司统制官耿嗣宗所迫，来依李兴，以兄事之。不久，河南镇抚使翟兴使董先知商州，董先遂密有害李兴之意，且拘执李兴欲杀之。李兴脱身，复得麾下旧兵千余人，往来商、虢间。当时伪齐刘豫势力正逐渐盛大，董先既与李兴结仇，且军力有限，遂于绍兴二年二月叛附刘豫。十一月，董先与南宋节制商、虢、陕、华州王彦的属官高士瑰等诸将相遇，董先战胜南宋官军。刘豫即任命董先为大总管府先锋将。绍兴二年三月戊戌，右武大夫明州观察使襄阳府邓隋郢州镇抚使兼知襄阳府桑仲被知郢州霍明所杀。伪齐刘豫得闻桑仲死，即遣通直郎张珧持敕书至随州招李道，使臣彭义至邓州招李横。同年，伪齐刘豫因武功大夫忠州团练使合门宣赞舍人河南府孟汝唐州镇抚使知河南府兼节制应援河东北兵马使翟兴驻屯伊阳山寨，使之出行受困，遂遣使持诏书以王爵诱降翟兴，翟兴杀使焚书。刘豫又阴遣人以厚利摇撼翟兴的部下将官杨伟，三月癸丑，杨伟杀翟兴，携翟兴首级奔刘豫。翟兴之子兵马钤辖翟琮收拾余兵，退保故寨，从此军力大为削弱。绍兴二年六月壬寅，利州观察使蕲黄镇抚使孔彦舟叛降伪齐。孔彦舟背叛的原因比较复杂，但其中一个重要原因是刘豫的主动策反，“刘豫访得彦舟母妻及子，厚给以禄，使其舅卢某持书招之，彦舟乃有叛意。未发，会报权邦彦入枢府，彦舟与之有隙，心不自安。时韩世清既伏诛，而韩世忠连破湖湘群盗，顺流东归。彦舟疑其图已，遂决策叛去”①。其后，孔彦舟在伪齐的南侵中发挥了重要作用。

伪齐一方面加紧对南宋将帅的利用和策反工作，另一方面也加强防

① （宋）李心传：《建炎以来系年要录》第2册，卷53，绍兴二年闰四月乙卯条，第947页。

范并严惩与南宋私下交通者。绍兴二年十月，伪齐诛杀朝议大夫直徽猷阁凌唐佐就是一个很好的例证。

> 初，唐佐既降，刘豫因以唐佐知归德府。有尚书郎李亘者，乾封人，建炎末，避地不及，豫使守大名。时通问副使宋汝为亦以豫命同知曹州。三人素相厚，汝为知豫无改悔意，与唐佐等密疏其虚实，遣人持蜡书告于朝。唐佐、亘募得卒刘全、宋万、僧惠钦，汝为募民王现、邵邦光，皆十余往反。尚书左仆射吕颐浩之过常州也，得唐佐从孙宪，授保义郎合门祗候，俾持帛书遗之。宪至睢阳，唐佐妻田氏使与馆客张约同食，宪疑不出，田氏曰："无伤也。"既而为约所告。豫遣人捕唐佐，并其家至京师，宪走得免。唐佐见豫，责以大义。豫怒，斩唐佐于境上，下令曰：唐佐结连江南谋反，斩首号令。其家属当从坐，贷死，送颍昌府拘管。时全、万、惠钦为逻者所得，事泄，亘亦坐诛。①

对于"结连江南谋反"者，刘豫格杀勿论，杀一儆百。对于叛降伪齐者则封官进赏，以劝诱其余。除了这些行政上的奖惩措施之外，伪齐刘豫还对南宋境土展开了各种骚扰行动，南宋朝廷深受困扰。如绍兴二年二月，刘豫遣伪京西南路安抚使王彦先攻寿春。四月，南宋江东安抚大使叶梦得遣统制王冠率知濠州寇宏共取宿州，结果被伪齐王彦先所逐，遂陷寿春，南宋形势因之而严峻，"庐州王亨、濠州寇宏、六安谢通兵力单寡，恐透漏过淮，则大江之外，尽入贼境"②。五月，谍报刘豫于登、密、淮阳造舟，南宋朝廷恐棹工、柁师悉为伪齐所用，只得下诏令泛海往山东者行军法。六月，江东安抚大使李光针对吕颐浩都督诸

① （宋）李心传：《建炎以来系年要录》第2册，卷59，绍兴二年十月庚子条，第1021页。

② 同上书，卷58，绍兴二年九月甲子条所引江东大帅李光之言，第1005页。

路军马所引发的伪地震恐的情况专门进言称：

> 近缘朝廷除吕颐浩都督八路诸军，伪地震恐，遂声言八月金人分道入寇。此固不可不虑，望专任大臣，密加措画。凡诸处探报，乞送颐浩与臣核实闻奏。今王彦先盗据寿春，滋长不便。臣使颐浩至建康首议过淮，若颐浩病势未减，臣当遴选五六千人，召募敢死之士，身自请行。若止遣兵将，万一失利，遂使敌人得以窥伺，愈无忌惮。①

伪齐的声言使南宋不得不虑，且要专任大臣，对此密加筹划，则其施加于南宋的压力可想而知。七月，左司谏吴表臣上疏称："风闻伪齐于京东路每户科麻七斤，或者恐其以绳维舟，谋济江之计。今沿江津渡，皆当为备，就中采石江稍狭而水缓，鉴之往事，备御尤当严密。"②八月，吴表臣再次专就此事上奏云："大江之南，上自荆、鄂，下至常、润，不过十郡之间，其要紧处不过七渡。上流最急者三，荆南之公安、石首，岳之北津。中流最紧者二，鄂之武昌、太平之采石。下流最紧者二，建康之宣化，镇江之瓜洲是也。惟此七渡，当择官兵，修器械。其余数十处，或道路迂曲，或水陆不便，非大军往来径捷之处，略为之防足矣。又十郡之间，地不过三千余里，有一州占江面五百里者，有占百余里者，远近多寡，劳逸大不均。如七处渡口外，宜每县分定百里，专令巡尉守之，则力均而易守。"③ 可以说，伪齐每一个动作都牵动着南宋朝廷的神经，这也从另一个角度证明了南宋朝廷越来越深地受到伪齐的困扰，这种困扰对南宋朝廷的中兴之路正造成越来越大的负面影响。

---

① （宋）李心传：《建炎以来系年要录》第2册，卷55，绍兴二年六月甲辰条，第971—972页。

② 同上书，卷56，绍兴二年七月己巳条，第980页。

③ 同上书，卷57，绍兴二年八月辛丑条，第994页。

第二节　来自内部的南宋朝廷党争

绍兴二年四月，高宗谕吕颐浩、秦桧二相曰："颐浩专治军旅，桧专理庶务。当如范蠡、大夫种分职。"① 由此引发了吕颐浩与秦桧二位宰相分掌军权与政权，并各自集结党羽争斗不休的历程。高层的内斗使南宋朝廷的中兴之路变得更加迷茫。

关于吕颐浩的外掌军务，就朝廷外部的因素来说，乃是源于右武大夫明州观察使、襄阳府邓隋郢州镇抚使兼知襄阳府桑仲被知郢州霍明杀害之前，曾遣镇抚司书写机宜文字左承事郎潭志至朝廷，称其愿宣力取京师，请朝廷出兵淮南，以为声援。"吕颐浩闻桑仲进兵，乃大议出师，而自督军北向。且言近闻金、伪合兵以窥川、陕。若于来春举兵，必可牵制陕西之急。万一王师逐豫，则彼必震恐，因令韩世忠自西京入关，此亦一奇也。"② 于是，高宗命吕颐浩总师，开府镇江，都督江淮荆浙诸军事。秦桧则于绍兴二年五月提举修政局，专理朝廷行政事务。再从朝廷内部的因素看，吕颐浩的外出督师，也与秦桧之党的刻意所为有关，"时颐浩将谋出师，而秦桧之党亦建言：昔周宣王内修政事，外攘夷狄，故能中兴。今二相宜分任内、外之事"③。对于秦桧奏设的修政局，沈松勤先生有这样的评论："修政局是秦桧扩大政治势力的产物，是其党同伐异的一个重要基地，攻伐的对象是喜用蔡京、王黼门人与材

---

① （宋）李心传：《建炎以来系年要录》第2册，卷53，绍兴二年四月己卯条，第931页。

② 同上书，卷53，绍兴二年四月己卯条，第932页。

③ 同上书，卷53，绍兴二年四月戊子条，第936页。

吏的吕颐浩集团。”① 对于秦桧的所为，高宗颇有觉察，故下诏曰：

朕寤寐中兴，累年于兹。任人共政，治效缺然。载加考绩，登庸二相，盖欲其谋断，协济事功，倚毗眷遇，体貌惟均。凡一时启拟荐闻之士，顾朕拔擢任使之间，随其才器，试可乃已，岂有二哉？尚虑进用之人，才或胜德，心则媚奥，潜效偏私，浸成离间，将见分朋植党，互相倾摇，由辨之不早辨也，可不戒哉？继自今，小大之臣，其各同心体国，敦尚中和，交修不逮。如或朋比阿附，以害吾政治者，其令台谏论列闻奏，朕当严置典刑，以诛其意。②

虽然高宗明确要求吕、秦二位宰相“协济事功”，要求“小大之臣，其各同心体国，敦尚中和，交修不逮”，又特别提出对于“分朋植党，互相倾摇”的忧虑，且严厉警告“朋比阿附，以害吾政治者，其令台谏论列闻奏，朕当严置典刑，以诛其意”，但是，南宋朝廷的上层并未因一纸诏书而停止党争。事实上，围绕着吕颐浩都督军事的权力及其用人，一轮大规模的高层争斗已经登场。

绍兴二年闰四月，吕颐浩提出：“臣今以仆射职事出，凡所措置，乞一切作圣旨行下，续具奏知。”③ 就在高宗许之后数日，已经被辟为都督府参谋官的户部尚书兼侍读李弥大于讲筵留身，直接表达了对吕颐浩督军的异议：“东晋王导、谢安为都督，未尝离朝廷。今边圉幸无他，颐浩不宜轻动。”李弥大不仅拒绝都督府参谋官的新职，更要求“伺察颐浩过失，密以启闻”：

---

① 沈松勤：《南宋文人与党争》，人民出版社2005年版，第28页。

② （宋）李心传：《建炎以来系年要录》第2册，卷53，绍兴二年四月癸未条，第933页。

③ 同上书，卷53，绍兴二年闰四月辛卯朔条，第939页。

己为天子从官，非宰相可辟。乞于诸军悉置军政，如汉朝故事，以察官郎官为之，欲杀其专，自都督府始。陛下必欲遣臣与（傅）崧卿，当别为一司，伺察颐浩过失，密以启闻。[①]

显然，李弥大对吕颐浩的专权甚为不满，对于他提出的伺察过失的要求，高宗认为存在离间君臣之实，故不予采纳，而李弥大也因此改命。紧接着，又因吕颐浩所辟官员除职待遇太优，殿中侍御史江跻特请降旨，“以督府权任至重，特许置随军漕臣一员。又请自今非见任宰相暂出抚师，其所辟僚属，除官进职，不得辄援此例”[②]。这一系列针对吕颐浩都督军事的举动也是朝廷内斗的一部分。

吕颐浩当然也不会因为他人的异议而改变自己的用人计划。绍兴二年五月，兵部尚书兼侍读权邦彦充端明殿学士签书枢密院事，秦桧系的给事中程瑀反对任用权邦彦，认为此人不可用，吕颐浩不听，“吕颐浩与邦彦善，乃荐用之”[③]。八月，直秘阁知鼎州程昌寓复直龙图阁，“昌寓为秦桧所黜，故吕颐浩荐之”[④]。特别是前宰相朱胜非的复出，更是出于吕颐浩的有意为之。《建炎以来系年要录》卷五十六，绍兴二年七月辛巳条把吕颐浩荐用朱胜非的意图说得非常明白：“观文殿学士知绍兴府朱胜非同都督江淮荆浙诸军事。颐浩荐胜非，盖倾秦桧也。”正因为朱胜非复出的意义非同寻常，所以围绕着他的复出，吕颐浩与秦桧集团展开了激烈的正面交锋。“时吕颐浩、秦桧同秉政。桧知颐浩不为时论所与，乃多引知名之士为助，欲倾颐浩而专朝权。”[⑤] 在这次党争中，

---

① （宋）李心传：《建炎以来系年要录》第2册，卷53，绍兴二年闰四月辛卯朔条，第939页。

② 同上。

③ 同上书，卷54，绍兴二年五月辛酉条，第949页。

④ 同上书，卷57，绍兴二年八月癸丑条，第999页。

⑤ 同上书，卷53，绍兴二年四月癸未条，第933页。

胡安国作为秦桧一方的重要人物，其表现十分引人注目。《建炎以来系年要录》卷五十七，绍兴二年八月壬辰条中有如下记载：

> 吕颐浩自江上还，欲倾秦桧而未得其要。过平江，守臣席益谓之曰："目为党可也。然党魁在锁闼，当先去之。"颐浩大喜，乃引胜非为助，故以胜非同都督诸军事。给事中胡安国言："胜非与黄潜善、汪伯彦同在政府，缄默附会，驯致渡江，至今人心，追恨未泯。南狩仓皇，国势岌岌，凡下诏令，当本至公，以收溃散之情，冀安天步，乃尊用张邦昌，结好金国，许其子孙皆得叙录，沦灭三纲，天下愤郁。若谓事由潜善，己不与知，此大事也，亦可从乎？及正位冢司，苗、刘肆逆，贪生苟容，辱逮君父。以此三者观之，胜非忠邪贤否，断可见矣。方今敌伪交窥，不忘东向，沿江都督，极天下之选，用人得失，系国家之安危，深恐胜非上误大计。"①

席益所说党魁即指胡安国。据《朱子语类》卷一三一《中兴至今日人物上》载云："京城破，金欲立张邦昌，执政而下无敢有异议。惟会之（秦桧）抗疏，以为不可。康侯（胡安国）亦义其所为，力言于张德远（张浚）诸公之前。后会之自海上归，与闻国政，康侯属望尤切，尝有书疏往来，讲论国政。康侯有词掖讲筵之召，则会之荐也。"②又《建炎以来系年要录》卷四十九记载："右文殿修撰提举临安府洞霄宫胡安国试中书舍人兼侍讲，秦桧荐之也。"③ 绍兴元年十一月正是吕颐浩引朱胜非为助，以倾秦桧之时，胡安国即于此时历数朱胜非三大

① （宋）李心传：《建炎以来系年要录》第2册，卷57，绍兴二年八月壬辰条，第989—990页。

② 黎靖德编，王星贤点校：《朱子语类》，中华书局1986年版，第3153页。

③ （宋）李心传：《建炎以来系年要录》第2册，卷49，绍兴元年十一月乙未条，第869页。

罪，以忠邪贤否为评判，"深恐胜非上误大计"。虽然高宗亲自对任用朱胜非一事做出解释，但秦桧与吕颐浩并未因此休战：

上亲札，谕以用胜非之意，且谓昨逆傅作乱，而胜非卒调护于内，使勤王之师得以致力。矧今诸将皆同功一体之人，必能为朕克济事功。丁宁虽至，而论者未已。侍御史江跻亦奏胜非不知兵。①

观文殿学士知绍兴府朱胜非提举醴泉观，兼侍读。是日，吕颐浩进呈胜非还任。上曰："胜非入相三日，值刘、苗作乱，当时调护有力，朕岂不知？近因罢同都督，士人疏论，胜非功甚多，惟一二台谏不与。可除在京宫观，留侍经筵。"盖颐浩必欲引胜非，故有此命。颐浩恐胡安国持录黄不下，特命中书门下省检正诸房公事黄龟年书行。安国言："由臣愚陋，致朝廷过举，侵紊官制，隳坏纪纲。孟子曰：有官守者，不得其职则去。臣待罪五旬，毫发无补，既失其职，当去甚明。况胜非系臣论列之人，今朝廷乃称其处苗、刘时，能调护圣躬，即与向来诏旨责词是非乖异。昔公羊氏以祭仲废君为行权，先儒力排其说，盖权宜废置，非所施于君父。春秋大法，尤谨于此。自建炎改元，凡失节者，非特释而不问，又加进擢，习俗既成，大非君父之便。臣蒙睿奖，方俾以《春秋》入侍，而与胜非为列，有违经训，偷贪禄位，不顾旷官，纵臣无耻，公论谓何？"不报，遂卧家不出。②

给事中兼侍读胡安国罢。安国以论朱胜非不从，力求去。胜非皇恐，亦上会稽印，走傍郡，乞奉祠……章十数上，卒不许。吕颐浩言于上，是日，诏安国屡召，偃蹇不至，今始造朝，又数有请，

① （宋）李心传：《建炎以来系年要录》第2册，卷57，绍兴二年八月壬辰条，第990页。

② 同上书，卷57，绍兴二年八月戊戌条，第992—993页。

初言胜非不可任以同都督，改命经筵，又以为非，岂不以时方艰难，不肯致身尽瘁，乃欲求微罪而出，其自为谋则善矣，百官象之，又如国计何？可落职提举建昌军仙都观。右仆射秦桧三上章乞留安国，不报，遂家居不出。①

右相秦桧三上章乞留公，不报。即解相印去位。侍御史江跻上疏极言胜非不可用，胡某不当责。右司谏吴表臣上疏言："胡某扶疾见君，亦欲行其所学，今无故罪去，非所以示天下也。"奏皆寝。颐浩即排桧，黜给事中程瑀、起居舍人张焘及跻等二十余人，云"应天变除旧布新之意"。台省一空，胜非遂相。②

在这场秦桧与吕颐浩的派系斗争中，吕颐浩一方因得到高宗的支持而获胜。八月甲寅，尚书右仆射同中书门下平章事兼知枢密院事秦桧被贬为观文殿学士提举江州太平观。九月戊午，秦桧落职。"时言者论陛下愤中国之未振，付桧以内修之事，而桧不知治体，信任非人，不以宽大之政，辅陛下仁厚之德，乃以苛刻为务，事图灭削，过为裁抑，人心大摇，怨讟在路。又引用程瑀等，布列要路，党与既植，同门者互相借誉，异己者力肆排摈。桧为宰相，兼此二罪，尚何俟而不谴之乎？"③与秦桧的去职同步，九月乙丑，观文殿学士左宣奉大夫提举醴泉观兼侍读朱胜非守尚书右仆射，同中书门下平章事。朱胜非取代秦桧为相，宣告了吕颐浩一系在绍兴二年南宋朝廷党争中的胜利。然而，这并不意味着南宋朝廷的中兴之路就此成为坦途。

① （宋）李心传：《建炎以来系年要录》第2册，卷57，绍兴二年八月戊申条，第996—997页。

② （宋）胡寅：《先公行状》，容肇祖点校《崇正辩　斐然集》，中华书局1993年版，第551—552页。

③ （宋）李心传：《建炎以来系年要录》第2册，卷58，绍兴二年九月戊午条，第1003页。

吕颐浩与秦桧不谐，故引朱胜非还朝以抗之。秦桧既去，吕颐浩当权，其施政路线自然与秦桧所倡和议相异。建炎四年十月，秦桧自金还南宋，十一月至行在，即提出宋金议和的建议，“桧言：‘如欲天下无事，须是南自南，北自北。’遂建议讲和，且乞上致书左监军昌求好”①。宋人李心传认为，议和乃是秦桧政治的特色，且对南宋朝廷的政策取向产生了重要影响：“始朝廷虽数遣使，然但且守且和。而专与金人解仇议和，盖自桧始。”② 绍兴二年八月，随着吕颐浩与秦桧斗争的白热化，议和也就必然成为吕颐浩集团攻击秦桧的靶子：

> 殿中侍御史黄龟年因劾桧专主和议，沮止国家恢复远图，且植党专权，渐不可长。桧即上章辞位，上未许。前一日，颐浩与参知政事权邦彦留身上前，复言桧之短。上乃召兵部侍郎兼直学士院綦崇礼入对，出桧所献二策，大略欲以河北人还金，中原人还刘豫，如斯而已。上谓崇礼曰：“桧言南人归南，北人归北，朕北人，将安归？又桧言：‘臣为相数月，可使耸动天下。’今无闻。”崇礼请御笔付院，上即索纸书付崇礼。崇礼退，未至院而麻制已成。翌日，制责桧曰：“自诡得权而举事，当耸动于四方。逮兹居位以陈谋，首建明于二策，罔烛厥理，殊乖素期。念方委听之专，更责寅恭之效，而乃凭恃其党，排摈所憎，岂实汝心，殆为众误。顾窃弄于威柄，虑或长于奸朋。”③

议和是秦桧罢相的重要原因之一，与之相对，吕颐浩集团以恢复为

① （宋）李心传：《建炎以来系年要录》第1册，卷39，建炎四年十一月丙午条，第734页。

② 同上书，卷39，建炎四年十一月丁未条，第735页。

③ （宋）李心传：《建炎以来系年要录》第2册，卷57，绍兴二年八月甲寅条，第999—1000页。

其旗帜。绍兴二年五月，吕颐浩一方的端明殿学士签书枢密院事权邦彦就曾献十议以图中兴。绍兴二年八月发生了南宋通问使朝奉郎王伦自金国还朝的事件，这就意味着金廷先前的一意灭宋的态度发生变化，南宋朝廷也因此面临和与战的新抉择。“始，朝廷遣人使敌，自宇文虚中之后，率募小臣，或布衣借官以行。如伦及朱弁、魏行可、崔纵、洪皓、张邵、孙悟辈，皆为所拘。既而金左副元帅宗维在云中，遣都点检乌凌阿思谋至馆中，具言息兵议和之意，俾伦南归，须使人往议。宗维贻上书，略云：‘既欲不绝祭祀，岂肯过于吝爱，使不成国？’于是皓、弁皆得以家问附伦而归。”[①] 九月，王伦至行在，南宋方面再遣使者赴金，以左迪功郎潘致尧为左承议郎假吏部侍郎，为大金奉表使、兼军前通问，秉义郎高公绘为武经郎假武功大夫忠州刺史，副之。又命王伦作书与其近臣耶律绍文。值得注意的是，吕颐浩把这次新任使者遣金的目的定位为“再遣使人，以骄敌意”[②]，即遣使不是为缔结和议，乃是为了骄敌，对于吕颐浩来说，恢复仍然是第一位的。《建炎以来系年要录》卷六十，绍兴二年十一月己巳条有这样的记载：

> 尚书左仆射吕颐浩屡请因夏月举兵北向，以复中原，且谓人事天时，今皆可为。何者？昨自维扬之变，兵械十亡八九，未几，敌分三路进寇，江、浙兵皆散而为盗。自陛下专意军政，拣汰其冗，修饬器甲，今张浚军三万，有全装甲万副，刀枪弓箭皆备。韩世忠军四万，岳飞军二万三千，王瓔军一万三千，虽不如浚之军，亦皆精锐。刘光世军四万，老弱颇众，然选之亦可得其半。又神武中军杨沂中、后军巨师古，皆不下万人，而御前忠锐，如崔增、姚端、

① （宋）李心传：《建炎以来系年要录》第 2 册，卷 57，绍兴二年八月癸卯条，第 995 页。

② 同上书，卷 58，绍兴二年九月辛酉条，第 1004 页。

张守忠等军亦二万。臣上考太祖之取天下，正兵不过十万，况今有兵十六七万，何惮不为？且向者邵清扰通、泰，张琪劫徽、饶，李成破江、筠，范汝为据建、剑，孔彦舟、马友、曹成等为乱于江湖，朝廷枝梧不暇，今悉已定。又自敌之南牧，莫敢婴其锋者。近岁张俊获捷于四明，韩世忠扼于镇江，陈思恭击于长桥，而张荣又大捷于淮甸，良由敌贪残太甚，天意殆将悔祸。又敌以中原付之刘豫，而豫烦碎不知国体，三尺童子，知其不能立国，事固可料。观宇文虚中密奏，虽未可尽信，然敌骑连年不至淮甸，必有牵制，则天意盖可见矣。今韩世忠已到行在，臣愿睿断早定，命世忠、张俊与臣等共议，决策北向。令世忠由宿、泗，刘光世由徐、漕以入，又于明州留海船三百只，令范温、阎皋乘四月南风北去，径取东莱。此数路皆有粮可因，不必调民馈运。大兵既集，豫必北走。所得诸郡，就择土豪为守。敌举兵来争其地，则彼出我入，彼入我出，扰之数年，中原可复。况今之战兵，其精锐者皆中原之人，恐久而销磨，异时势必难举，此可为深惜者也。

吕颐浩分析敌我双方的现状，认为南宋内部的变乱者“今悉已定”，作战部队的军备、军力已经具有抗衡敌方的可能性。敌方则刘豫“烦碎，不知国体”，金人“必有牵制”。南宋朝廷正当确定“决策北向”的行动，以求达到“扰之数年，中原可复”的目标。不过，从史书的记载来看，吕颐浩一系的恢复主张并未能在绍兴二年得以实施。事实上，在当时的南宋朝廷，自上而下都还不具备在这一年大举北伐的信念和实力。这种疑虑首先来自高宗。绍兴二年九月，就在朝廷再遣人使金不久，高宗与吕颐浩有这样一段对话：

吕颐浩言：“得张浚申，今岁措置川蜀有备，诸将之兵分道守险，敌来难犯。闻夏国屡遣人来吴玠、关师古军中。金人与夏国颇睽，可令浚常通问夏国。”上曰：“此与今来欲讲和事相妨否?”上又曰：“浚孜孜为国，人多称誉，但闻蜀中士民流怨，人情不喜，盖军兴累年，赋调征役，不无骚动，缓急恐浚失助。”①

吕颐浩屡屡请求出兵北向，又欲令张浚常通问夏国，为北伐金国做先期准备，其指向性非常明确。高宗则疑虑这样的行为是否会妨碍宋金讲和，又顾虑张浚军兴累年，扰民失助。可见，此时南宋君臣之间在战与和这个问题上尚未达成完全的一致。既然高宗尚且处于犹豫之中，那么吕颐浩所说的“决策北向”之事当然也就难有定论。绍兴二年十月，受到吕颐浩大力荐举的朱胜非奏上经营淮北，擒刘豫、定中原之策：

尚书右仆射朱胜非上经营淮北五事。一，谓国家屯军二十万，月费二百万缗，倘无变通，必致坐困。逆豫方行什一税法，聚以资敌，若王师不出，豫计得行。今当渡江，取彼所积，以实边圉。淮南既实，民力自宽。二，谓逆豫招到淮北山寨，及知名贼二十六项，所以然者，彼谓官军不敢出，逆贼能骤来耳。宜分为三军，声言取徐、邳，而实取淮阳；声言趣京师，而实取陈、蔡；声言入滨海，而实取青、密。使逆豫闻之，必分兵拒守，然后大军出庐、寿，直捣宋、亳，豫必成擒矣。三，虑贼并力南寇。今敌使既行，未有要约，不若先破豫兵，去其一助。四，大军一出，所得金帛，当明谕将帅，悉以赏军。五，淮北有土豪助顺者，就以为守将，俾自为备，则兵势益张。如此则不三二年，中原可定。②

---

① （宋）李心传：《建炎以来系年要录》第2册，卷58，绍兴二年九月丙寅条，第1006页。

② 同上书，卷58，绍兴二年九月丙辰条，第1027页。

朱胜非所上经营淮北五事的目标直指擒刘豫、定中原，这与吕颐浩的主张是一致的。十一月，高宗对此做出回应，要求朝臣展开讨论："上谕辅臣曰：'自昔中兴，岂有端坐不动于四方者？将来朕抚师江上，朕观周宣王修车马、备器械，其《车攻》复古一篇可见。若汉世祖起南阳，初与寻、邑之战，以少击众，大破昆阳；其下如唐肃宗虽不足道，能用郭子仪、李光弼以复王室。朕谓中兴之治，无有不用兵者。卿等与韩世忠曲折议此否？如朝廷细事，姑付有司，卿等当熟讲利害。朕前日与世忠论，至晚膳过时，夜思至四更不寝。朕与卿等固有定议，昨日批出，可更召侍从，日轮至都堂，给札条对来上，朕将参酌，以决万全。'"① 在群臣中，固然不少陈情慷慨、主张出兵北讨者，但也不乏冷静分析形势、认为当下宜守不宜战者。如礼部尚书洪拟的意见便与吕颐浩等激进者不同，他对家人说："吾知迎合可取高位，然岂以一身之故误国事耶？"他对现实和用兵都持谨慎的态度：

> 国势强则战，将士勇则战，财用足则战，我为主彼为客则战。陛下前年幸会稽，今年幸临安，兴王之居未定，如唐肃宗之在关中，光武之在河内也。又迩者诸将虽有邀击小胜，未见雷合电发，以取大捷。又江、浙农耕未尽复，淮甸盐筴未尽通，平日廪给尚艰，缓急将何以济？又千里馈粮，士有饥色。今使千里出战，则彼逸我劳。凡此皆可以言守，未可以言战也。②

与洪拟的谨慎相似，尚书右司员外郎李与权则对军队的实际作战能力进行分析，提出简练训习的必要性："今兵势稍振，然所试亦不过锄平寇盗群饥乌合之众而已。若不简练，恐未能以临大敌。望用古今上、

① （宋）李心传：《建炎以来系年要录》第2册，卷60，绍兴二年十一月壬申条，第1035—1036页。

② 同上书，第1036页。

中、下驷之法，立为三等：壮勇武艺精熟者为上，壮勇可教艺者为中，仅能披戴者为下。赐赉请给，各视其等。如此则上兵得逞，不混于不能者之间；中兵欣羡，亦复勤于训习；下兵执役，不增招其额，非独省费，亦激劝之道。”① 由此看来，当时的具体情况决定了南宋朝廷的北伐恢复之策必然会引发各方面的激烈争论。

从继之而来的绍兴三年敌我双方的争斗实际来看，南宋朝廷北向进兵，以图恢复的条件在绍兴二年确实还不成熟，伪齐带给南宋的困扰、南宋朝廷内部的党争以及作战部队的实际情况都使中兴之路无法一蹴而就。所以，绍兴二年的中兴之论主要还停留在朝臣的奏疏与争论之中，没有采取大规模的实际行动。

① （宋）李心传：《建炎以来系年要录》第2册，卷61，绍兴二年十二月己亥条，第1050页。

第七章　绍兴三年南宋朝廷和战无果的局势

绍兴三年，南宋朝廷的总体对敌策略在战与和之间徘徊，“大臣各徇己见，致和、战未有定论”①，无论是战还是和，都未取得实质性的最终的成果。就战的方面来看，襄阳镇抚使李横率部多次进兵伪齐，光复宋地，声言“起兵抚定，克复神京”②。朝廷诏同都督江淮荆湖诸军事孟庾、淮东宣抚使刘光世、江东宣抚使韩世忠措置声援，但终因李横乌合之众不敌伪齐与金兵合力攻击，加之韩世忠与刘光世的内斗，北进恢复以失利告终。就和的方面来看，绍兴二年八月，通问使朝奉郎王伦自金国还，带来金人息兵议和之意。九月，以左迪功郎潘致尧为左承议郎假吏部侍郎，为大金奉表使兼军前通问，秉义郎高公绘为武经郎假武功大夫忠州刺史副之，出使金国。绍兴三年五月壬戌，潘致尧、高公绘奏上金人欲遣重臣以取信的信息，南宋朝廷遂转向议和，以战求恢复的政策让位于和谈。但金宋双方最终无法达成议和的条件，“金所议事，朝廷皆不从”③。这一年南宋朝廷的和与战皆无果。

---

① （宋）李心传：《建炎以来系年要录》第2册，卷66，绍兴三年六月丁亥条所引同签书枢密院事韩肖胄之言，第1112页。

② 同上书，卷63，绍兴三年二月庚戌条，第1074页。

③ 同上书，卷72，绍兴四年正月乙卯条，第1199页。

第一节　求恢复而无功

进入绍兴三年，南宋与伪齐的交战不断。就南宋一方来看，最引人注目的是李横的北进。绍兴二年三月戊戌，右武大夫明州观察使襄阳府邓隋郢州镇抚使兼知襄阳府桑仲为知郢州霍明所杀，其副都统制李横率其兵缟素围郢，霍明败而奔逃，横遂并将郢州军。六月，南宋朝廷任李横为襄阳府郢州镇抚使兼知襄阳府。十二月，李横败伪齐于扬石店，遂复汝州。绍兴三年正月，李横破颍顺军，降伪齐知军事拱卫大夫明州观察使兰和。其后二日，再败伪齐兵于长葛县，继之复颍昌府。与李横进兵伪齐相呼应，右武大夫和州防御使添差郑州兵马钤辖牛皋、武德大夫知汝州彭玘以所部军兵与李横会合。绍兴三年二月，李横升任神武左副军统制京西招抚使，声言北进恢复，请求朝廷声援："臣已起兵抚定，克复神京。请命重兵宿将，进屯淮西，按兵勿动，以扬声援。"①

从当时宋金对立的形势来看，双方的较量主要在川陕一线，武节大夫贵州刺史权商虢陕州镇抚使董震即云："今山东富庶如昔，金人重兵亦不在彼。望朝廷乘此机会，兴师深入，可以破伪齐之巢穴，兼牵制金人取四川之兵矣。"② 也就是在这样的形势下，朝廷在李横奏请声援后，遂下诏遣同都督江淮荆湖诸军事孟庾、淮东宣抚使刘光世、江东宣抚使韩世忠措置该事项。刘光世遣统制官郦琼等以万人屯泗州，为李横声

① （宋）李心传：《建炎以来系年要录》第2册，卷63，绍兴三年二月庚戌条，第1074页。

② 同上书，卷64，绍兴三年四月丁亥条，第1085—1086页。

援。于是李横传檄诸军收复东京，其文曰："伪齐僭号，自速剪平，国运中兴。王师已进，西压淮、泗，东接海、沂，驲骑交驰，羽书叠至。我则兼收南阳智谋之士，提大河忠孝之人，仗义以行，乘时而动。""金、商之兵出其先，荆湖之师继其后。若能纳款，则悉仍旧贯；执迷不悟，则后悔难追。"[①] 对于李横的行为，"朝廷嘉之。后五日，诏横自武功大夫袁州防御使特迁右武大夫忠州观察使"[②]。当李横收复颍昌的捷报奏至朝廷，"诏李横再进翊卫大夫，加赐空名告身二百，令京西山寨并听横节制"[③]。"时朝廷方嘉横敢勇向前。命横等直至京城，或径往长安，与宣抚司夹击。"[④] 李横进师，朝廷议遣大将。以刘光世兵不练，而韩世忠忠勇，故召见而使之充淮南东路宣抚使，泗州置司。四月壬子，"诏韩世忠全军渡淮，毋失机会"[⑤]。从这些历史记载看，此期南宋朝廷是以恢复为基本目标的。

对于李横的威猛来势，伪齐刘豫也极为紧张。绍兴三年正月，刘豫得知李横引兵至颍昌城下，急遣先锋将董先拒之。得知李横已入颍昌，再遣使诣金左副元帅宗维，请求援助。绍兴三年三月，为迎战李横，刘豫遣其大将李成以二万人当之，金人则遣左都监宗弼以应之，在金、伪齐的合力攻击下，牛皋败去，李横等军无甲，皆败走南奔，颍昌复陷。四月，伪齐大将李成率众二万攻虢州，陷之，权镇抚使董先率余兵二千奔襄阳。继之梁、卫之地悉沦伪境。河南镇抚使翟琮屯伊阳之凤牛山，被伪齐所逼，孤立不能敌，亦率部曲突围奔襄阳。十月，伪齐陷邓州。襄邓随郢等州镇抚使李横弃襄阳奔荆南，知随州李道闻之，亦弃城而

---

① （宋）李心传：《建炎以来系年要录》第2册，卷63，绍兴三年三月甲子条，第1079页。

② 同上书，卷63，绍兴三年三月甲子条，第1080页。

③ 同上书，卷63，绍兴三年三月己巳条，第1080页。

④ 同上书，卷65，绍兴三年五月丙辰条，第1100页。

⑤ 同上书，卷64，绍兴三年四月壬子条，第1097页。

去。伪齐遂引兵犯郢州，守将李简亦弃城去。伪齐将王彦先自亳州引兵至北寿春，陈兵淮上，有南渡之意。十二月，南宋朝廷诏李横、翟琮、董先、李道、牛皋并听岳飞节制，以图后效。

绍兴三年，南宋朝廷求恢复而无力，其原因是多方面的。就当时北进的形势来看，可谓孤立艰难。亲历北伐的权河南镇抚使翟琮、权陕虢经略使董先所言即可说明这一点："今岁臣等首同李横东击伪齐，京城震恐，复以无援，引兵而归，思之痛迫。臣等所管之地，东至郑州，西至京兆，南涉伪境，北临大河，亦得两国虚实，但西南去宣司三千余里，东南去行在四千余里，外无应援，内乏粮储，势力孤绝。"① 南宋虽有恢复之志，无奈内外交困，实难有所作为。再就当时李横所率军队与敌方力量的对比及李横去襄阳而求北进的这一路径来看，其自身也存在着很大的问题。绍兴三年五月，时为江西安抚大使的赵鼎专就此上奏云：

> 襄阳居江、淮上流，乃川、陕襟喉之地，以横镇抚，诚为得策。今闻横、皋共起兵往东京，又闻伪齐亦会金人，及遣李成领众西去，恐缘此纷扰不定。横乌合之众，将不能御，则决失襄阳，川陕路绝，江湖震动，其害可胜言哉？近有自襄阳来者，言横正缘乏食，兼无衣，则其出兵，固非得已。望诏有司时有资给，使横衣食足，则不假他图。然后责其守疆待敌，不得因小利出兵，则可久之计矣。②

赵鼎的上奏涉及三大问题：一是襄阳乃川陕襟喉之地，其地理位置极为重要，李横、牛皋起兵往北，如有闪失，则襄阳一失，川陕路绝，

---

① （宋）李心传：《建炎以来系年要录》第2册，卷65，绍兴三年五月己未条，第1102页。

② 同上书，卷65，绍兴三年五月丙辰条，第1100页。

江湖震动；二是伪齐会金人共同应战，李横难以抵御；三是李横所率部队本身就是乌合之众，出兵本非得已，乃是为摆脱乏食无衣的状况。基于此，赵鼎提出了“使横衣食足”“守疆待敌”的建议。史称“上览鼎奏，始忧之”①。

赵鼎称李横军队为乌合之众是有依据的。李横弃襄阳之时，自己就曾说过：“我有乌合之众，所至自谋衣食，人皆谓我为贼。”② 又李心传《建炎以来系年要录》卷六十三，绍兴三年三月己巳条记载李横败于金齐的事件说：“横等军本群盗，虽勇而无纪律，见敌所遗子女金帛，乃纵掠数日，置酒高会。敌闻而易之。”以这样的军队，欲其承担起北进恢复的使命，实在也是难上加难。诚如吕祉所言：“乌合之众不拣不练，失古军伍结心之法。寻常讨捕草寇溃兵，则有子女玉帛之利，而倚恃诸将威力，故所向无前。若当大敌，臣恐未必如是之锐，盖非所谓仁义之兵，节制之师也。”③ 加之朝廷所遣声援北伐的韩世忠、刘光世也是一直交争不休，绍兴三年九月，殿中侍御史常同论吕颐浩十大罪中，第七条就是：“近两将不协，几至交兵，不能辨曲直以申国威，而姑息之。”④ 常同的指责虽然是指向吕颐浩的，但其内容则凸显了韩、刘两将内斗的严重性。因此，在这样的背景下，要取得北伐的成功几乎是不可想象的。

---

① （宋）李心传：《建炎以来系年要录》第2册，卷65，绍兴三年五月丙辰条，第1100页。

② 同上书，卷69，绍兴三年十月癸卯条，第1172页。

③ 同上书，卷68，绍兴三年九月壬戌条，第1149—1150页。

④ 同上书，卷68，绍兴三年九月戊午条，第1146页。

第二节　就议和而无果

绍兴三年五月壬戌，出使金国的潘致尧、高公绘回到南宋朝廷，带来了金人欲遣重臣以取信的消息。南宋朝廷在派出尚书吏部侍郎韩肖胄为端明殿学士同签书枢密院事充大金军前奉表通问使、给事中胡松年试工部尚书充副使的同时，也随之推出了一系列措施，表明其对外政策已发生重要的转变：

时吕颐浩已定议出师，而恐与和议相妨，事遂中止。①

枢密院言，已遣使诣大金议和，恐沿边守将，辄发人马，侵犯齐界，理宜约束。诏出榜沿边晓谕，如敢违犯，令宣抚司依法施行。②

诏淮南宣抚司统制官解元以所部留屯泗州。朝廷既遣韩肖胄等行，乃俾元退屯盱眙，且戒以勿侵齐地。③

时朝廷闻李横失利，乃诏横等逐镇屯驻，非奉朝旨，毋得进兵。④

诏沿淮诸寨乡兵，毋得辄擅侵扰齐国界分，用枢密院请也。⑤

诏金来议和，与往日不同，更不发遣北人，令内外诸军帅分明说谕。⑥

① （宋）李心传：《建炎以来系年要录》第2册，卷65，绍兴三年五月壬戌条，第1102页。

② 同上书，卷65，绍兴三年五月乙亥条，第1106页。

③ 同上书，卷65，绍兴三年五月乙亥条，第1108页。

④ 同上书，卷65，绍兴三年五月庚辰条，第1109页。

⑤ 同上书，卷70，绍兴三年十一月乙丑条，第1182页。

⑥ 同上书，卷70，绍兴三年十一月丙寅条，第1182页。

诏北使经由州军，权避金国讳旻、晟二字。[①]

北向出师因与和议相妨而中止，约束人马、勿侵齐地则被反复强调，甚至要避金国皇帝之讳。可以说，南宋朝廷已经为和议做好了准备。的确，韩肖胄、胡松年的这次出使不同于以往。绍兴三年十一月，当韩、胡出使归来之际，同时前来的还有金国的使人九名，这在以前是不曾有过的事情。“自上即位，遣人入金，六七年未尝报聘。至是左副元帅宗维始遣安州团练使李永寿、职方郎中王翊等九人与肖胄偕来。”[②]这种不寻常使得南宋朝廷对于议和的期许更大，故即时下诏，令刑部员外郎潘致尧、浙西兵马都监高公绘接伴，兵部侍郎赵子画、右武大夫忠州防御使提举台州崇道观杨应诚馆之。金国使人所至诸郡，守、贰皆须出城送迎。淮南漕臣郭康伯、马承家随行应副事务。又别遣文臣二员传旨，抚问于扬州及平江。十二月己酉，金国元帅府议事官安州团练使银青光禄大夫李永寿、朝散大夫尚书职方郎中王翊至南宋朝廷入见，李永寿请求归还伪齐之俘及西北士民之在东者，且欲划江以增益刘豫。由于金提出的条件太过苛刻，南宋朝廷无法接受，遂派遣龙图阁学士枢密都承旨章谊为大金军前奉表通问使、给事中孙近副之，与金国使者李永寿、王翊等俱北还。“时金所议事，朝廷皆不从，乃遣谊等请还两宫及河南地，命右文殿修撰王伦作书于金左副元帅宗维所亲耶律绍文、高庆裔，且以《资治通鉴》、木棉、虔布、龙凤茶遗之。”[③] 至此，绍兴三年的议和亦无果而终。

对于南宋朝廷来说，绍兴三年无论是战是和，其条件都不成熟。朝臣们也奏疏不断，其共同的观点就是“和议乃权时之宜，以济艰难。他

① （宋）李心传：《建炎以来系年要录》第2册，卷70，绍兴三年十一月戊辰条，第1182页。

② 同上书，卷70，绍兴三年十一月甲子条，第1180页。

③ 同上书，卷72，绍兴四年正月乙卯条，第1199页。

日国步安强，军声大振，理当别图”①。在这方面，翰林学士兼侍读綦崇礼的《面对第一札子》《面对第二札子》尤具典型性。其第一札子着重推断伪齐刘豫在此次议和中所扮演的角色：

> 臣观近者金人议和，托言刘豫所请。虽敌情叵信，然而中原残破，民力困瘁，不堪驱役，豫、麟父子特倚金人为重，以拒王师。如闻敌自有故，且倦于南牧，则议出于豫，欲款吾问罪之举，延旦夕之命，理亦或然。今敌人遣使先至豫所乃来，而所持书辄有封疆之画，其为豫计无疑。陛下灼见其情，报书曲折，事理详尽，固应夺其狡谋，破其奸胆，不复敢肆桀骜，庶能听顺，以定和约。然而犹可虑者，万一负恃强敌，尚怀逆图，必欲窥吾境土；或恐稽留使人，呼敌骑以来邀胁，则吾可以不为之备乎？今已过防秋，且远近传闻通使，人情恐便舒缓。臣愚欲望圣慈申戒沿江将帅明远斥候，防扼险要，选练士卒，日训于师，常如遇敌，以为先事之备，庶无后悔。苟和议遂成，亦未可以弛备，况今日耶？②

既然和议因刘豫而起，綦崇礼便在分析敌方“豫、麟父子特倚金人为重，以拒王师”的情形，以及我方“远近传闻通使，人情恐便舒缓”的现状后，提出无论和议前景如何，都不可倚和高卧，而必须“为之备”，“未可以弛备”。其《面对第二札子》主要阐发和议乃权时之宜的思想：

> 臣伏观陛下惩强敌之侵凌，念两宫之阻远，不惮卑词以通使，屈已以议和，上以为宗庙社稷灵长之计，下以息海内元元战伐之苦。至诚交感，异类革心，甚盛德也。然以臣愚私窃度之，如陛下神圣之

① （宋）李心传：《建炎以来系年要录》第2册，卷66，绍兴三年六月丁亥条引同签书枢密院事韩肖胄所言，第1112页。

② 《全宋文》第167册，卷3651，第355页。

资、英武之略，内有拨乱之志，而乃郁郁居此，忍自卑屈，以求成请好，岂得已哉？徒以事势未竟，国步未夷，生民未安，故为计出此，庶几天诱其衷，还我二圣，休兵蓄力，徐为后图；非谓旧事可忘，中国可弃，敌情可信，能恃以久安也。然则约和之后，便欲高枕而卧，得乎？仰惟圣志，固将大有所为，兴起庶政，观时俟衅，期复旧业，不唯苟纾目前之急而已。臣愿陛下坚坐薪尝胆之志，励宵衣旰食之勤。深诏大臣简贤能、慎名器、明殿最、严赏罚；申饬百执事之列，下至州县之吏，各修厥官，毋敢偷堕。革因循之弊，去苟且之习，要使人人公心为国，诚意在民，而无养资尸禄，计日待迁之患，则众治举矣。于是生财积谷，缮甲治兵。啬用度，宽赋敛，以实民力；汰冗弱，精选练，以作士气。日伸月长，假以岁年，一旦起而用之，则大计可图，成功可必也。顾惟今日权宜之议，所利在此。昔周宣复古，盖以内修政事，外攘夷狄；越之报吴，亦曰“十年生聚，十年教训”。兹非往事之明验，而陛下之所熟闻者乎?①

綦崇礼把“卑词以通使，屈已以议和”的行为定位为“事势未竟，国步未夷，生民未安”的大形势下的权宜之举，而以“坚坐薪尝胆之志，励宵衣旰食之勤”，最终“观时俟衅，期复旧业”为目的。

总体来说，绍兴三年对于南宋朝廷来说，是一个进退皆难的年头。朝廷对外的战与和的种种努力都因为各种因素而无果。虽然“先振国威，则和战常在我；若一意议和，则和战常在彼”② 早已为朝廷上下所熟知，但就当时国家的具体情况来看，“和议乃权时之宜，以济艰难。他日国步安强，军声大振，理当别图”也是不得已的选择。

---

① 《全宋文》第167册，卷3651，第356页。

② （宋）李心传：《建炎以来系年要录》第2册，卷71，绍兴三年十二月己酉条引殿中侍御史常同所言，第1196页。

第八章　从绍兴四年朝臣奏疏看南宋朝廷的对敌之策

绍兴四年可以说是南宋朝廷初步扭转时局的一年，李心传在其《建炎以来系年要录》卷一百六中引吕中《大事记》即称：“自绍兴四年赵鼎为相，伪齐与金分道入犯，鼎决亲征之议。于是，（韩）世忠进屯扬州，流星庚牌之计一行，遂捷于大仪镇，而金、伪俱遁矣。鼎又荐（张）浚可当大事，以枢府视师江上，将士见浚来，勇气百倍，而军声大作矣。”① 绍兴四年九月，伪齐刘豫遣其知枢密院事卢伟卿见金主晟，求其出兵，声称“假兵五万下两淮，南逐五百里，则吴越又将弃而失之，货财子女，不求而得。然后择金国贤士或有德者，立为淮王，王盱眙，使山东唇齿之势成，晏然无南顾之患，则两河自定矣。青、冀之地，古称上土，耕桑以时，富庶可待，则宋之微赂，又何足较其得失！”于是，金“以宗辅权左副元帅、右监军昌权右副元帅，调渤海汉儿军五万人以应豫”。“又以左都监宗弼尝过江，知地险易，使将前军。宗辅下令，燕、云诸路汉军，并令亲行，毋得募人充役。豫遂命其子伪诸路大

① （宋）李心传：《建炎以来系年要录》第3册，卷106，绍兴六年十月甲辰条所引，第1721页。

总管、尚书左丞相、梁国公（刘）麟领东南道行台尚书令，合兵来寇。”[①] 对于这次大事变，南宋朝廷从一开始的“谍报至，举朝震恐。或劝上它幸，议散百司”[②]，到“士气大振，捷音日闻”[③]，“将士致勇争先，至于诸路守臣，亦翕然自效”[④]，最终于绍兴四年十二月挫败金与伪齐联军。从绍兴四年九月到十二月，短短的四个月只是战事的进程，而在此前后朝廷所采取的对金、对伪齐的不同政策，则对战争的走向产生了重要的影响。本章即结合绍兴四年朝臣的奏疏，从切割金与伪齐、观时俟衅、整顿内部几个方面对南宋朝廷的对敌之策进行探讨，以期更深入地了解宋伪齐、宋金力量对比逐步转变的过程。

第一节　先擒刘豫以定金人

建炎四年七月，金人册封刘豫为伪齐皇帝。紧接着，刘豫依仗金人势力，从政治、外交、军事各方面展开了一系列针对南宋的破坏性活动。

就外交上看，伪齐刘豫为巩固其境土及地位，极力倚靠金人，与南宋朝廷争夺利益。本来，高宗自即位以来，多次遣使入金无果，直到绍兴三年十二月才等到金人遣李永寿、王翊作为使人入宋。南宋朝廷对于金人的来使寄予期望，极为重视，但金使与南宋谈判的重要议题就涉及伪齐的利

---

① （宋）李心传：《建炎以来系年要录》第2册，卷80，绍兴四年九月乙丑条，第1312页。

② 同上书，第1313页。

③ 同上书，卷82，绍兴四年十一月戊午条，第1349页。

④ 同上书，卷83，绍兴四年十二月乙未条，第1367页。

益。如李永寿既请还伪齐被俘者及西北士民留在东南者，又请划江以增益刘豫的地盘。如此苛刻的条件是南宋朝廷无法接受的，作为回应，南宋朝廷派出章谊、孙近出使，请求金国归还两宫及河南地。绍兴四年九月，刘豫发布南犯的诏令，其中就表现出对南宋朝廷的极端仇视之情：

> 朕受命数年，治颇有叙。永惟吴、蜀、江、湖，皆定议一统之地，重念生民久困，不忍用兵，故为请于大金，欲割地封之，使保赵氏之祀。大金以元议绝灭，但欲终其伐功，力请逾坚，方见听许。岂期蔑弃大德，乃敢伪遣使聘，密期吞噬。是用遣皇子麟，会大金元帅大兵，直捣僭磊，务使六合混一。①

刘豫一则声称“吴、蜀、江、湖，皆定议一统之地”，二则狂言“欲割地封之，使保赵氏之祀”，三则指斥南宋朝廷请还河南地的行为是“伪遣使聘，密期吞噬”。可以说，充斥于刘豫诏书中的是深刻的仇恨和极度的蔑视。除公然挑衅南宋朝廷之外，伪齐还接受其侍御史卢载扬有关结南蛮，扰川、广的策谋，南通交趾，结连溪洞，“遣通判齐州傅维永及募进士宋囦等五十余人，自登州泛海入交趾，册郡王李阳焕为广王，且结连诸溪洞酋长”。“俾财赋不入于二浙。”② 伪齐种种针对南宋的活动，只有一个目的，那就是务使南宋“穷且迫”，“必鱼烂而亡”。③

从政治和军事上看，刘豫自即位之日起，便以张邦昌伪楚傀儡政权灭亡、张邦昌被赐死为前车之鉴，所谓“北面奉符玺，退而复辟，犹且为齑粉。况又甚焉者哉”④，由此而选择了与南宋朝廷对抗到底的路线。

---

① （宋）李心传：《建炎以来系年要录》第2册，卷80，绍兴四年九月乙丑条，第1313页。

② 同上书，卷68，绍兴三年九月乙卯条，第1144页。

③ 同上。

④ 同上书，卷78，绍兴四年七月丁丑条引伪奉议郎罗诱所言，第1285页。

所以“豫大索宋宗室，承务郎阎琦匿之，豫杖死琦”。“国信副使宋汝为以吕颐浩书勉豫忠义，豫曰：‘独不见张邦昌乎？业已然，尚何言哉？’”“博州判官刘长孺以书劝豫反正，豫囚之十旬。”“沧州进士邢希载上豫书乞通宋朝，豫杀希载。”[①] 为与南宋抗衡，刘豫一方面紧紧依恃金人，建言金人“择金国贤士或有德者，立为淮王，王盱眙，使山东唇齿之势成，晏然无南顾之患，则两河自定”[②]，这一策谋无疑是对南宋的致命打击。假如金人将这一建议付诸实施，那对于国土日蹙的南宋来说，必定会造成大灾难。另一方面，刘豫又联结南宋内部的叛乱分子，利用其力量给南宋朝廷造成巨大的压力。如李成本来就起于江淮群盗，“绍兴元年，帝（高宗）至会稽。时金人残乱之余，孔彦舟据武陵，张用据襄汉；李成尤悍，强据江、淮、湖湘十余州，连兵数万，有席卷东南意，多造符谶蛊惑中外，围江州久未解，时方患之。范宗尹请遣将致讨，（张）俊慨然请行，遂改江、淮路招讨使”。“俊亲冒矢石，帅众攻险，贼众数万俱溃，马进为追兵所杀，成北走降刘豫。”[③] 其后，“伪齐遣李成挟金人入侵，破襄阳、唐、邓、随、郢诸州及信阳军，湖寇杨么亦与伪齐通，欲顺流而下。李成又欲自江西陆行，趋两浙与么会”[④]。关于刘豫或因南宋军队叛降，或因阴结南方之背宋者，以扩张势力范围，掠取南宋土地，威胁南宋朝廷的事例比比皆是：

（绍兴）二年二月，知商州董先以商、虢二州叛附于豫。[⑤]

---

① 《宋史》卷475《刘豫传》，第13795页。

② （宋）李心传：《建炎以来系年要录》第2册，卷80，绍兴四年九月乙丑条，第1312页。

③ 《宋史》卷369《张俊传》，第11472—11473页。

④ 同上书，卷365《岳飞传》，第11381—11382页。

⑤ 同上书，卷475《刘豫传》，第13795页。

（绍兴二年三月）河南镇抚使翟兴屯伊阳山，豫患之，使人招兴，许以王爵。兴焚伪诏并戳其使。豫乃阴结兴麾下杨伟图之。伟杀兴，持兴首降豫……六月，蕲、黄镇抚使孔彦舟叛降豫。①

（绍兴三年四月）明州守将徐文以所部海舟六十艘、官军四千余人浮海抵盐城，输款于豫。文言沿海无备，二浙可袭取。豫大喜。以文知莱州，益海舰二十，俾寇通、泰间……十月已亥，贼将李成陷邓州，以齐安守之；癸卯，陷襄阳，李横奔荆南，知随州李道弃城走。成据襄阳，以王嵩知随州。甲辰，陷郢州，守臣李简遁，豫以荆超知州事。贼将王彦先自亳引兵至寿春，将窥江南。②

（绍兴四年正月）秦州观察使、熙河兰廓路马步军总管关师古叛降伪齐。时师古自武都率选锋军统制李进、前军统制戴钺求粮于伪地，袭大潭县，掩骨谷城，叛将慕容洧拔寨遁去，师古深入至石要岭，忽遇敌兵，与战，大败。师古旋师大潭，内怀惭惧，遂单骑降贼。自此失洮岷之地，但余阶、成而已。③

（绍兴四年）五月，知寿春府罗兴叛降豫。④

从伪齐刘豫所处的位置看，在南宋与金人的对峙中，“刘豫介然处于其中，势不两立，必求援于金”⑤，其对南宋进行不间断的挑衅和破坏。从南宋朝臣的奏疏中，也可以看到伪齐很可能有介入并破坏宋金议和的行为。前一章所引綦崇礼《面对第一札子》就是基于绍兴三年十二月，金人李永寿、王翊入宋，请还伪齐俘虏及西北士民之在东南者，

① 《宋史》卷475《刘豫传》，第13796页。

② 同上书，第13797页。

③ （宋）李心传：《建炎以来系年要录》第2册，卷72，绍兴四年正月庚辰条后，第1208页。

④ 《宋史》卷475《刘豫传》，第13798页。

⑤ （宋）李心传：《建炎以来系年要录》第2册，卷74，绍兴四年三月丁卯条引张浚上疏所言，第1227页。

且欲划江以增益刘豫的事实而发。綦崇礼分析敌情，认为金人所议事既然“为豫计无疑”，则南宋朝廷对于刘豫可能采取的进一步行动不得不做防备。綦崇礼的见解代表了当时相当一部分朝臣的意见，那就是对于伪齐的“奸胆”“桀骜”必予讨伐的激愤。这种情绪即使是在绍兴四年十二月金与伪齐联合入侵将告失败之际也未曾改变。绍兴四年十二月，当尚书吏部员外郎魏良臣、阁门宣赞舍人王绘出使金国返归之时，侍御史魏矼即奏云：

朝廷前此三遣和使，而大金继有报聘，礼意周旋，信言可考，顷复专使寻好，未有衅隙。兹乃伪刘父子造兵端，本谋窥江，初无和意。使人未见国相报书，来自近甸，此而可信，覆辙未远。①

魏矼所称“三遣和使”“专使寻好”乃是指“前王伦归言金人要遣使商量，故遣潘致尧等行。洎还云，金人欲大臣往使，故韩（肖胄）、胡（松年）二枢密往。寻金使李永寿、王翊来聘，所需三事，故以章（谊）尚书、孙（近）侍郎往。及还，所议互有可否，独疆界一事未定”②。魏矼认为刘豫父子勾结金人所发动的南侵之战是对和议的根本破坏，在这种背景下，一切议和都是全然不可信的。同样的见解甚至来自奉南宋朝廷之命出使金国的朝臣。《建炎以来系年要录》卷八十一之绍兴四年十月辛巳条记载，“持国书物录，取天长路星夜前去”金国的通问使魏良臣于出发之际，“亦遣书状官梁植持禀目遗辅臣”，其云：

和议本为淮甸，今既进兵，百端恳请，终恐无益。况临难解纷，世无此理。自古两国议和，皆以势力相埒，不能相下，于是有

① （宋）李心传：《建炎以来系年要录》第2册，卷83，绍兴四年十二月乙亥朔条，第1360页。

② 同上书，卷80，绍兴四年九月癸丑条引合门宣赞舍人王绘所言，第1306页。

讲和修睦之请，息兵安民之议，未闻以弱和强，彼初无畏惮，曲意定和者也。澶渊之役，规模宏远，昭然可见。比年诸将蓄锐练兵，志气思奋，百倍于前日，第以朝廷方笃信诈和之请，断然不疑，敛兵不动，以示诚意，遂遣使命淹延岁月，堕欲奋之士气，乖远附之民心。今和议未定，敌兵已集。窃闻宣抚韩开府，奋袂怒发，遂统全军，绝江伺便以进，其行踊跃，如赴私仇，议者谓必能成功。独念建康控扼之地，闻朝廷已遣张太尉提兵迎敌，敌已压境，此行似不可缓。仍命刘开府相与应援，以破逆贼三不救之说。将和兵奋，敌气自慑，则衔命以往，宣国威灵，庶乎其有济矣。苟不知出此，止为退懦之计，效尤前辙，示之以怯，使吾军士气不扬，乘舆再动，社稷阽危，万一敌革前日之弊，所至按兵不扰，迟以岁月，人心苟安，则大事将去矣。而乃以一介之使，驰入不测之廷，是犹以羊委虎，至则靡尔，何功之有？

绍兴四年九月乙丑，伪齐诱金人大举进兵，分道渡淮，刘豫下伪诏南犯。庚午，通问使魏良臣等持国书，辞行，“至秀州，则闻金已渡淮，遂兼程而去”。[①] 魏良臣等既已在金、齐入侵之际出使，则对“止为退懦之计”，“百端恳请，终恐无益”的认识更为透彻，所以语言也就更为激烈，以致视出使为“以羊委虎，至则靡尔”。

事实上，对于伪齐长期占据中原及其有利资源，从经济上、政治上、军事上对南宋形成遏制之势，并图谋取而代之，南宋的有识之士早已认清，这也是南宋必须切割金、伪齐，并坚决铲除伪齐的重要原因。对于这个问题，监广州寘口场盐税吴伸的分析可谓深透：

---

① （宋）李心传：《建炎以来系年要录》第2册，卷80，绍兴四年九月庚午条，第1316页。

今刘豫不自量力，往往自比文王，而以其兵柄付之于麟。陛下若稍缓其岁月，彼将先收民心，足食足兵，形势渐固，则中原无复为陛下有矣。中原既丧，则伪齐反得太祖皇帝奄有中原，坐收四方之策矣。臣又闻金人重兵悉趋陕西，志在吞蜀。万一不幸，蜀有变动，彼将顺流而下，水陆并进，则陛下岂可复有乘桴之行乎？臣闻兵法有曰："我不欲战，虽画地而守之，彼不得与我战者，乖其所之也。"臣窃谓先平伪齐，则是乖其所之也。又况伪齐有声无实，若即伐之，如摧枯拉朽尔。古人有言曰："今不取，后世必为子孙忧。"今之伪齐，若不亟平之，不特为子孙患，臣以为陛下忧也。①

臣闻之，中原者，譬如国朝之心；西蜀者，譬如国朝之腹。中原既割据为伪齐，西蜀复几陷于胡虏，如人之身，心腹割裂，其能活乎？向也国家之难，系之存亡，何哉？东南之地，不过百郡，土地日削，形势日单，于天下无三分之二，其地狭，一也；地倾而人众，山多而物稀，居中原之一偏，其人贫，二也；其土薄而不厚，其水清而不深，无兴旺之气，非帝王之州，三也。有此三者，虽陛下谦德自保于全吴，至仁不争于天下，而百万之师，坐縻廪禄，一岁之间，国用不赀。设有旱干水溢之年，将如之何？又况土地日削，则财赋日少。财赋日少，则何以给士卒之费乎？臣窃谓中原不取，则帝业不恢，中兴无期，危亡有兆。何则？金人虽强，实不足虑；刘豫虽微，其祸可忧。且如金人，其来有时，其居不久，来则避之，去则复业，此不足虑也明矣。且如刘豫，以臣窃国，用虏僭君，素无人望，唯多诈谋。彼以一旅之众，当孤危之时，不一平之，设有大于刘豫，复据一方，将何以处之？呜呼！晋室之乱，起于元魏，继踵僭窃，终不能平，没晋之世，不复故疆。今刘豫恃金

① （宋）吴伸：《论经国大要书》，《全宋文》第184册，卷4048，第273页。

人之势，露不臣之心，自揣悖逆，与我圣宋必不两立，势无俱存。彼若以利诱动金人，进屯淮右，虽不交兵，纵未南渡，两军相持，积之岁月，必有存亡，将何所逃？臣以谓先擒刘豫，则金人自定。①

吴伸分析中原、西蜀和东南的地理形势，对比金人与伪齐刘豫的发展态势，提出“金人虽强，实不足虑，刘豫虽微，其祸可忧”的观点，得出“中原不取，则帝业不恢，中兴无期，危亡有兆”的结论。文章引古证今，以“晋室之乱，起于元魏，继踵僭窃，终不能平，没晋之世，不复故疆”与“今刘豫恃金人之势，露不臣之心，自揣悖逆，与我圣宋必不两立，势无俱存”作类比，以警示南宋朝廷，若不先灭刘豫，其形势危矣。更何况“设有大于刘豫，复据一方，将何以处之?”所以，当伪齐倚靠金人，步步进逼以对抗南宋之际，所应选择的对应策略便是“先擒刘豫，则金人自定”。

绍兴四年九月乙丑，伪齐勾结金人发动南犯赵宋的军事行动，南宋朝廷再无退路可走，诚如高宗所言：“豫父子逆乱如此……今乃挟强敌之兵，复入为寇，此安可容忍!”② 十一月，高宗亲下手诏，讨伐刘豫，宣言亲征：“叛臣刘豫，惧祸及身，造为事端，间谍和好，签我赤子，胁使征行，涉地称兵，操戈犯顺，大逆不道，一至于斯。警奏既闻，神人共愤，皆愿挺身而效死，不忍与贼以俱生。今朕此行，士气百倍，虽自纂承之后，每乖举措之方，尚念祖宗在天之灵，共刷国家累岁之耻，殪彼逆党，成此隽功。载惟夙宵跋履之勤，仍蹈锋镝战争之苦，兴言及此，无所措躬。然而能建非常之功，必有不次之赏，初诏具在，朕不食

① （宋）吴伸：《论收复中原书》，《全宋文》第184册，卷4049，第284—285页。
② （宋）李心传：《建炎以来系年要录》第2册，卷81，绍兴四年十月丙申条，第1336页。

言。咨尔六师，咸体朕意。”[①] 由此开启了南宋正面地、大规模地讨伐伪齐的战事。在宰相赵鼎、张浚等人的运筹协调下，南宋取得了“士气大振，捷音日闻”[②]“将士致勇争先，至于诸路守臣，亦翕然自效”[③] 的大好局面。绍兴四年十二月，金与伪齐退师，“金军已去，乃遣人谕刘麟及其弟猊。于是麟等弃辎重遁去，昼夜兼行二百余里，至宿州方敢少憩。西北大恐”[④]，这就为金人最终废弃刘豫的伪齐政权奠定了必备的基础。

第二节　和议乃权时之宜

赵宋朝廷自仓皇南渡，就一直处于金人的强势压力之下。靖康二年二月，金人废宋帝时即宣称“宜别择贤人，立为屏藩，以王兹土”，“赵氏宗人，不预此议”。[⑤] 当彼之时，南宋朝廷存亡难期，诚如王夫之所云：“兀术渡江而南，席卷吴会，追高宗于明州，东迤海滨。其别将追隆祐太后，南至虔州之皁口，西掠楚疆，陷岳、潭，而武昌在其怀袖。当是时也，江南糜烂，宋无一城之可恃，韩、岳浮寄于寄散地，而莫能自坚。”[⑥] 从欲战而不敌、欲和而不能的危境发展到绍兴四年，应当说，南宋朝廷已经逐步改变了完全被动的局面，特别是在川陕一带与

---

① （宋）李心传：《建炎以来系年要录》第 2 册，卷 82，绍兴四年十一月壬子条，第 1346 页。

② 同上书，卷 82，绍兴四年十一月戊午条，第 1349 页。

③ 同上书，卷 83，绍兴四年十二月乙未条，第 1367 页。

④ 同上书，卷 83，绍兴四年十二月庚子条，第 1370 页。

⑤ （宋）汪藻著，王智勇笺注：《靖康要录笺注》，卷 15，第 1611 页。

⑥ （清）王夫之：《宋论》卷 10《高宗》，中华书局 2003 年版，第 177 页。以下所引《宋论》皆为此版本。

金人的争夺战中，南宋已经显示出不可小觑的实力。绍兴四年二月辛丑，“金右都监宗弼自宝鸡入寇，犯仙人关”，“与其陕西经略使萨里罕、伪四川招抚使刘夔率十万骑入寇”。[①] 在敌人的汹汹气焰下，南宋川陕宣抚司都统制吴玠及其部下奋力血战，击退敌人的进攻，金人“自是不复轻动”：

> 川陕宣抚司都统制吴玠败敌于仙人关。初，金右都监宗弼与玠连战未决，玠遥与宗弼相见，且遣人谓曰：“赵氏已衰，不可扶持。公来，当择善地百里而王之。”玠谢曰：“已事赵氏，不敢有贰。”敌遣生兵万余，击玠营之左，玠分兵击却之。贼怒，拥众乘城，玠遣统制官杨政，以刀枪手深入。统制官吴璘以刀画地，谓诸将曰：“死则死此，敢退者斩。”敌分为二阵，宗弼阵于东，将军韩常阵于西。我军苦战久，遂退屯第二隘。时军中颇有异议，欲别择形胜守者。璘曰：“方交而退，是不战而却也。吾度此敌走不久矣。”政亦言于玠曰：“此地为蜀扼塞，死不可失，当守以强弩，彼不敢舍此而犯关。”玠从之。敌进攻第二隘，人被两铠，铁刃相连，鱼贯而上，璘督士死战，矢下如雨，死者层积，敌践而登。莎里罕驻马四视久之曰：“吾得之矣。”翌日，命诸军并力攻营之西北楼。统领官陇干姚仲登楼死战，楼已倾，仲以帛为绳，曳使复正。敌以火焚楼柱，仲取酒击灭之。玠又遣政与统领官田晟出锐兵，持长刀大斧，击其左右，夜布火四山，大震鼓随之。壬子夜，磊中大出兵，遣右军统领王喜及王武等诸将，分紫白旗入敌营，敌惊溃，将军韩常为官军射损左目。敌不能支，遂引兵宵遁。右军统制张彦劫敌横山寨，斩千余级。玠遣统制官王俊设伏河池，扼其归路，又败之。是

① （宋）李心传：《建炎以来系年要录》第2册，卷73，绍兴四年二月辛丑条，第1215页。

举也，敌决意入蜀，自撒离曷罕已下，皆尽室以来，既不得志，遂还凤翔，授甲士田，为久留计，自是不复轻动矣。①

这里不仅记载了吴玠等将士的忠勇义烈，更将“是举也，敌决意入蜀”的预期与“自是不复轻动”的结果相对比，以示这次战役对金人图谋的重创，同时此役也为南宋朝廷摆脱长期以来在西南地区的被动局面奠定了基础。

在中部战场，绍兴四年五月，江西制置使岳飞先后收复郢州、襄阳、唐州，六月复随州，八月复邓州，自此，“襄汉悉平。川、陕贡赋、纲马道路，至是始通行无阻焉”②。在东南战场，绍兴四年十月，淮东宣抚使韩世忠率所部自镇江进屯扬州，“邀击金人于大仪镇，败之”。“世忠传小麾鸣鼓，伏者四起，五军旗与敌旗杂出，敌军乱，弓刀无所施，而我师迭进，背嵬军各持长斧，上砍人胸，下捎马足，敌全装陷泥淖中，人马俱毙，遂擒挞也。”③ 大仪镇之捷对于南宋非常重要，“沈与求曰：‘自建炎以来，将士未尝与金人迎敌一战，今世忠连捷以挫其锋，厥功不细。’”“论者以此举为中兴武功第一。”④ 南宋军队战斗力的提高为宋金的抗衡奠定了基础，宋金和议的权宜之策也才有实现的可能性。

把和议建立在权宜之上，这就意味着和议的暂时性和不确定性，而其最终的指向还是放在壮大自身力量、图谋恢复之上，正如同签书枢密院事韩肖胄所言：“和议乃权时之宜，以济艰难，他日国步安强，军声

① （宋）李心传：《建炎以来系年要录》第2册，卷74，绍兴四年三月辛亥朔条，第1221页。

② （宋）岳珂编，王曾瑜校注：《鄂国金佗稡编续编校注》卷6，中华书局1989年版，第257页。以下所引《鄂国金佗稡编续编校注》皆为此版本。

③ （宋）李心传：《建炎以来系年要录》第2册，卷81，绍兴四年十月戊子条，第1329—1330页。

④ 《宋史》卷364《韩世忠传》，第11364页。

大振，理当别图。"[①] 当然，以权宜为对策，就必须以南宋政治、军事、经济各方面力量的实际改善和增强为必备的基础。对此，前引翰林学士兼侍读綦崇礼的《面对第二札子》论述最为详尽。他把和议的原因归结于"事势未竟，国步未夷，生民未安"，且分析朝廷的对金三策，"恢复中原，以成再造之功，上也；因所有之地，而疆理之，中也；苟目前之安而无所为，下也。语其上，则今之力诚未可为；守其下，则吾之势不可复立；惟度时量力，就其中者为之。中者既成，则其上可驯而致。苟止于下，则虽志于中者，有不可得矣"，期望朝廷"大有所为，兴起庶政，观时俟衅，期复旧业"。[②]

綦崇礼的意见代表了当时朝臣的主流意见，因为从当时南宋的总体形势来看，"今时气未振，难以议战征，但当谨守封疆，以戒不虞。如沿江一带，自襄阳、江陵、武昌、九江而下，淮甸诸郡，如合肥、寿春、盱眙、广陵等处，各屯军马，西与四川形势接联，使上下有备，表里如一，庶几可与抗衡，进可以御敌，退可以坚守。虽未剪除凶逆，混一寰区，而南北之势成矣"[③]。然而，要在当时实施这一计划，还需要朝廷做一系列的改革，其中就包含亟待解决的大小官员因循苟且之弊、将帅不能相互支持配合、军队纪律的整顿等一系列问题。这些问题普遍存在，且已成为难以根治的痼疾。

高宗对官员的不任责现象十分不满。他一方面"留意人物，固欲得贤士大夫协力，以济国家之难"[④]，另一方面则指斥朝堂苟且之习："数年以来，庙堂玩习虚文，而不明实效，侍从台谏，搜剔细务，而不知大

① （宋）李心传：《建炎以来系年要录》第2册，卷66，绍兴三年六月丁亥条，第1112页。

② 《全宋文》第167册，卷3651，第356页。

③ （宋）吕祉：《进东南防守利便缴状》，《全宋文》第184册，卷4044，第197页。

④ （宋）李心传：《建炎以来系年要录》第2册，卷81，绍兴四年十月癸未条，第1326页。

体，故未能靖祸乱、济艰难。”① 针对“朝廷所以多事者，以六曹不任责，每事取决”的现状，高宗谕朱胜非曰：“自今宜专责长贰，毋得循习苟且。卿等当进退人材，修明法度，助朕图恢复之计。繁文末节，非所以委付大臣者。”② 但是，被高宗寄予期望的宰辅重臣却未能尽如人意：“赵氏自播迁之后，所与谋事者，不过六七辈。吕颐浩横议狂直，失大臣风，兼有私门之僻，常为利所移。朱胜非虽老臣，然守法具位，怯于图大事。秦桧智小而谋大，翟汝文才有余而量不足。赵鼎虽大器，然孤立在外，进不容于朝。至于范宗尹口尚乳臭，言不顾行，又无足道者。是数子者，皆阘茸士，非宰相才也。况复互为朋党，此入彼出，视相府如传舍，一旦仓卒，其君茕茕于上，百官泛泛于下，无有任其责者。”③ 虽然这样的评价出于敌人之口，难免有丑化夸大之处，但其所论亦非凭空妄言，事实上，南宋朝廷的各位重臣确也有其自身的问题，至于宰相之下的各级官员难任其责的现象更是普遍。

在文臣之外，主兵的将帅乃是国家安危利害之所系，但他们彼此之间又往往交恶不已，这也是金、伪齐无所忌惮的原因之一。《建炎以来系年要录》卷八十四，绍兴五年正月丁未条曾记载参知政事沈与求所言：“臣闻谍者言，刘豫诱金人，以我诸大将有不和者，故拥众南来，直欲渡江。”其实，对于将帅的不和，朝中大臣早有论议，祠部员外郎范同就曾专章议论此事云：

师克在和，大抵刚果豪键之士，以气相高，始由小嫌，寖成大衅。然古之贤将，皆急公家，弃私仇，舍怨忘愤，终成令名者，盖

① （宋）李心传：《建炎以来系年要录》第2册，卷82，绍兴四年十一月戊申条，第1344页。

② 同上书，卷76，绍兴四年五月壬申条，第1257页。

③ 同上书，卷78，绍兴四年七月丁丑条，伪齐奉议郎罗诱所言，第1286页。

不乏人。陛下拔用才杰，礼遇勋贤，备极荣宠，固将凭藉忠力，扫除腥秽，一清寰宇，恢复祖宗之业。而道途窃议，以为将帅忘辑睦之义，记纤介之怨，或享高位，而忌嫉轧己，或恃勋劳，而排抑新进。审如是，他日必有重贻圣虑者。①

范同所言乃是事出有因，当时朝廷倚重的大将中，“刘光世、韩世忠久不协，而岳飞自列校拔起，颇为世忠与张俊所忌”②。事实上，手握重兵的将帅之间的紧张关系，已经成为当时朝臣担忧的重要问题。殿中侍御史常同上专章所称大将“蒙陛下厚恩，不思协心报国，一旦有急，其肯相援”③ 的忧虑很快就在绍兴四年十月金与伪齐联兵入侵的关口显现出来：

时（刘）光世军马家渡，（张）俊军采石矶。上命趣二人往援韩世忠，而光世等军权相敌，且持私隙，莫肯协心。（侍御史魏）矼至光世军中，谕之曰：“贼众我寡，合力犹惧不支，况军自为心，将何以战？为诸公计，当灭怨隙，不独可以报国，身亦有利。”④

将帅不和固然关系到国家安危，而士卒无纪又成为影响战争走向的重要因素。南宋的主要军力来源多为盗寇，“绍兴诸大帅所用之兵，皆群盗之降者也。高宗渡江以后，弱甚矣。张浚、岳飞受招讨之命，韩、刘继之。于是而范汝为、邵青、曹成、杨么之众皆降而充伍，乃以复振。走刘豫，败女真，风闻惊窜之情，因以有定。盖群盗者，耐寒暑，撄锋镝，习之而不惊；甲仗具，部队分，仍之而无待；故足用也。不

① （宋）李心传：《建炎以来系年要录》第2册，卷78，绍兴四年七月乙卯条，第1276页。

② 同上。

③ 同上书，卷76，绍兴四年五月辛酉条，第1255页。

④ 同上书，卷81，绍兴四年十月甲午条，第1335页。

然，举江南厢军配囚脆弱之众，恶足以当巨寇哉?”但是，这样的军力，其素质堪忧，所谓“不以败为忧，不以走为耻，不以旦此夕彼为疑。进之务有所卤获以饱众，退之知不可敌，而急去以全其军。得地而无固守之情，以善其规避；一战而不求再战，以节其劳疲；志在偷以求全其部曲，而不期乎功之必成”。“欲使之争封疆于尺寸，贸身首以立功，未有能胜者也。”① 绍兴三年正月，襄阳镇抚使李横破颍顺军，败伪齐兵于长葛县，紧接着复颍昌府。二月，传檄诸军，收复东京，形势可谓大好，以致刘豫急遣使诣金左副元帅宗维求援。但是“横等军本群盗，虽勇而无纪律，见敌所遗子女金帛，乃纵掠数日，置酒高会。敌闻而易之，豫遣其将李成以二万人迎敌，金遣左都监宗弼援之，败皋于京城西北牟驰冈。横等军无甲，皆败走”，“颍昌复陷。”② 绍兴四年十一月，和州为金所破，知和州皇甫彦率军民据守麻湖水寨。“淮西宣抚使刘光世遣摧锋军统制赵秉渊、统领官杨贵将其军民乘舟南归。秉渊等因纵火大掠，士民仓猝引避，水阔舟小，沉溺者甚众。彦之金帛妓女，皆为所夺。”③ 类似的事例在绍兴年间不在少数，正因为如此，胡松年提出：“惟其有纪律，所以能破贼。若号令不明，士卒不整，方自治不暇，缓急岂能成功耶?”④ 应当说，将帅间的相互援助、军队纪律的亟待改善都是当时的南宋朝廷必须面对和解决的。

正是因为面对诸多的矛盾和问题，所以朝臣们提出的“十年生聚，十年教训”才具有现实的意义。在当时的政治、军事、经济背景下，南宋朝廷所采取的谨守封疆，“兴起庶政，观时俟衅”的权宜之策，所执

---

① （清）王夫之：《宋论》卷10《高宗》，第181—183页。

② （宋）李心传：《建炎以来系年要录》第2册，卷63，绍兴三年二月己巳条，第1080页。

③ 同上书，卷82，绍兴四年十一月辛未条，第1356页。

④ 同上书，卷79，绍兴四年八月癸未条，第1292页。

行的“因所有之地，而疆理之”的方针，应当说是务实的、积极的、现实的。

以上结合南宋朝臣的奏疏，从绍兴四年的军事、政治状况入手，从两个方面探讨了南宋朝廷对伪齐、对金所实施的不同策略。由此可以看到，和议的背后并非简单的“软弱”二字能够概括，其中包含各种繁复的因素，都是上至高宗，下至朝臣必须予以考虑的。

第九章　绍兴五年南宋朝廷“渐图恢复”下的对金态度

绍兴四年十二月，南宋朝廷挫败了伪齐与金人的联兵入侵，扭转了自建炎以来始终被动奔避的局面，初步改变了南宋在与金、伪齐对峙中的绝对劣势地位，为进一步加强自身实力奠定了重要的基础。在这种对外的难得的大好形势下，如何制定朝廷下一步目标，如何调整对内对外的政策方略，如何规划措置善后事宜就成为朝廷面临的新任务。绍兴五年正月，高宗与宰相赵鼎在金、伪齐退遁不久后，有这样一次对话：“上曰：‘敌已退遁，须当渐图恢复。若止循故辙，为退避之计，何以立国？祖宗德泽在天下，二百年民心不忘。当乘此时，大作规模措置，朕亦安能郁郁久居此乎？’赵鼎曰：‘时不可失，诚如圣谕。事所可为者，谨当以次条画奏禀。’”① 可以说，高宗的放弃退避旧策，“大作规模措置”，“渐图恢复”成为南宋朝廷绍兴五年的根本任务和努力方向。以此为前提，如何结合现实的、具体的政治和军事等形势，调整对金的策略，以寻求南宋朝廷在对金、对伪齐的斗争中占据主动，就成为当时迫切需要解决的问题。为此，朝廷屡屡要求朝臣奏上善后之计、攻战之

① （宋）李心传：《建炎以来系年要录》第2册，卷84，绍兴五年正月戊申条，第1378页。

利、备御之宜、措置之方、绥怀之略，朝臣们即以此为主题，围绕着国家的方略，陈述各自的见解和意见，这样的情势成为绍兴五年政治中特别值得关注之处。本章正是由此入手，结合当时特殊的政治背景，梳理朝臣的涉及对金关系的相关奏疏，研究其指向及意义。

第一节　善后之计当出群策

绍兴四年九月，伪齐与金分道南犯，南宋宰相赵鼎力排众议，促成高宗亲征。一时将帅用命，士卒鼓勇。十二月，金、伪齐俱遁，南宋朝廷军声大作，取得了自靖康以来对金与伪齐的首次大胜利，“庚子，金人退师”。“全军已去，乃遣人谕刘麟及其弟猊。于是麟等弃辎重遁去，昼夜兼行三百余里，至宿州方敢少栖。西北大恐。”① 这次战事极大地鼓舞了南宋朝廷上下的人心士气，自此，退遁避敌、屈辱苟合之计不断被朝臣质疑。面对宋、金、伪齐生成的新的对立局面，如何审时度势，制定对外政策，就成为南宋朝廷亟待解决的新问题。

绍兴五年，高宗广泛征求各方意见，探求新形势下的新策略。正月己酉，高宗与宰执大臣讨论朝廷的“善后之计”，要求前宰执各陈所见，以备参考：

> 宰相赵鼎奏：“敌骑遁归，皆自陛下圣画素定。然善后之计当出群策，愿诏前宰执各条具所见来上，断自圣意，择而用之。”上曰：“朝廷能采众论，则虑无不尽。虽刍荛之言，倘有可采，犹当

① （宋）李心传：《建炎以来系年要录》第2册，卷83，绍兴四年十二月庚子条，第1369—1370页。

用之。况前宰执尝在朕左右，必知朝廷事。”沈与求曰：“国有大议，就问老臣，乃祖宗故事。”于是赐吕颐浩、朱胜非、李纲、范宗尹、汪伯彦、秦桧、张守、王绹、叶梦得、李邴、卢益、王孝迪、宇文粹中、韩肖胄、张澄、徐俯、路允迪、富直柔、翟汝文等诏书，访以攻战之利，备御之宜，措置之方，绥怀之略，令悉条上焉。①

此时，南宋朝廷上下无不以恢复中原、大有作为为要务。高宗以此勉励驰骋疆场的将帅图报国家：“上谓大臣曰：‘刘光世、韩世忠、张俊相继入觐，朕嘉其却敌之功，赐赉甚厚，朕服御物有可予者，亦以予之，皆拜赐涕泣，愿身先士卒，图复中原以报。’赵鼎曰：‘此社稷之幸也。’”② 绍兴五年正月壬申，“刘光世、韩世忠、张俊入辞，尚书右仆射赵鼎、知枢密院事张浚、参知政事沈与求、签书枢密院事胡松年侍，上命光世等升殿，谕曰：‘敌人南侵，诸名将皆在其中，盖有侵噬江、浙之意，赖卿等戮力捍敌，卒伐奸谋，使其失利而去，朕甚嘉之。然中原未复，二圣未还，朕心慊然，卿等其勉之。’”③ 对于朝廷辅政大臣，高宗也以此相激励：“上遣中使以所书《车攻》诗赐辅臣。翌日，赵鼎等奏谢，上曰：‘朕观《鸿雁》《车攻》，乃宣王中兴之诗。今境土未复，二圣未还，当与卿等夙夜勉励，以内修外攘。’鼎曰：‘陛下游神翰墨之间，亦不忘恢复，臣等敢不自勉。’”④ 正是在高宗内修外攘，力图恢复的思想主导下，朝臣们奏章频上，分析金人与伪齐的现状，结合南宋朝廷的实际情况，提出对金应当实施的新方略，探讨南宋朝廷在新形势下的新走向。

① （宋）李心传：《建炎以来系年要录》第2册，卷84，绍兴五年正月己酉条，第1374页。

② 同上书，卷84，绍兴五年正月戊辰条，第1383页。

③ 同上书，卷84，绍兴五年正月壬申条，第1384页。

④ 同上书，卷94，绍兴五年十月壬寅条，第1552页。

与理论上的探讨和方向上的引领勉励相同步，南宋朝廷也在群臣的建议下，展开了整理朝政的实际行动，显示出积极有为的新态势。这在依据事实、严明赏罚方面表现得非常突出。仅以绍兴五年正月为例，戊申，资政殿学士知福州张守充资政殿大学士，显谟阁直学士知泉州连南夫进职一等。就是因为张守“奉诏变易度牒，得钱百余万缗，会有旨调海舟百艘，守因请以其舟载钱三四十万应副朝廷使用。南夫亦尽起本郡经制常平钱物赴平江。中书门下省奏二人供亿调度，曾不愆期。诏以忧国爱君，宜加褒宠”①。乙卯，“诏沿江诸路监司帅臣李谟等十人各进官一等，以枢密院言应办大军宣力故也。其诸司属官，诸州通判，州县当职官，实有劳效者，令逐司保奏，等第推恩”②。与之相反，对于无视军纪者则严厉惩处。正月壬子，“中卫大夫扬州观察使淮西宣抚司摧锋军统制赵秉渊贬秩五等，统领官武功郎杨贵除名勒停，以宣抚使刘光世劾其纵掠和州水寨也。言者复奏二人之罪，且谓陛下亲总六师，凡渡江击敌，无问擒斩之多寡，皆旌赉有加，惟恐逾时。二人之罪，无所逃死，尚稽诛弃，是谓有赏无刑，不惟朝廷负姑息之名，光世自此亦何以令其下？望令光世押送二人，付之廷尉，速正典刑。乃诏贵处州编管，秉渊更降二官”③。高宗更灵活使用赏罚，务求臣下将功折罪，戴罪求功。正月乙丑，“直显谟阁曾纡升职一等，尚书户部员外郎沈昭远再进一官。岳飞之复襄邓也，二人以馈饷愆期贬秩，上手诏二人：‘若应办足备飞成功，当不次除擢。如依前违慢，有误军期，邦有常刑，朕不汝赦。’二人惶恐受命。暨飞奏功，乃复其秩，又例进一官”④。这样的措

① （宋）李心传：《建炎以来系年要录》第2册，卷84，绍兴五年正月戊申条，第1374页。

② 同上书，卷84，绍兴五年正月乙卯条，第1376页。

③ 同上书，卷84，绍兴五年正月壬子条，第1376页。

④ 同上书，卷84，绍兴五年正月乙丑条，第1382页。

施对于改变姑息苟且的风气起到了很大的作用。此外，在谋求恢复的大背景下，高宗特别强调求取人才："上谓辅臣曰：'恢复之图，所宜爰日讲究，要须先求人才，则天下之事，无患不举。'"① 对于坚持恢复主张的张浚，高宗予以特别的信任：

张浚奏："臣顷者出使川陕，横遭诬谤。蒙陛下特降宸翰辨明之，使臣一旦昭雪，死无所畏。"上曰："朕方属卿中原之事，不可辄以曩日诬谤，过自畏缩。况毁誉之来，当考其实。齐威公所以封即墨大夫，烹阿大夫，毁誉不公，自古所患。孔子曰：'如有所誉者，其有所试矣。'况于毁乎？"浚曰："陛下于毁誉之际，曲留圣意如此，群臣之幸。"上曰："使其人诚非才，则言者不可谓之毁也。在于考其实而已。"②

既然"考其实"是对官员任职的客观评判，那么以此为准绳，对于不任其责的官员，朝廷则不予姑息："上谓赵鼎曰：'大臣朕之股肱，台谏朕之耳目。职任不同，而事体均一，或有官非其人，所当罢黜者，卿等宜亟以告朕，不必专待台谏。'"③ 对朝臣的大力整饬，具有奖惩赏罚的借鉴意义，有助于南宋朝廷在渐图恢复的大前提下，齐心聚力，推动时局向好发展。

---

① （宋）李心传：《建炎以来系年要录》第2册，卷84，绍兴五年正月辛亥条，第1375页。

② 同上书，卷84，绍兴五年正月壬戌条，第1380页。

③ 同上书，卷84，绍兴五年正月丙辰条，第1377页。

第二节　待衅以乘乱

绍兴四年，南宋朝廷击退金、伪齐联兵入侵的一大策略就是切割金、伪齐，把矛头直指伪齐刘豫。高宗在其讨伐伪齐的手诏中即明确指斥“叛臣刘豫，惧祸及身，造为事端，间谍和好。签我赤子，胁使征行，涉地称兵，操戈犯顺，大逆不道，一至于斯”[①]。“间谍和好”，也就是破坏了南宋欲与金议和的意愿，或者说伪齐成为宋金议和的障碍。这样一来，从和与战两个方面考虑，刘豫的伪齐都是南宋朝廷势必要铲除的敌对势力，这就意味着南宋朝廷必须破坏金人与伪齐的联盟，分化二者的力量，因为“今者逆贼刘豫，阴导金人，提兵南向，此在朝廷，当以正理处之。盖不讨贼豫，则无以为国；不安慰强敌，则逆贼未易讨”[②]。就当时南宋与金、伪齐的实际情况来看，应当说，分化敌人，把矛头集中于伪齐，对金人则待时而起的策谋是有其必要的依据的。

首先，从南宋对金的关系来看，南宋方面已改变了先前绝对的实力悬殊局面，逐渐具备了与金抗衡的可能性。绍兴五年三月，吕颐浩所奏《上边事善后十策·论彼此形势》一篇，对此有详细论述：

女真既灭耶律氏，兵益众，势益张，知中国太平日久，都无战备，必可图也，遂陷中原，势愈肆横。二十年间主张国事者，国相尼玛哈也。为之谋臣者，刘彦宗、固新贝勒、萧三太师、高庆裔、

① （宋）李心传：《建炎以来系年要录》第2册，卷82，绍兴四年十一月壬子条，第1346页。

② 同上书，卷87，绍兴五年三月癸卯条所引秦桧之言，第1455页。

王芮、张愿恭之徒是也。为之将帅者，斡喇布、扎木、伊都、洛索贝勒、达赉三子、四太子、达赉郎君之徒是也。谋无不成，战无不克。横行天下，又近十年，彼之势可谓强矣。然尼玛哈之性好杀而喜战，用兵不已，昧于不戢自焚之祸。部曲离心已久，将士厌苦从军，皆讴吟思其乡土。势必溃散，有将亡之兆。又其性嗜杀，将兵所至，族其强壮老弱，掠其妇女财宝，悖天道，结民怨，穷极已甚，此亦将亡之兆。刘彦宗、斡喇布、伊都、扎木、国王洛索贝勒皆已死，所存者才气皆在数人下。其将士所有，子女玉帛充牣于室，志骄意满，此亦将亡之兆。凡此，皆彼之形势也。我之形势，比之数年前则不同，何以言之？数年以前，金人所向，我之战兵未及交锋，悉已遁走。近年以来，陛下留神军政，拣择精锐，汰去孱弱，今二三大将下兵已精矣。陛下圣性，精于器械，制作工巧。数年以来，卑宫室，菲饮食，而辍挪财用，修造器甲，今器械略备矣。兵既精，器械又备，将士之心曾经战阵，胆气不怯，勇于赴敌。故顷者韩世忠扼金于镇江，张俊获捷于明州，陈思恭邀击于长桥。去年金人初到淮南，世忠首挫其锋，诸将屡得胜捷。至于吴玠累次大捷于川口，此我之形势也。①

吕颐浩以宋、金力量的对比为依据，大略分析了双方力量的发展和变化情况：金方将士“志骄意满”“部曲离心”，“悖天道，结民怨，穷极已甚”，具有“将亡之兆”；我方则“兵既精，器械又备，将士之心曾经战阵，胆气不怯，勇于赴敌”。在这种情况下，练兵以待时，乘金之衰并非推诿怯懦之词。与吕颐浩的见解相类似，端明殿学士提举临安府洞霄宫韩肖胄的奏疏也提出了“变乱可待”的观点，他以自己出使的亲

① 《全宋文》第141册，卷3043，第248—249页。

身闻见再次证实了金人已是今非昔比：“臣昨在军前，闻金帅颇有厌兵之意，其众军亦甚思休息，特尼玛哈、固新、高庆裔辈持之不肯。然上下猜防，人心携贰，将见内患自生，变乱可待矣。”① 与金人的厌兵之意、休息之思相比，南宋一方的“将士之心曾经战阵，胆气不怯，勇于赴敌”，则具有“待时”乘乱的条件。在这种情况下，南宋朝廷集中力量讨伐逆贼刘豫，以去除首恶，分化敌人的策略就具备了可行性。

当然，待时乘乱并非无条件的妥协拖延。事实上，南宋朝廷对于金国从无好感。宋、金交战之初，金人无论在政治上、外交上和军事上都占据绝对优势，并对南宋赵氏朝廷采取绝对敌视的态度。靖康二年，金人废宋帝时即宣称“宜别择贤人，立为藩屏，以王兹土”，“赵氏宗人，不预此议”。② 建炎二年，金太宗指示：“康王构当穷其所往而追之。俟平宋，当立藩辅如张邦昌者。”③ 对于南宋派出的使者，金廷一概予以扣押：“凡宋使者如（王）伦及宇文虚中、魏行可、顾纵、张邵等，皆留之不遣。”④ 在宋、金交战之初，南宋“太平日久，民不识兵。而大金之兵，以军中为家，以马上为生。而宋自战其地，咸顾其家，各有所恋，易以奔北”⑤，所以一开始南宋方面处于绝对的弱势，“自金虏入中原，将帅皆望风奔溃，未尝有敢抗之者”⑥，“帅守之弃城者，习以成风”。⑦ 但是，随着战事的发展，南宋军队逐渐改变了全然被动的局面。

---

① （宋）李心传：《建炎以来系年要录》第2册，卷87，绍兴五年三月癸卯条，第1462页。

② （宋）汪藻著，王智勇笺注：《靖康要录笺注》卷15，第1611页。

③ 《金史》卷70《宗翰传》，第1698页。

④ 同上书，卷79《王伦传》，第1793页。

⑤ （金）佚名编，金少英校补，李庆善整理：《大金吊伐录校补》之《宋太学生汪学海上大金元帅书》，第370—371页。

⑥ （宋）李心传撰，徐规点校：《建炎以来朝野杂记》甲集卷19《十三处战功》，中华书局2000年版，第449页。

⑦ （宋）熊克：《中兴小纪》卷3，第34页。

“比年诸将蓄锐练兵，志气思奋，百倍于前日。”[①] 建炎四年，金将“撒离曷及黑峰等攻邠州，宋张浚遣曲端拒之，两战皆捷。至彭原店，撒离曷乘高望之，惧而号哭，金人因目之曰‘啼泣郎君’”[②]。即便是南攻宋室的金兵主力兀术与挞懒亦并未如预想之顺利。金天会八年，“金人过吴县，统制陈思恭以舟师邀于太湖，击败之，几获兀术。回至镇江，韩世忠屯焦山寺以邀之，兀术不得济，遣使致词，愿还所掠，益以名马。世忠不从……既而战数十合，俘获甚重。又获兀术之婿封龙虎大王者舟千余艘。兀术惧不得济，复遣使致词，愿还所掠假道，世忠不从。益以名马，又不从……兀术欲自建康谋北归，又不可……兀术辎重自瓜步口舳舻相衔，至六合不绝，为宋岳飞所败。既而自六合归屯楚州九里径，又为赵立所败”。以致“兀术自江南回，初至江北，每遇亲识，必相持泣下，诉以过江艰危，几不免。又挞懒时在潍州，遣人诮兀术南征无功，可止于淮东，俟秋高相会，再征江南。兀术皇恐，推避不肯从之”[③]。“绍兴元年，金将乌鲁攻和尚原，吴玠乘险击之，金人大败走。兀术复合兵至，玠及其弟璘复邀击，大破之，兀术仅以身免，亟鬄其须髯遁归。”[④] 《大金国志》卷七《太宗文烈皇帝五》记载此战甚详：“初，娄室死，兀术遂会诸道及女真兵合数万人南征。宋张浚命吴玠先据凤翔之和尚原以待之。兀术造浮梁于宝鸡县，渡渭攻原，与吴玠连三日，战三十余阵，大败，兀术中流失，仅以身免。于是，兀术始自河东还燕山。”[⑤] “兀术于天会十一年再攻仙人关，几为吴玠所杀，赖韩常援

① （宋）李心传：《建炎以来系年要录》第2册，卷81，绍兴四年十月辛巳条引魏良臣上书所言，第1324页。

② （金）宇文懋昭撰，李西宁点校：《大金国志》卷6《太宗文烈皇帝四》，第55页。

③ 同上。

④ 《宋史》卷361《张浚传》，第11301页。

⑤ （金）宇文懋昭撰，李西宁点校：《大金国志》卷7《太宗文烈皇帝五》，第65页。

而出之，常被南军射损左目。”① 挞懒的遭遇亦如出一辙，绍兴元年挞懒在泰州，谋再渡江，与南宋张荣相遇于缩头湖，在张荣的攻击下，“金师不得骋，舟中自乱，溺水陷淖者不可胜计，获其婿盆輂，挞懒率余兵奔还楚州，遂退师”。“挞懒自天会八年攻淮南，至是方渡淮，休兵于宿迁。是行也，攻战之久，人马疲敝。既至宿迁，复值马灾，死亡殆尽，金兵食之不尽，往往弃掷道路。时新为张敌万所败，锐气沮丧，又南兵已复淮东，去金兵不远，且多传南兵袭之，军中每夜无故而惊，加之寇盗乘时蜂起，东北大恐。挞懒不敢遽回，故自是岁四月屯宿迁，至七月率众北归。”② 金人一举灭宋的企图难以实现，所以逐步改变了对南宋的势不两立、一意灭之的态度，遂于绍兴二年八月遣归扣留已达五年的南宋使臣王伦：

> 淮东宣抚使刘光世言通问使朝奉郎王伦还自金国。始朝廷遣人使敌，自宇文虚中之后，率募小臣，或布衣借官以行。如伦及朱弁、魏行可、崔纵、洪皓、张邵、孙悟辈，皆为所拘。既而金左副元帅宗维在云中，遣都点检乌陵思谋至馆中，具言息兵议和之意，俾伦南归，须使人往议。宗维贻上书，略云：“既欲不绝祭祀，岂肯过于吝爱，使不成国。”于是皓、弁皆得以家问附伦而归。伦至东京，与刘豫相见，豫遣伪合门宣赞舍人马某伴押至境上。光世以闻，诏伦赴行在。③

对金人所释放的和议的信号，南宋朝廷立即予以回应。绍兴二年九月，南宋即“以左迪功郎潘致尧为左承议郎，假吏部侍郎，为大金奉表

---

① （金）宇文懋昭撰，李西宁点校：《大金国志》卷8《太宗文烈皇帝六》，第73页。
② 同上书，卷7《太宗文烈皇帝五》，第63—64页。
③ （宋）李心传：《建炎以来系年要录》第2册，卷57，绍兴二年八月癸卯条，第995页。

使兼军前通问，秉义郎高公绘为武经郎假武功大夫忠州刺史副之。命伦作书与其近臣耶律绍文，且附香药果茗缣帛金银，进两宫二后，上皇金三百两，银三千两，渊圣减三之一，宁德、宣和二后又减半。又遗左副元帅宗维金二百两、银千两，遗右监军希尹及赐宇文虚中半之，遗耶律绍文银三百两、缣币百匹，而通问副使朱弁以下亦皆赐金。三省勘问路由东京，乃令颐浩作书，以果茗币帛遗刘麟"[①]。此后，金人与南宋双方既互派使者，又战事不断，所谓"和使项背相望，而侵犯之兵无岁不有"[②]。

绍兴四年十二月，南宋朝廷成功挫败了伪齐与金人的联兵入犯，这次关键性战事的胜利，扭转了南宋与伪齐和金人的对抗中所处的绝对劣势地位，南宋朝廷由此摆脱了奔避流亡的命运。金人也因此开始重新审视伪齐刘豫的作用，并终于在绍兴七年十一月废掉伪齐，这就为宋金真正意义上的和议奠定了必备的基础，也使南宋在真正意义上具备了与金对峙的可能性。从这个意义上说，绍兴五年南宋朝廷向群臣问策，以便调整新的对敌政策是极为重要的大事件。

其次，从金朝内部的矛盾斗争来看，南宋朝廷确实有机可乘，有衅可待。这也使得南宋朝廷有可能暂缓与金人的紧张关系，而得以集中力量解决伪齐的问题。

金人于天会五年（靖康二年）三月七日，立张邦昌为大楚皇帝，其《册大楚皇帝文》云："以玺绂册命尔为皇帝，以理斯民，国号大楚，都于金陵。自黄河以外，除西夏新界，疆场仍旧。世辅王室，永作藩

① （宋）李心传：《建炎以来系年要录》第2册，卷58，绍兴二年九月壬戌条，第1004页。

② （宋）李心传：《建炎以来系年要录》第3册，卷123，绍兴八年十一月辛亥条所引秘书省正字范如圭献书秦桧所言，第2001页。

臣。”[①] 张邦昌在金师北还后，却违背金人之意，“册元祐皇后曰宋太后，入御延福宫。遣蒋师愈赍书于康王自陈：‘所以勉循金人推戴者，欲权宜一时以纾国难也。敢有他乎？’”“邦昌寻遣谢克家献大宋受命宝，复降手书请元祐皇后垂帘听政，以俟复辟。”“邦昌以太宰退处内东门资善堂。寻遣使奉乘舆服御物至南京，既而邦昌亦至，伏地恸哭请死，王抚慰之。”但张邦昌还政后，赵构旋即将张邦昌“责授昭化军节度副使，潭州安置”[②]，寻即赐死潭州。张邦昌的死激化了金人的灭宋之心，天会五年（即南宋建炎元年）十二月二十三，金人发布《伐康王晓告诸路文字》，再次重申不承认赵构建立的南宋政权：“赵构虽系亡宋之余，是亦匹夫，非众人共迷，无由自立。”“若赵构晓悉此意，亲诣辕门，悔罪听命，则使与父兄圆聚，复立大楚而已。如张氏已遭鸩毒，则别择贤人，使斯民有主”。[③] 在金人绝对敌视赵宋政权的前提下，刘豫被金人册封为皇帝，建立了伪齐政权。但是，围绕着扶立刘豫伪齐政权，金朝内部的矛盾也逐渐表面化且愈发激烈，这也为南宋朝廷的待机待衅创造了条件。

建炎初年，金人一意灭宋，宗翰、宗望、挞懒、宗弼皆为伐宋之主力，在这些人中，挞懒与刘豫的关系最为“密切”：“挞懒攻济南，有关胜者，济南骁将也，屡出城拒战。（刘）豫遂杀关胜出降，遂为京东东、西、淮南安抚使，知东平府兼诸路马步军都总管，节制河外诸军。以豫子麟知济南府，挞懒屯兵冲要，以镇抚之。”[④] 可以说，挞懒与刘豫之间隐然形成了一种特殊的主从和利益关系，所以，在选任伪政权继

---

① （金）佚名编，金少英校补，李庆善整理：《大金吊伐录校补》之《册大楚皇帝文》，第435页。

② 《宋史》卷475《张邦昌传》，第13793页。

③ （金）佚名编，金少英校补，李庆善整理：《大金吊伐录校补》之《伐康王晓告诸路文字》，第494—495页。

④ 《金史》卷77《刘豫传》，第1759页。

任的代理人时，挞懒力荐刘豫：

> 初，宋人既诛张邦昌，太宗诏诸将复求如邦昌者立之，或举折可求，挞懒力举刘豫。[①]

据《三朝北盟会编》卷一百九十七引张汇《金虏节要》云："金人之陷山东，多挞懒之力也。达懒久居潍州，回易屯田，遍于诸郡，每认山东以为已有。"基于这样的背景，挞懒于公于私都愿意扶立刘豫，所以，及至南宋高宗"自明州入海亡去，宗弼北还，乃议更立其人（指伪政权代理人）。众议折可求、刘豫皆可立，而豫亦有心。挞懒为豫求封"[②]。然而，挞懒意欲推刘豫为帝以收恩的图谋，却被权臣宗维先一步抢夺而去，这就直接影响了刘豫日后判别与金国权贵远近亲疏的标准与态度，也加剧了金重臣宗维与挞懒的矛盾。对此，《建炎以来系年要录》卷三十二之建炎四年三月所载甚详：

> 初，敌陷山东，左监军完颜昌（即挞懒）密有许封刘豫之意。会济南有渔得鳣者，豫妄谓神物之应，乃祀之。既而北京顺豫门下生禾，三穗同本，其党指言以为豫受命之符，乃使豫子伪知济南府麟赍重宝赂昌求僭立。大同尹高庆裔、左副元帅宗维心腹也，恐为昌所先，乃说宗维曰："吾君举兵止欲取两河，故汴京既得，则立张邦昌。后以邦昌废逐，故再有河南之役。方今河南州郡，官制不易，风俗不更者，可见吾君意非贪土，亦欲循邦昌之故事也。元帅盍进此议，无以恩归他人。"宗维乃令希尹驰白金主晟，晟许之。宗维遂遣庆裔自河阳越旧河之南，首至豫所隶景州，会官吏军民于州治，谕以求贤建国之意，皆莫敢言，曰："愿听所举。"庆裔徐露

---

① 《金史》卷77《挞懒传》，第1764页。

② 同上书，卷77《刘豫传》，第1760页。

意以属豫，郡人迎合敌情，惧豫权势，又豫适景人也，故进士张浃等遂共举之。庆裔至德、博、大名，一如景州之故。既至东平，则分递诸郡以取愿状而已。庆裔归，具陈诸州郡推戴之意，宗维许之。

金人册封刘豫为伪帝，是由宗维的心腹高庆裔亲自参与的：“金主晟遣西京留守特进检校太保尚书右仆射大同尹兼山西兵马都部署上柱国高庆裔、金紫崇禄大夫尚书礼部侍郎知制诰护军韩昉，册命中奉大夫知东平府充京东西淮南安抚使节制河南诸州刘豫为皇帝，国号大齐，都大名府。”[①] 宗维既然抢先扶立了刘豫，刘豫自然投桃报李，“豫之立也，高庆裔推之，粘罕（即宗维）主之，虏主吴乞买（金太宗完颜晟）从之。豫知恩悉出三人，又三人虏之最用事者，豫每岁厚有馈献，蔑视其他酋长”[②]。至于先前曾经“密有许封刘豫之意”的挞懒，刘豫则不再俯首，当达懒“自宿迁北归，路由东北，刘豫不之出迎，更遣人议于达懒曰：‘豫今为帝矣，若相见，无拜礼。’豫尝拜挞懒。挞懒怒责之，尽却豫贽献之物，不与之见，大憾而去”[③]。挞懒对刘豫的恨由此而及彼，“及宗维以封豫，昌不能平，屡言于金太宗晟，以为割膏腴之地以予人，非计。晟不从”[④]。由于宗维一意庇护刘豫，挞懒与宗维的矛盾也因之愈发深刻：“左监军达兰（达懒）请尼雅满（宗维），谓西路之军，有解盐可赡，而东路无之，乞割齐境沧州盐场，以赡其用。盖达兰怒刘豫不拜，欲夺其利，而尼雅满方专权庇豫，故不之许。

① （宋）李心传：《建炎以来系年要录》第1册，卷35，建炎四年七月丁卯条，第680—681页。

② （宋）徐梦莘：《三朝北盟会编》卷182，第1323页。

③ 同上书，卷182，第1322页。

④ （宋）李心传：《建炎以来系年要录》第3册，卷105，绍兴六年九月庚寅条，第1711页。

然达兰自此憾豫深矣。”[①]

如果说，围绕着扶立刘豫的事件所引发的金廷上层矛盾，其涉及面尚且有限的话，那么，金太宗完颜晟去世后，以大金国继承人为焦点所展开的权臣斗争则更加尖锐和激烈，其涉及面也更加广泛。

金太宗时，“以斜也、宗干知国政，以宗翰、宗望总戎事”[②]。绍兴五年正月，金太宗完颜晟崩，围绕着皇位继承人，金廷重臣展开了激烈的斗争，其内部矛盾进一步激化。

> 初，太宗以斜也为谙班勃极烈，天会八年，斜也薨，久虚此位。而熙宗（即完颜亶）宗峻子，太祖嫡孙。宗干等不以言太宗，而太宗亦无立熙宗意。宗翰朝京师，谓宗干曰：“储嗣虚位颇久，合剌（即完颜亶）先帝嫡孙，当立，不早定之，恐授非其人。宗翰日夜未尝忘此。”遂与宗干、希尹定议，入言于太宗，请之再三。太宗以宗翰等皆大臣，义不可夺，乃从之，遂立熙宗为谙班勃极烈。于是，宗翰为国论右勃极烈，兼都元帅。[③]
>
> 天会八年，谙班勃极烈杲薨，太宗意久未决。十年，左副元帅宗翰、右副元帅宗辅、左监军完颜希尹入朝，与宗干议曰：“谙班勃极烈虚位已久，今不早定，恐授非其人。合剌，先帝嫡孙，当立。”相与请于太宗者再三，乃从之……（三月）甲午，以国论右勃极烈、都元帅宗翰为太保，领三省事，封晋国王。……十一月，以尚书令宋国王宗磐为太师……己卯，以元帅左监军完颜希尹为尚书左丞相兼侍中，太子少保高庆裔为左丞，平阳尹萧庆为右丞。[④]

---

① （宋）熊克：《中兴小纪》卷11，第136页。

② 《金史》卷3《太宗》，第66页。

③ 同上书，卷74《宗翰传》，第1699页。

④ 同上书，卷4《熙宗》，第69—70页。

> 初，（金）太祖旻有约，兄终弟及，复归其子。及晟病，其长子宗磐自以人主之元子，欲为储嗣。旻之子宗干言，己乃武元长子，当立。宗维言，己于兄弟，年长功高，当继其位。晟不能决者累日。宗室完颜勖者，受师于本庙主客员外郎范正图，粗通文艺，奏曰："臣请筹之。初太祖约称，元谋弟兄轮足，却令太祖子孙为君，盟言犹在耳。所有太祖正室慈惠皇后亲生男胜果早卒，有孙称阿木班贝勒，以为储嗣，今年十有五矣。"宗维乃止。监军希尹利其幼弱易制。宗干，亶伯父，且妻其母，如己子也，遂共赞成其事……封左副元帅宗维为晋国王，皇伯宗干为秦国王，宗磐为宋国王，皆领二省事。封右监军希尹为陈王，除尚书右丞相。知燕京枢密院事韩企先为尚书右丞相，山南西路兵马都部署高庆裔为尚书左丞，河南东路兵马都部署萧庆为尚书右丞。宗维、希尹既罢兵，亶以庆裔与庆本二人腹心，故解其外任。又封右副元帅宗辅为冀王，迁左副元帅。右监军宗昌为鲁王，迁右副元帅。右监军宗弼为沈王，迁左监军。陕西经略使萨里干为右监军。①

"谙班勃极烈杲既薨，太宗意久未决"，这就给宗磐、宗干、宗翰等怀有称帝野心的权臣留下了争斗的空间。本来"太宗亦无立熙宗意"，但一是因为有太祖的约定"元谋弟兄轮足，却令太祖子孙为君"，那么"太祖正室慈惠皇后亲生男胜果早卒，有孙称阿木班贝勒，以为储嗣"，也就成了尊奉祖宗遗命的选择；二是完颜亶时年十五，尚且年少，"监军希尹利其幼弱易制。宗干，亶伯父，且妻其母，如己子也"。在各方权衡自己的利益之后，完颜亶便成了各方势力达成一致的最佳人选，"遂共赞成其事"，这才有了"宗翰日夜未尝忘此，遂与宗干、希尹定

① （宋）李心传：《建炎以来系年要录》第2册，卷84，绍兴五年正月癸酉条，第1387—1389页。

议，入言于太宗，请之再三”的事实。而太宗虽本无立熙宗意，但无奈“宗翰等皆大臣，义不可夺”，故当诸人“相与请于太宗者再三，乃从之”，“遂立熙宗为谙班勃极烈”，从此种下了朝廷重臣相互敌视斗争的恶果。据《大金国志》记载，熙宗即位后，“封太宗长子宗磐为宋国王、领三省事……故宗磐虽得三公之位，失望储贰之除，以至谋畔，盖始于此也”①。又《建炎以来系年要录》卷一百十四，绍兴七年九月末所引《金中杂书》中记载：“迈乌奇（即太宗完颜晟）幼年曾出继达赉之父，故与达赉（即达懒）情好亲厚。达赉深欲宋王（即宗磐）之立，而尼玛哈（即宗翰）废之，故达赉与宋王共恶尼玛哈，常有身灭数国之语。”

金廷权臣的激烈斗争一方面削弱了其内部的力量，另一方面也必然影响到对外策略的制定，这就为南宋朝廷争取积极主动，重新权衡对金、对伪齐的方针政策提供了重要的依据，也正是在这种前提下，才产生了“不讨贼豫则无以为国，不安慰强敌则逆贼未易讨”这一方略。

第三节　既不可因战而废和，又不可因和而忘战

就南宋方面来看，一方面是高宗对金的深恨，所谓“二圣久在漠北苦寒之地，居处衣服饮食，百种皆阙。为人子弟，不能拯父兄之难，深自悲伤”②。“今敌骑虽退，然尼玛哈等犹在，朕敢忘此忧乎?”③ 另一方

① （金）宇文懋昭撰，李西宁点校：《大金国志》卷9《熙宗孝成皇帝一》，第79页。

② （宋）李心传：《建炎以来系年要录》第2册，卷95，绍兴五年十一月癸巳条，第1576页。

③ 同上书，卷84，绍兴五年正月壬戌条，第1380页。

面，“刘豫介然处于其（南宋与金）中，势不两立，必求援于金”[①]。“刘豫之害，大于金人。”[②]刘豫自称帝以来，积极与金人相应援，在出兵侵扰南宋境土的同时，还大力诱招南宋反叛之士，与南宋朝廷对抗到底。“伪齐明置归受馆，厚立赏以招吾人，既遣李成侵襄、邓、郢州，又遣重兵归川口。”[③]伪齐政权对南宋朝廷的安全构成了越来越大的威胁，建炎四年十月，南宋“直秘阁淮宁顺昌府蔡州镇抚使冯长宁以王命阻绝，弃城去。是月，以淮宁附于刘豫”[④]。绍兴元年，“（李）成北走降刘豫”[⑤]“（李）忠奔归刘豫”[⑥]；绍兴二年，“知商州董先以商、虢二州叛附于豫”“蕲、黄镇抚使孔彦舟叛降豫”[⑦]；绍兴三年，“明州守将徐文以所部海舟六十艘、官军四千余人浮海抵盐城，输款于豫。文言沿海无备，二浙可袭取。豫大喜。以文知莱州，益海舰二十，俾寇通、泰间”[⑧]；绍兴四年，“熙河路马步军总管关师古与豫兵战于左要岭，败绩，遂降贼。洮、岷之地尽归豫矣”，“知寿春府罗兴叛降豫”。[⑨]对于南宋朝廷来说，金人固然有亡国掳帝之恨，但在当时，南宋尚无力量两手出拳同时解决金与伪齐的问题，在这种情况下，权衡二敌的实际情况，把打击重点放在伪齐一方，应当说更符合当时南宋的实际状况。因为“金帅颇有厌兵之意，其众军亦甚思休息，特尼玛哈、固新、高庆裔

① （宋）李心传：《建炎以来系年要录》第2册，卷74，绍兴四年三月丁卯条，第1227页。

② 同上书，卷95，绍兴五年十一月辛未条引刘长源之语，第1568页。

③ 同上书，卷75，绍兴四年四月丙午条，第1244页。

④ （宋）李心传：《建炎以来系年要录》第1册，卷38，建炎四年十月己亥条，第729页。

⑤ 《宋史》卷369《张俊传》，第11473页。

⑥ 同上书，卷26《高宗三》，第491页。

⑦ 同上书，卷475《刘豫传》，第13795—13796页。

⑧ 同上书，第13797页。

⑨ 同上书，第13798页。

辈持之不肯。然上下猜防，人心携贰，将见内患自生，变乱可待矣”①。且金人与伪齐相较，“金人，其来有时，其居不久，来则避之，去则复业，此不足虑也明矣。且如刘豫，以臣窃国，用虏僭君，素无人望，唯多诈谋……今刘豫恃金人之势，露不臣之心，自揣悖逆，与我圣宋必不两立，势无俱存。彼若以利诱动金人，进屯淮右，虽不交兵，纵未南渡，两军相持，积之岁月，必有存亡，将何所逃？臣以谓先擒刘豫，则金人自定”②。正是基于中原未复、徽钦二帝未归的背景，鉴于金与伪齐各自的实际状况及其对于南宋的现实威胁，时任资政殿大学士、提举临安府洞霄宫的秦桧提出了“不讨贼豫则无以为国，不安慰强敌则逆贼未易讨”的对敌策略：

> 靖康以来，和战之说纷然。言战者专欲交兵，而彼已之势未必便；言和者专事恳请，而军旅之气因以沮，皆非至当之画。为国者自有正理，不必以虚张为强，亦不必以力弱为怯……今者逆贼刘豫，阴导金人，提兵南向，此在朝廷，当以正理处之。盖不讨贼豫，则无以为国；不安慰强敌，则逆贼未易讨。前此不欲轻发兵端，故隐忍以待衅。今贼豫知我欲乘机以举，则处以正理，不可失也。自古两国相敌，力强者骄，不足深较。樊哙愤匈奴侮慢，欲以十万横行其国，季布折之。此其盛强之时，况今势有未便，臣前奏乞安慰强敌，当用所获金人，令诸将通其大长书，明言止欲讨叛，而不敢轻犯大国，盖知虚张之无益也。自古立国，必明君臣之义。陈常作乱，孔子请讨，此齐国之乱臣，而鲁不容。况贼豫，我故臣子，不讨则三纲大沦，何以为国？臣前具奏乞征讨贼豫，当檄数其

① （宋）李心传：《建炎以来系年要录》第2册，卷87，绍兴五年三月癸卯条引韩肖胄所言，第1462页。

② （宋）吴伸：《论收复中原书》，《全宋文》第184册，卷4049，第284—285页。

罪，而阳推金人，以纾其缔交之计，作我士气，而沮彼贼众，益知讨叛之不必太怯也……因所获金人，厚存拊之，彼各识所属大长之意，分遣书词，不至差殊，则是为措置之方，使敌知朝廷志在讨叛，而意不得已也。使豫众知朝廷但诛首恶，而胁从罔治，则是为绥怀之略。①

秦桧以“为国者自有正理，不必以虚张为强，亦不必以力弱为怯”作为立论的基点，主张当此“势有未便”之际，对金国以“虚张之无益”的态度处之，“明言止欲讨叛，而不敢轻犯大国”，“使敌知朝廷志在讨叛，而意不得已”，以便分割金与伪齐，破坏其联合，削弱其对南宋的压力；对于伪齐刘豫，则处之以“讨叛之不必太怯”：“当檄数其罪，而阳推金人，以纾其缔交之计，作我士气，而沮彼贼众”。这一主张的具体实施便是将南宋的军事打击目标定为伪齐，对于金人则采取姑以和议待之的方略。对此，资政殿大学士提举临安府洞霄宫李邴在其奏上的战阵守备措置绥怀各五事中，即已明确提及：

金人自用兵以来，未尝不以和好为言，此决不可恃。然二圣在彼，不可遂已，姑以余力行之耳。臣谓宜专命一官，如古所谓行人者，或止左右司领之，当遣使，人举成法而授之，庶免临时斟酌之劳，而朝廷得以专意治兵矣。刘豫僭叛，理必灭之，谓宜降敕榜，明著豫僭逆之罪，晓谕江北士民，此亦兵家所谓伐谋伐交者。②

李邴一方面分析金人自靖康以来“和使项背相望，而侵犯之兵无岁

① （宋）李心传：《建炎以来系年要录》第2册，卷87，绍兴五年三月癸卯条引秦桧所言，第1454—1456页。

② 同上书，卷87，绍兴五年三月癸卯条，第1460页。

不有”① 的所作所为，明言与金人的议和“决不可恃”。另一方面又从二帝安危出发，根据当时宋金对峙的实际情况，提出和议“不可遂已”“姑以余力行之”的策谋，即以和议暂时应对金人，以便赢得时间，“朝廷得以专意治兵”，以应对伪齐。应当说，这一建言是务实的，因为南宋朝廷虽然新近取得了击退金与伪齐联军的胜利，但尚未具备一举击垮金人的实力。绍兴四年十二月金人退师，固然有“蕃汉军皆怨愤”的重要因素，但更与其朝廷上层的激烈争权斗争密切相关：

> 时金师既为世忠所扼，会大雨雪，粮道不通，野无所掠，至杀马而食，蕃汉军皆怨愤。签军又为飞书掷于帐前云：“我曹被驱至此，若过江，必擒尔辈以献南朝。”俄闻上亲征，且知金主晟病笃，将军韩常谓宗弼曰：“今士无斗志，过江不叛者独常尔，他未可保也。况吾君疾笃，内或有变，惟速归为善。”宗弼然之，夜引还。金军已去，乃遣人谕刘麟及其弟猊。于是麟等弃辎重遁去。②

“吾君疾笃，内或有变”，是宗弼退师的重要原因，而伪齐退师则是在得知金兵北去的消息之后。可见，南宋之所以取得这次决定性胜利，也必须考虑金人正处于内部尖锐的权力斗争这个因素。正是出于现实的考虑，在全面权衡金人与南宋双方的力量对比后，南宋朝臣普遍认为，在当时，大举出击金人的时机尚未成熟。事实上，南宋与金的联系也并未因金、伪齐联兵的入犯而中断。吕颐浩于绍兴五年五月所奏《上边事善后十策·论用兵之策》云：

---

① （宋）李心传：《建炎以来系年要录》第3册，卷123，绍兴八年十一月辛亥条，第2001页。

② （宋）李心传：《建炎以来系年要录》第2册，卷83，绍兴四年十二月庚子条，第1370页。

> 仰惟陛下天性圣孝，痛北狩之未还，悼生灵之荼毒，屡遣信使，卑辞屈已，祈请讲和，以纾父兄之厄，以救生民之命。而敌性贪婪，吞噬不已，自王伦之回，迄四年矣，岁岁举兵侵掠川口。去年虽不曾出兵，而移师南来，大入淮甸。又与刘豫同恶相济，其志岂小哉？今幸金人已退，若不用兵，则五月间必传箭于国中，秋冬间复举兵至淮甸。在我支吾赋敛，终至财力困竭，此不可不用兵也。况不用兵，则二圣必不得还，中原之地必不可复，伪齐资粮必不可焚。或曰：如此遂废讲和一事耶？臣对曰：不然。古者兵交，使在其间。既不可因战而废和，又不可因和而忘战。间遣使命再贻书以骄之，复示弱以绐之。而我急为备，出其不意，乘时北伐。此用兵之利也。①

吕颐浩首先分析金人方面“敌性贪婪，吞噬不已”，“岁岁举兵”，“其志岂小”的实际情况，认为南宋一方的“卑辞屈已，祈请讲和”，不可能产生实际效果，所以用兵在所难免，因为“不用兵，则二圣必不得还，中原之地必不可复，伪齐资粮必不可焚”。但是权衡当时南宋朝廷各方面的实力，弃和言战尚待时日。所以吕颐浩提出了“既不可因战而废和，又不可因和而忘战”的主张，即以和应之，以战为最终目的，所谓“间遣使命，再贻书以骄之，复示弱以绐之。而我急为备，出其不意，乘时北伐”。这里值得注意的是，吕颐浩所论北伐有一个前提条件，那就是表面上仍然维持“间遣使命”，实际上则“我急为备”，这也是南宋朝廷当权者此期较为重要的一种意见。绍兴五年五月，忠训郎合门祗侯何藓特迁修武郎，赴大金国军前，奉表通问徽、钦二帝，就是出于尚书右仆射张浚以“使事兵家机权”为由的奏请：“尚书右仆射张浚自

① 《全宋文》第141册，卷3043，第248页。

江上还，奏使事兵家机权……乃遣承节郎都督行府帐前准备差使范宁之与问安使何藓偕行。”①

当然，南宋朝臣中亦不乏以胡寅为代表的坚决反对和议、一意主战者。胡寅的《斐然集》卷十一中现存有《论遣使札子》《再论遣使札子》二文，都是直接针对何藓出使而作，“适睹何藓之事，恐和说复行，国论倾危，士气沮丧，所系不细，遂具陈奏”。胡寅明确表达了与张浚不同的立场和观点，“宰相张浚有论使事为兵家机权，与臣所论事理不同”。“张浚以遣使为机权者，臣所未喻，不敢强为之说”②，胡寅以孔子《春秋》的“父子君臣之义”为依据，以鲁庄公“释怨通和”之罪为事例，坚决反对用讲和之人，修讲和之事：

> 昔孔子作《春秋》以示万世，人君南面之术无不备载，而其大要则在父子君臣之义而已。鲁桓公为齐所杀，鲁之臣子于齐有不共戴天之仇。而庄公者乃桓公之子也，非特不能为父雪耻，又与齐通好。元年为齐主王姬，四年及齐狩于禚，五年会齐同伐卫，八年及齐同围郕，九年及齐盟于蔇，是年为齐纳子纠。仲尼恶之，备书于策，以着其释怨通和之罪。鲁庄惟忘父子君臣之义也。鲁之臣子则而象之，故公子牙弑械成于前，庆父无君动于后。卜齮圉人荦之刃交发于党氏武闱之间。鲁之宗祀不绝如线。此释怨通和之效也，岂非为后世之永鉴乎？女真者惊动陵寝，戕毁宗庙，劫质二帝，涂炭祖宗之民，乃陛下之仇也……今乃无故蹈庸臣之辙，践阽国之址，犯孔子之戒，循鲁庄之事，忘复仇之义，陈自辱之辞，臣窃为陛下不取也。③

---

① （宋）李心传：《建炎以来系年要录》第2册，卷95，绍兴五年十一月戊子条，第1574页。

② 《全宋文》第189册，卷4162，第165—168页。

③ 同上书，第189册，卷4162，第162—163页。

胡寅将鲁庄公释怨通和之罪和南宋朝廷与金人议和相类比，直斥讲和乃“忘复仇之义，陈自辱之辞”，是“犯孔子之戒，循鲁庄之事”。他要求朝廷“据孔子之论”，“考笔削之意，断当今之事”。[①] 这里所说的当今之事，便是“将为父兄摅覆载不同之愤，雪沧溟不涤之耻”[②]：

> 当今之事莫大于夷狄之怨也，欲纾此怨，必殄此仇，则用此之人而不用讲和之臣，行此之政而不修讲和之事。使士大夫三军百姓皆知女真为不共戴天之仇，人人有致死女真之志，百无一还之心。然后二圣之怨有可平之日，陛下为人子之职举。臣等驽下，伸眉吐气，食息世间，亦预荣矣。苟为不然，以中国万乘之君而称臣于仇敌，则宰相而下皆其陪臣也。[③]

胡寅反复强调宋与金的“不共戴天之仇”，认为“欲纾此怨，必殄此仇”。他以《春秋》大义为依归，坚持“世仇当复，无可通之义”[④]，“今以虏为父兄之仇，绝不复通，则名正而事顺”。“若通而不绝，则虏握重柄，归曲于我，名实俱丧，非陛下之利也。”[⑤] 至于使者北行的行为，胡寅更是直斥其为“谬计”，且以“义”“利”二字判定绝交或通和将引发的君臣利害之别：

> 陛下与女真绝，则臣下无所得，而人主为义举；举若通和，则利归下，而人主受其恶。故凡愿奉使通和者，皆身谋，非国计也。[⑥]

胡寅又以昔日富弼出使，将口舌之功视为耻辱的事例，对比并判定

---

① 《全宋文》第189册，卷4162，第164页。
② 同上书，第167页。
③ 同上书，第164页。
④ 同上。
⑤ 同上书，第167页。
⑥ 同上书，第164页。

今日“何薛之行，非特无效，决须取辱”：

何薛一使臣，其何能任觇国之事乎……昔富弼之使也，以一言息南北百万之兵，可谓伟矣。使归行赏，迁进官职，弼方以中国未能用兵，徒赖使人口舌下敌为莫大之耻，终不肯受。其识度如此，乃可办国。今奉使者首先论其私事，祈求恩泽，一一足意而后行。所虑卑近，与市井之人无异，尚能明目张胆不辱君命乎……万一虏人临以兵威，肆其恐胁，使人必不能就死，则反以我之情告之，是自败也。死生之际，唯烈士不惧，曾谓何薛而能之乎?①

胡寅援古论今，从理论上彻底否定了出使金国的行为：“今我与虏之势如两家有没世之怨，一弱一强，强者侵凌不休，弱者必固其门墉，严其戒备，待时而动，庶能有济。乃欲命一仆夫，啖以酒肉，悦以金帛，适足以重我之弱，增彼之强而已。”②

就胡寅所主张的专意复仇来看，确实可以起到从精神上极大鼓舞人们斗志的作用。但从南宋朝廷当时的国力来看，却有实际困难，且从南宋的实际行为来看，胡寅这一“伸眉吐气”之策也并未因其激愤而得以采纳并付诸实施。虽然朝廷奖谕了胡寅论遣使的札子“辞旨剀切详明，深得论思之体”③，但并未采纳其主张，“尚书右仆射张浚自江上还”，“不用其说，乃遣承节郎、都督行府帐前准备差使范宁之与问安使何薛偕行”。④ 张浚的遣使主张得以实施，说明了南宋朝廷的对金态度。对此，胡寅又奏上《再论遣使札子》，言遣使无益者十，且因“与浚异

① 《全宋文》第189册，卷4162，第166页。

② 同上。

③ （宋）李心传：《建炎以来系年要录》第2册，卷89，绍兴五年五月丙戌条，第1487页。

④ 同上书，卷95，绍兴五年十一月戊子条，第1574页。

论，乃以父病不及侍迎，乞守湖南小郡”①，但朝廷也并未因此而改变遣使之行，也没有阻止胡寅乞守小郡的请求。如果把朝廷支持张浚遣使的主张和同意胡寅“乞守小郡”的事情联系起来看，在其取舍态度背后，已经可以清晰地见出南宋朝廷此期对金的态度。

本章探讨了南宋朝廷在却退伪齐与金人的联兵入侵之后，朝臣们以渐图恢复为大前提所提出的善后之计。从南宋朝廷日后所实施的政治军事策略来看，这一时期提出的乘衅待时、和战相间的方针无疑具有其可行性。

① （宋）李心传.《建炎以来系年要录》第2册，卷95，绍兴五年十一月戊子条，第1575页。

第十章　从绍兴六年宋齐决战看南宋朝廷的困窘

绍兴六年，南宋朝廷与伪齐的对立进一步加剧。就南宋方面来看，张浚主导的主动进击的一方更加积极。自绍兴四年十二月南宋朝廷击退金、齐联兵的南侵之后，张浚便在高宗的支持下全面展开了恢复中原的中兴之业。“张浚既还朝，始议大合兵为北讨计。”① “上尝召对便殿，问所宜为，且命以所闻见置策来上。（张）浚承命条列以进，号《中兴备览》，凡四十一篇，莫不备具。上深嘉叹，置之坐隅。”“（张）浚既平湖贼，遂自鄂岳转淮东西，会诸大将，议防秋之宜，直至山阳，伪境震动。”② 另一方面，伪齐刘豫父子也从未因败北而放弃其“帝王”“兴起”之想，“时刘麟既北归，西北大恐。麟乃率其伪官属上言：‘中原制江表，其为形势与强弱逆顺之理，何啻得百二之利也。故自古王者兴起，必以河朔、山东之地，然后为帝王之真。若乃崛起及遁居吴、越之会，计其强者，能自保一隅，遇有不振，则中原之兵，已进而墟其国者，一举也。故史册所载，如吴为晋所灭，陈为隋所灭，萧铣为唐所

① （宋）李心传：《建炎以来系年要录》第2册，卷96，绍兴五年十二月丙午条，第1585页。

② 同上书，卷94，绍兴五年十月庚戌条，第1554—1555页。

灭，周世宗翦伐淮南诸州，至宋之初以次就平，是也。’乞下合属去处晓示，豫以其言榜于伪境”①。且“将山东百姓六十以下二十以上，皆签发为兵”②。

刘豫对南宋境域持续不断的侵扰，自有其原因，“伪齐之力，未暇大举，然必岁践吾境者，何也？政以困我故也。轻师以索战，而使吾有大兵久驻之劳；约赍以深入，而使吾有奔命转输之苦。吾所以待之者，不过敛兵依崄而已，非有以逆击之也；不过尾贼出境而已，非有以厚胜之也。如此数年，蜀之财力俱尽，此高颎平陈之策也”③。南宋与伪齐这种对立敌视的态势决定了双方必然有一场军事上的大较量。

绍兴六年八月，“谍报刘豫有南窥之意，赵鼎乃议进幸平江”④。九月，“豫以其子伪尚书左丞相梁国公麟领东南道行台尚书令，改淮西王；又以主管殿前司公事兼开封尹许清臣权诸路兵马大总管；尚书右丞李邺为行台右丞，讲议军事；户部侍郎冯长宁为行台户部侍郎，兼行军参议。又以故叛将李成、孔彦舟、关师古为将，签乡兵三十万，号七十万，分三路入寇。中路由寿春犯合肥，麟统之；东路由紫荆山出涡口，犯定远县，以趋宣、徽，侄猊统之；西路由光州犯六安，彦舟统之。伪诏榜示，指斥銮舆，尤甚于五年淮泗之役”⑤。面对伪齐的凶焰，南宋一开始应对困难，幸赖以张浚为首的主进者一意坚持，加之关键时刻高宗坚定地予以支持，终使战事有了转机。可以说，南宋是在险阻重重中赢得了对伪齐的胜利。这次战事暴露了南宋朝廷的两个重要问题，一是

---

① （宋）李心传：《建炎以来系年要录》第2册，卷84，绍兴五年正月癸酉条，第1386页。

② 同上书，卷92，绍兴五年八月己酉条，第1532页。

③ 同上书，卷94，绍兴五年十月，引右朝奉大夫新知普州喻汝砺上书所言，第1562页。

④ （宋）李心传：《建炎以来系年要录》第3册，卷104，绍兴六年八月甲辰条，第1695页。

⑤ 同上书，卷104，绍兴六年九月庚寅条，第1712页。

朝廷内部对于战、守的意见始终无法统一；二是肩负卫国重任的大将不能有效地支持配合。这两个问题背后又更牵涉将帅的跋扈、财用的困窘等一系列南宋朝廷无法摆脱的困扰。这些问题在绍兴四年十二月伪齐与金人联兵入侵失败后已经日益凸显，并不断出现在南宋朝臣的奏疏之中，已经成为南宋朝廷不得不面对的棘手问题。

第一节　守江与进击的分歧

《建炎以来系年要录》卷一百六记载了绍兴六年十月南宋抗击伪齐的战事，其中附有李心传这样的按语："以史及他书考之，其实（赵）鼎专为守江之计，而浚力督诸将进兵，以此异议。"此语明确地揭示了此次敌我大战中凸显的一个重要问题，即南宋朝廷上层对于战与守的意见不一，而这种不一又直接导致了战场上的大将在对敌作战时的态度与行为上的摇摆。对此，朱熹的相关记载较为完备，姑引以为证：

> （张浚）八月至行在，时张俊军已进屯盱眙，三帅鼎立，而岳飞遣兵入伪地，直至蔡州，焚其积聚，时有俘获。公（张浚）力陈建康之行为不可缓，朝论同者极鲜，惟上断然不疑。车驾以九月一日进发，逮至平江，公又请先往江上。谍报叛贼刘豫及其侄猊挟虏来寇，公奏虏疲于奔命，决不能悉大众复来，此必皆豫兵。公既行，而边遽不一，大将张俊、刘光世皆张大贼势，争请益兵，自赵鼎而下，莫不恟惧。至欲移盱眙之屯，退合肥之师，召岳飞尽以兵东下。公独以为不然，以书戒俊、光世曰："贼豫之兵以逆犯顺，若不尽剿，何以立国？平日亦安用养兵为？今日之事，有进击无退

保。”时杨沂中为张俊军统制，公令沂中往屯濠梁，且使谓之曰：“上待统制厚，宜及时立大功，取节钺。或有差跌，某不敢私。”诸将悚惧听命，公至江上，知来为寇者实刘麟兄弟，豫封麟淮西王，兵凡六万人。寇已渡淮南，涉寿春，逼合肥。公调度既已定矣，而张俊请益兵之书日上，刘光世亦欲引兵退保。刘豫又令乡兵伪胡服，于河南诸州十百为群，由是间者皆言处处有虏骑。赵鼎及签书枢密院事折彦质惑之，移书抵公至七八，坚欲（岳）飞兵速下。又拟条画项目，乞上亲书付公。大略欲俊、光世、沂中等退师善还，为保江之计，不必守前议。公奏：“俊等渡江则无淮南，而长江之险与敌共矣。淮南之屯正所以屏蔽大江，向若叛贼得据淮西，因粮就运，以为家计，江南其可保乎？陛下其能复遣诸将渡江击贼乎？淮西之寇，正当合兵掩击，令士气益振，可保必胜。若一有退意，则大事去矣。又岳飞一动，则襄汉有警，复何所制？愿陛下勿专制于中，使诸将不敢观望。”上手书报公曰：“朕近以边防所疑事咨问于卿，今览卿奏，措置方略、审料敌情条理明甚，俾朕释然，无复忧顾。非卿识虑高远，出人意表，何以臻此？”是时内则庙堂，外则诸将，人人畏怯，务为退避自全之计。虽公远策之忠始终不贰，然握兵在外，间隙易生，向非主上见几之明，不惑众议，则诸将必引而南，大势倾矣。及奉此诏，异议乃息，而诸将亦始为固守计。既而贼大张声势于淮东，阻韩世忠承楚之兵不敢进，杨沂中亦以十月四日抵濠州。公闻光世已舍庐州而南，淮西人情汹动，星夜疾驰至采石，遣谕光世之众曰：“有一人渡江，即斩以徇。”光世闻公来采石，大恐，即复驻军，与沂中接连相应。刘猊分麟兵之半来攻沂中。是月十日，沂中大破猊于藕塘，降杀无遗。猊仅以身免，麟拔寨遁走，掳获甚众，得粮舟四百余艘。①

面对伪齐的汹汹来势，“内则庙堂，外则诸将，人人畏怯，务为退避自全之计”，这便是当时严峻的形势。朝臣中的主守者“欲移盱眙之屯，退合肥之师，召岳飞尽以兵东下”，“欲俊、光世、沂中等退师善还，为保江之计，不必守前议”。这种保江自守的主张直接导致了诸将观望甚至退避的行动，“张俊请益兵之书日上，刘光世亦欲引兵退保”，且“舍庐州而南”。在朝廷上下“莫不恟惧”的关键时刻，坚持“有进击无退保”的张浚一方面严督大将：“及时立大功，取节钺。或有差跌，某不敢私。”“有一人渡江，即斩以狥。”另一方面则径直上奏高宗，申明淮南之屯对于屏蔽大江的重要性，提出“淮西之寇，正当合兵掩击，令士气益振，可保必胜。若一有退意，则大事去矣”。且明确指出“退师善还”之论正是诸将观望的根本原因。最终在高宗的全力支持下，“异议乃息，而诸将亦始为固守计”，才从根本上扭转了对敌作战的被动局面。

如前所述，在与伪齐对垒中表现出的南宋朝廷的意见不一的问题其实从绍兴四年十二月第一次击退伪齐与金联兵入侵之后就一直存在，绍兴五年二月丙戌，赵鼎与张浚并相，“上既以边事付浚，而政事及进退人才，专付于鼎矣”②。随着伪齐的再次入犯，赵鼎与张浚在守江与进击方面的分歧也日益显现。

绍兴四年十二月，南宋朝廷击退伪齐的南侵之谋，对于退敌功臣张浚，高宗予以绝对的支持与信任。绍兴五年二月壬辰，高宗“诏张浚暂

① （宋）朱熹：《少师保信军节度使魏国公致仕赠太保张公行状上》，《晦庵先生朱文公文集》卷95上，第4388页。

② （宋）李心传：《建炎以来系年要录》第2册，卷85，绍兴五年二月丙戌条，第1397页。

往江上措置边防，且赐诸路宣抚制置司手诏曰：'朕以敌人远遁，边圉稍安，临遣相臣，往行师磊。西连陇、蜀，北洎江、淮，既加督护之权，悉在指挥之域。既难从于中覆，宜专制于事机。咨尔多方，若时统率，钦承朕命，咸使闻知。'"[①] 三月乙未，"尚书右仆射张浚言：'臣被旨暂往江上措置边防，臣近到镇江、建康府，以相去行在所地理未远，即不敢一面施行。即次关报，动经旬月，窃虑误事。臣将来到上江日，如有似此事件，欲并依先降指挥，施行讫具奏。'从之"[②]。由此开始了张浚大作规模，以期北伐中原之宏图，"右仆射张浚至镇江，召韩世忠，亲谕上旨，使举军前屯楚州，以撼山东。世忠欣然承命。浚遂至建康抚张俊军，至太平州抚刘光世军。军士无不踊跃思奋"[③]。绍兴五年六月，张浚遣荆湖制置使岳飞平定了为时长久的洞庭湖盗贼，"湘、湖既平，则川、陕血脉通矣，他日遂可渐为恢复之图"[④]。于是，高宗手书赐张浚，予以激励："上流既定，则川、陕、荆、襄形势连接，事力增倍，天其以中兴之功付之卿乎。"[⑤] 张浚随即命岳飞进军屯荆、襄以图中原，又西会诸大将，献上《中兴备览》四十一篇，内中涉及"议征伐""议用兵""议姑息""议间谍""议指挥诸军""议固结人心""议驾驭将帅""议名器""议亲近之人""议君子小人""议分别正邪""议弹击""议任人""议抚恤侍卫之人""议堂吏""议军器""议民兵""议诸州兵官""议宣政人才""议刑罚""议大势""议将帅之情""议假窃威权""议道理""议谗间""议进取""议太原""议朋友""议大军屯驻""议出使"等方方面面的问题。文章以"两宫未归，中原徯望，天

① （宋）李心传：《建炎以来系年要录》第2册，卷85，绍兴五年二月壬辰条，第1402页。

② 同上书，卷87，绍兴五年三月乙未条，第1446页。

③ 同上书，卷86，绍兴五年闰二月丙寅条，第1425页。

④ 同上书，卷94，绍兴五年十月庚戌条引赵鼎、沈与求之言，第1554页。

⑤ 同上书，卷90，绍兴五年六月乙丑条，第1508页。

下之心所以责望于我者至重”[1]为立论的依据，提出了“量力度势，北向而争天下”的见解：

当今大患，不在逆豫，而在丑虏。此天下之所共知也。虏既衰败，豫何能为？而今日之献说者，莫不以得地莫能守、遇虏莫能敌为朝廷之所甚忧，不思金人，譬之虎也。擒虎者，必使其力困气弱，心乱技穷，而后虎可得焉。夫使金人安然蚕食数十州之地，未尝有东顾西备之忧，而曰坐待其弊，其说盖已疏矣。况豫之乘暇因闲，以整治军旅，而又生一敌乎？故夫量力度势，北向而争天下，不可一日而忘之。此天下之大势也，臣故备论之。[2]

臣每闻论者谓，今借使复中原，擒刘豫，得其地而不能守，金人之来而不能破，一豫复起矣，是动不若静之为安也。曾不知虏肆不道，豫为叛逆，天下疾愤甚矣。王师一振，势当百倍，虏复聚兵，又安能为我敌乎？况其衅隙既开，怨仇交起，衰亡可翘足而待也。不然，为吾之计者，是终无适而可矣，且将束手而待尽乎？[3]

值得注意的是，张浚提出的“北向而争天下”的目标不仅仅指向刘豫，更直指金人，所谓“当今大患，不在逆豫，而在丑虏。此天下之所共知也。虏既衰败，豫何能为？”显然，这比起绍兴四年以来分割金与伪齐、待时以乘乱的策略更加激进。张浚提出这一进击目标的依据在于：

天下之事，不倡则不起，不为则不成。今四海之心，孰不想恋王室？金、豫相结，胁之以威，虽有智勇，无由展竭。三岁之间，赖陛下一再进抚，士气从之而稍振，民心因之而稍回。正当示之以

① （宋）张浚：《中兴备览·议姑息》，《全宋文》第188册，卷4135，第102页。
② （宋）张浚：《中兴备览·议大势》，《全宋文》第188册，卷4135，第113页。
③ （宋）张浚：《中兴备览·议进取》，《全宋文》第188册，卷4135，第115页。

> 形势，庶几乎激忠起懦，而三四大帅者，亦不敢怀偷安苟且之心。夫天下者，陛下之天下也。陛下不自致力以为之先，则被坚执锐，履危犯险者，皆有解体之意。今日之事，存亡安危，所自以分。[①]

张浚分析“金、豫相结，胁之以威”的形势，把金人譬之为虎，则“擒虎者，必使其力困气弱，心乱技穷，而后虎可得”，也就是说必当打击金人，使之不免“东顾西备之忧”，则依附金人而存续的伪齐定无“乘暇因闲，以整治军旅”之可能，从而达到南宋朝廷“北向而争天下”的目的。

然而，如上所述，张浚大举北进的意见并未在朝廷上获得一致认可。就当时情况来看，无论是将帅还是朝臣都未对进击达成共识，所以绍兴五年十二月，当张浚还朝并议论合兵北讨的大计时，他也还不能确保北讨之计定能成功实施，所以“深虑诸将议论不同，心颇忧之”：

> 张浚再出江上，欲谋大举，深虑诸将议论不同，心颇忧之，不欲出口。赵鼎察知其意，与之谋曰：“公之此行，未便能举事。莫若兼领屯田而归，不为无补。”于是置官属画一而去。[②]

对于大举北讨，诸将议论不同，宰相赵鼎也明确指出此行“未便能举事”，这都使张浚不能不“忧之”。绍兴六年正月，“尚书右仆射张浚辞往荆、襄视师。浚以敌势未衰，而刘豫复据中原，为谋叵测，奏请亲行边塞，部分诸将，以观机会。上许焉。浚即张榜声豫叛逆之罪……朝论以为边防未备，空阙之处尚多。浚独谓：‘楚、汉交兵之际，汉驻兵

① （宋）李心传：《建炎以来系年要录》第3册，卷107，绍兴六年十二月戊戌条，第1738页。

② （宋）李心传：《建炎以来系年要录》第2册，卷96，绍兴五年十二月甲子条，第1593页。

殽、渑间，则楚不敢越境而西，盖大军在前，虽有他岐捷径，敌人畏我之议其后，不敢踰越深入。故太原未陷，则尼玛哈之兵不复济河，亦以此耳。论者多以前后空阔为疑，曾不议其粮食所自来，师徒所自归。不然，必环数千里之地，尽以兵守之，然后可安乎？'浚既白于上，又以告之同列，惟上深以为然"①。张浚意欲大举北进，但同列并未予以赞同支持，虽然张浚力辩直陈，但最终也只是"惟上深以为然"。绍兴六年六月，张浚奏请高宗秋冬临建康，抚三军而图恢复，宰相赵鼎却不以之为然："甲寅，给事中晏敦复缴江东帅臣叶宗谔修建行宫画一录黄。上曰：'敦复所论何如？'赵鼎曰：'近日民间多事，若缓为之亦无伤。'……鼎未欲上幸建康，故对语及之。"② 绍兴六年八月，"张浚自江上来归，力陈建康之行为不可缓。朝论不同。上独从其计"③。可以说，张浚的进击之论一直是在朝臣的争议下向前推进的。

如上所述，绍兴六年南宋的进击之策，全赖高宗每每在危急时刻坚决支持张浚，史书中"惟上深以为然""朝论不同，上独从其计""上翻然从其计"的记录就很有说服力。在决定军队进退的最关键时刻，高宗力排众议的决策异常重要："（吕）祉亦言士气当振，贼锋可挫。榻前力争，至于再四。（折）彦质密奏：'异时误国，虽斩晁错以谢天下，亦将何及。'上不听，乃命祉驰往（刘）光世军中督师。"④ 可以说，绍兴六年对刘豫一战的胜利，乃是在南宋朝臣意见相左，张浚强势进击，高宗全力支持之下取得的。但决战的大胜却未能就此停息朝廷关于和与战的争议，且随着形势的发展和变化，这一争议在其后更是愈加激烈。

---

① （宋）李心传：《建炎以来系年要录》第2册，卷97，绍兴六年正月丙戌条，第1603—1604页。

② 同上书，卷102，绍兴六年六月甲寅条，第1670页。

③ （宋）李心传：《建炎以来系年要录》第3册，卷104，绍兴六年八月甲辰条，第1695页。

④ 同上书，卷106，绍兴六年十月丙申条，第1717页。

第二节　将帅跋扈、财用堪忧

张浚在其《中兴备览》中有言："号令出于一，则令严而事有所济。使臣事于外，而朝廷异论于内，则上下观望，鲜能成事也。"[①]"用兵之道，贵在专一。心有所主，不忧中制，则虽败而能胜，弱而能强。自古见于行事，此类非一也。若夫号令改易，进退犹豫，则未战而先败矣。"[②] 张浚之所以反复强调"号令出于一""贵在专一"，正是有感于朝廷上的议论多歧。如前所述，虽然高宗每每在关键时刻坚决支持张浚，但高宗其实也没有对敌作战的绝对胜算，相反，他的内心也是以事机难明、胜败难期为忧。绍兴六年正月，谋划出师意欲大举的张浚与高宗有这样一次对话：

> 上曰："朕每以事机难明，专意精思，或达旦不寐。"（张）浚曰："陛下以多难之际，两宫幽处，一有差失，存亡所系，虑之诚是也。然杂听则易惑，多畏则易移，以易惑之心，行易移之事，终归于无成而已。是以自昔人君，正心修己，仰不愧，俯不怍，持刚健之志，洪果毅之姿，为所当为，曾不他恤。以陛下聪明，苟大义所在，断以力行，夫何往而不济？臣愿万几之暇，保养天和，澄心静气，庶几利害纷至而不能疑，则中兴之业可建矣。"[③]

① （宋）张浚：《中兴备览·议指挥诸军》，《全宋文》第188册，卷4135，第105页。
② （宋）张浚：《中兴备览·议用兵》，《全宋文》第188册，卷4135，第102页。
③ （宋）李心传：《建炎以来系年要录》第2册，卷97，绍兴六年正月辛未条，第1597页。

张浚所云“大义所在，断以力行，夫何往而不济”的激励，虽然是针对高宗“一有差失，存亡所系”的忧虑所发，但其“杂听”“多畏”之说，却反映出当时朝廷上下“欲保守则失进取之利，欲进取则虑根本之伤”① 的深深顾虑。即便将帅奏捷，也未能尽去高宗之忧。绍兴六年八月，谍报刘豫有南窥之意，赵鼎提议进幸平江。九月，高宗由临安府出发，“丁卯，御舟宿临平镇。上于舟中与宰执论岳飞之捷固可喜，淮上诸将，各据要害，虽为必守计，然兵家不虑胜，惟虑败尔。万一小跌，不知如何？更宜熟虑”②。高宗在即将临敌作战之际尚有诸多顾虑，他的“虑败”，他对“小跌”的担忧与继之而来的大将张俊、刘光世等夸大敌情、争相请求增兵支援、众人恟惧的情状其实存在着内在的必然联系。事实上，南宋朝廷上上下下的这种对于外敌的疑惧忧虑早就植根于一般朝臣的心中，并非一时所有。

绍兴五年正月，在南宋朝廷挫败伪齐与金的联兵入犯之后，高宗为求善后之计，下诏要求前宰执各自条具所见上奏，其中李纲所陈“先守备后攻战”的意见即是以南宋朝廷“生理未固”为依据的：

> 议者或谓贼马既退，当遂用兵，为大举之计。臣窃以为不然。譬如弈棋，先当自生，乃可杀敌；生理未固，而欲浪战以侥幸，此非制胜之术也。高祖先保关中，故能东向与项籍争；光武先保河内，故能出征以降赤眉、铜马之属；肃宗先保灵武，故能破安史而复两京。今朝廷以东南为根本，倘不先为自固之计，将何以能万全胜敌？又况将士暴露之久、财用调度之烦、民力科取之困，谓宜大

① （宋）李心传：《建炎以来系年要录》第 2 册，卷 87，绍兴五年三月癸卯条，资政殿大学士提举临安府洞霄宫李邴条上战阵守备措置绥怀各五事所言，第 1459 页。

② （宋）李心传：《建炎以来系年要录》第 3 册，卷 105，绍兴六年九月丁卯条，第 1705 页。

为守备，痛自料理，使之苏息，乃为得计……谓宜于防守既固，军政既修之后，即议攻讨，乃为得计。此二者，守备、攻战之序也。①

李纲认为杀敌制胜的先决条件乃是"自生"，而"自生"的根本又在于"防守既固，军政既修"，亦即"以东南为根本"，"大为守备，痛自料理，使之苏息"。其具体策略便是"渐次葺理，假以岁月"：

至于守备之宜，则当料理淮南、荆襄以为藩篱；夫淮南、荆襄者，东南之屏蔽也，六朝之所以能保有江左者，以强兵巨镇尽在淮南、荆襄间。故以魏武之雄，苻坚、石勒之众，宇文、拓跋之盛，卒不能窥江表。后唐李氏有淮南，则可以都金陵；其后淮南为周世宗所取，遂以削弱。今朝廷欲为守备，则当于淮南东、西及荆襄置三大帅，屯重兵以临之。东路以扬州，西路以庐州，荆襄以襄阳为帅府，分遣偏师，进守支郡，小筑城垒。如开新边，其初朝廷应副钱粮；如淮东则以江东路财用给之，淮西则以江西路财用给之，荆襄则以湖南北路财用给之。徐议营田，使自赡养；遇有贼马，则大帅遣兵应援；稍能自守，商旅必通，乃可召人归业，渐次葺理，假以岁月，则藩篱成矣。前有藩篱之固，后有长江之险，加以战舰水军，使沿江一带帅府、要郡，上连下接，自为防守，则贼马虽多，岂能轻犯？②

这里谈到的"料理淮南、荆襄以为藩篱"，"徐议营田，使自赡养"的主张涉及军队布防与供给两个方面的问题，所以，要真正形成"前有藩篱之固，后有长江之险"的局面，就必须要假以时日，这也是李纲"自为防守"之说的重要原因。作为宰相的赵鼎也与李纲一样，持守备

① 王瑞明点校：《李纲全集》卷78《奉诏条具边防利害奏状》，第793—794页。
② 同上书，卷78，《奉诏条具边防利害奏状》，第794页。

为先的观点，这一点即使在绍兴六年九月对敌之际亦未曾改变。赵鼎的《丙辰笔录》即载有绍兴六年九月十二日赵鼎对高宗所陈云：“臣之愚见，若初议遣（张）俊等渡江，径之淮北，或攻宿，或取徐，得则进，否则退归，出入不常，使敌罔测，是亦一策，不如止屯淮上。初云筑山寨，亦复不知修城工役如此之大。臣深恐城未及就，敌已有动息，欲守则无地可归，欲战则不保必胜。”“自古用兵变化不同，初无定论。然先议守而后论战，乃保万全也。”先守后战的主张指向“保万全”，而张浚大举北进的前提却是“愿陛下刚健有为，成败利害，在所不恤”①。朝廷上关于守与战的不同主张不可避免地引发战场上将帅的观望徘徊等诸多情况，而张、赵两人日后也陷入越来越激烈的争辩之中。

先守备后攻战之说的现实依据有二：一是军政当修，二是财用当虑。修整军政涉及整顿军纪，扼制大将手中的权势，使之实现真正的彼此配合作战。至于钱粮等财用问题，也随着对敌作战的展开，成为决定军队进退的重要因素，所以军政与财用问题日益成为能否北向争天下必须要考虑的因素。继绍兴四年十二月伪齐与金人联兵南犯受挫之后，绍兴五年正月南宋朝廷上有关“进”与“守”的奏疏已经大量涉及军政与财用的问题。《建炎以来系年要录》卷八十七，绍兴五年三月癸卯条就记载了不少朝臣的相关言论：

> 国家待遇诸将，爵位极矣，宠赐至矣，事权重矣。前古所谓善将将者，惟陛下留神而加意焉。（资政殿大学士提举临安府洞霄宫王绹所言）
>
> 臣请言措置之大略。其一，措置军旅；其二，措置粮食……今之大将，皆握重兵，贵极富溢，前无禄利之望，退无诛罚之忧，故

---

① （宋）李心传：《建炎以来系年要录》第2册，卷102，绍兴六年六月癸亥条所载张浚之言，第1677页。

朝廷之势日削，兵将之权日重。而又为大将者，万有一称病而赐罢，或卒然不讳，则所统之众，将安属邪？臣谓宜拔擢麾下之将，使为统制，每将不过五千人，棋布四路，朝廷号令，径达其军，分合使令，悉由于朝廷之权以用之，然后可以有为也。何谓措置军食？诸军既已分屯诸路，则所患者财谷也。然所费多寡，在彼犹在此耳，则所患者转输也……今宜举两浙之粟以饷淮东，江西之粟以饷淮西，荆、湖之粟以饷岳、鄂、荆南。量所用之数，责漕臣将输，而归其余于行在，钱帛亦然，恐未至于不足也。钱粮既无乏绝之患，然后戒饬诸将，不得侵扰州县，以复业之民户口多寡，为诸将殿最，岁遣官覆实而升黜之，则民得以还其乡里，而田野日辟，生齿日滋，江北州县，有兴复之渐矣。如是措置既定，俟至防秋，复遣大臣，为之统督，使诸路之兵，首尾相应，绥怀之略，亦在是矣。（资政殿大学士知福州张守所言）

陛下即位之初，韩世忠、刘光世、张俊威名隐然为大将，今又有吴玠、岳飞者出矣，愿诏大将，于所部举智谋忠勇，可以驭众统师，各两三名，朝廷籍记，遇有事宜，使当一队，毋隶大将，则诸人竞奋才智，皆飞、玠之俦矣。大将爵位已崇，难相统一。（资政殿学士提举临安府洞霄宫李邴所言）

方今所谓措置，莫若攻守二策。今诸大将之兵自主庭户，有一纤芥利害，未免更相仇疾。若欲并遣进攻，必先选命总帅，分以精锐之兵，附以招集之众，合数万人，自成一军，号令既一，权力既重，诸将虽素贵，畴敢不听从，维持辑睦，使必有成。其利害与用非素所抚循之兵而侥幸取胜者，盖亦异矣……凡置营田，皆占形势之地，则应江上之势，可备御处，遂皆因田以成，营屯之中，择其甚要害处，又加以重兵为大寨。一年之后，大寨之粮食，可稍取于田之谷，则漕运之费省，大寨之军，止则可以保江而固守，出则可以渡江而攻讨。屯田之士，常为根本，传烽数号，数千里不绝，则敌人之情畏矣。（端明殿学士提举临安府洞霄宫韩肖胄所言）

一方面，南宋的国家安全全赖诸大将护卫，所以在对敌之际，将帅之间的有力配合显得格外重要，正如赵鼎所言："将帅和，社稷之福也。"但另一方面，此期的主要将帅又事权过重，难相统一，"有一纤芥利害，未免更相仇疾"，这也是南宋朝廷始终难以解决的痼疾。绍兴五年正月，高宗在与宰执大臣议及伪齐与金人退遁的原因时，就屡次言及于此：

（上）曰："大臣和于内，将相和于外，故举措得宜，而敌人知畏，此其所以遁去也。"沈与求曰："臣闻谍者言，刘豫诱金人以我诸大将有不和者，故拥众南来，直欲渡江。今陛下下诏亲征，而中外协心，共济国事，则敌之初谋尽伐矣，宜其遁去也。师克在和，诚见如此。"①

（赵）鼎曰："臣闻降人程师回言，逆臣刘豫给金人云：光世、世忠比失欢。及至淮甸，异所闻，其气已沮矣。"上曰："有告朕光世、世忠坐少嫌，意不释然者。烈士当以义气相许，先国家之急，而后私仇，小嫌何足校？昔寇恂戮贾复部将，复以为耻，深衔之。光武曰：'天下未定，两虎安得私斗，今日朕分之。'于是并坐极欢，共车同出，结友而去。光世、世忠纵有睚眦，今日朕为分之，宜释前憾，结欢如初。"②

① （宋）李心传：《建炎以来系年要录》第2册，卷84，绍兴五年正月丁未条，第1373页。

② 同上书，卷84，绍兴五年正月壬申条，第1384—1385页。

这里透露出的信息是，敌人的入侵与败北都与南宋一方的将帅间是否能“和”密切相关，所以高宗出于国家安定的考虑，勉励将帅“以义气相许，先国家之急而后私仇”。但是这样的勉励也并未完全消除大将之间的失和，绍兴五年六月岳飞破湖贼，“时淮东宣抚使韩世忠、江东宣抚使张俊皆已立功，而（岳）飞以列校拔起，世忠、俊不能平。先是（岳）飞皆屈已下之，数通书俱不答。及（岳）飞破杨太，献楼船各一，兵徒战守之械毕备，世忠始大悦，而俊益忌之”①。更为严重的是，将帅之间的不谐甚至在抗御外敌的关键时刻亦无改变。绍兴六年二月，张浚部署军队，以图中原，命韩世忠自承楚以图淮阳，于是，“淮东宣抚使韩世忠引兵至宿迁县，执金人之将贝勒雅哈。时刘豫聚兵淮阳，世忠欲攻之，乃引兵逾淮泗，旁符离而北”②，但韩世忠的作战计划最终无法实现，结果只能自淮阳引兵归楚州，究其原因，便是“世忠之出师也，请援于江东宣抚使张俊，俊不从，世忠乃还”。李心传亦云韩世忠退师之由，“实以无援而退，非得城而不取也”③。将帅之间这样的不相配合已经脱出了对国家共同利益的忠诚，他们相互猜疑，即便是最高军事指挥张浚的命令也难以顺利实施。绍兴六年三月，“时都督张浚在淮南，谋渡淮北向，惟倚韩世忠为用。世忠辞以兵少，欲摘张俊之将赵密为助。浚以行府檄俊，俊拒之，谓世忠有见吞之意。浚奏乞降圣旨，而俊亦禀于朝。赵鼎白上曰：‘浚以宰相督诸军，若号令不行，何以举事？俊亦不可拒，乃责俊当听行府命，不应尚禀于朝，复下浚一面专行，不必申明，虑失机事。’时议者以为得体。至是，浚终以俊不肯分军为患，鼎谓浚曰：‘世忠所欲者赵密耳，今杨沂中武勇，不减于密，

---

① （宋）李心传：《建炎以来系年要录》第2册，卷90，绍兴五年六月丁巳条，第1506页。

② 同上书，卷98，绍兴六年二月乙卯条，第1616页。

③ 同上书，卷98，绍兴六年二月辛酉条，第1618—1619页。

而所统乃御前军，谁敢觊觎？当令沂中助世忠，却发密入卫，俊尚敢为辞耶?'浚曰：'此上策也，浚不能及。'"① 张俊对张浚的命令不仅"拒之"，还可以理直气壮地"禀于朝"，以致"以宰相督诸军"的张浚"终以俊不肯分军为患"，还得上奏"乞降圣旨"。虽然赵鼎巧妙地解决了棘手的问题，但也只能是回避大将彼此间的矛盾。绍兴六年九月，决战伪齐的势态已成，高宗进驻平江府，九日，赵鼎后殿奏事曰："臣窃谓（韩）世忠既城楚与高邮，地利甚便。今张俊又屯盱眙，控制天长、扬州一带，敌决不敢犯，则世忠一军包裹在内，最为安稳。但自濠以西，并刘光世地分。光世孤军，万一重兵侵犯，韩、张两人能为出师牵制否？不然，徒为自守之计，朝廷何赖?"② 赵鼎的担忧是有其现实依据的，因为诸大将权位已尊，势力已固，朝廷已经难以随宜指挥：

> 今诸大将爵居师保之尊，权视辅弼之重，拥强悍之兵以自卫，夺生灵之财以自丰。所欲赏者虽无功，人得冒处而不疑；所当罚者虽有罪，彼且保全而不问。大臣畏避而不敢斥，谏官指陈而未尝行。方兹多事，未可卒治。③

诸大将各自拥兵，且更相仇疾，甚至在对敌之际也各怀己意，难相协调，如遇危急，其情确难预料。如上所述，即便是张浚意图北进时最倚重的韩世忠也未肯轻易从命。绍兴五年六月，"（张）浚与淮东宣抚使韩世忠议，令举军屯泗上，既而世忠退屯楚州，且令提举官董旼入奏事。浚遂请祠"④。绍兴六年九月十二日，张浚于战前"屡叩（韩）世

① （宋）李心传：《建炎以来系年要录》第2册，卷99，绍兴六年三月乙亥条，第1626—1627页。

② （宋）赵鼎：《丙辰笔录》，《全宋文》第174册，卷3813，第346页。

③ （宋）李心传：《建炎以来系年要录》第2册，卷103，绍兴六年七月乙未条引监察御史刘长源应诏上书所言，第1687页。

④ 同上书，卷90，绍兴五年六月甲寅条，第1503页。

忠进取方略，世忠终不尽言，但云与相公屡言之。而其意不过欲令张俊先为一著，渠欲乘隙而动，即易为功也。但恐俊等揣知其意，不肯合谋耳”①。可以说，一直到南宋对阵伪齐之前，诸大将也没有任何彼此配合支持的姿态，这就不能不使宰相赵鼎和高宗对战事的走向充满忧虑。

再从财用方面来看，南宋朝廷因其版图缩小、战火频仍，灾荒不断及对外用度的大增，一直面临着重重困难。可以说，整个朝廷自上而下都为此忧心忡忡。绍兴六年正月丁亥，“淮东宣抚司参谋官陈桷、淮西宣抚司参谋官李健、江东宣抚司主管机宜文字郗渐对于内殿。上谕以国家赡养大兵之久，国用既竭，民力已困，切须专意措置屯田，此亦自古已成之效，况军中亦须先立家计，若有机会，方图进取”②。高宗把“国用”摆在第一位，进取则有待于“机会”，这种安排顺序其实也可以作为主张守势的朝臣们的一个依据。作为皇帝的高宗深为国家的财用所困：“为君难，未有甚于今日者也。中原未复，不可去兵，而再三发输，民力已困，旰食宵衣，凡以为此。日者颁营田之政于四方，而未有大效，孰能为朕趋时赴功，以纾兵民之急乎？”③ 作为朝臣当然也不能不为国家的财用状况焦虑：

> 国家所务，财用为先，尝窃计一岁之入，不足以供一岁之出，此臣所深忧也。④
>
> 兵革未息，屯戍方兴。大计所入，充军需者十居八九，此国用所以常乏。当讲究长策，细大不遗，斯为尽善。⑤

---

① （宋）赵鼎：《丙辰笔录》，《全宋文》第174册，卷3813，第348页。

② （宋）李心传：《建炎以来系年要录》第2册，卷97，绍兴六年正月丁亥条，第1604页。

③ 同上书，卷103，绍兴六年七月壬申条，第1679页。

④ 同上书，卷92，绍兴五年八月癸丑条，权兵部侍郎吕祉所言，第1533页。

⑤ 同上书，卷96，绍兴五年十二月辛亥条，权户部侍郎王俣所言，第1588页。

> 今天下自经兵火，以十有三四之土地，十有二三之耕牧，供十有六七之军旅、数倍平日之官吏，虽使天雨鬼输，无由得足，一有凶歉，何以支持?①

> 绍兴四年所收钱物，计三千三百四十二万余缗，比所支计阙五十一万余缗。五年收三千六十万余缗，比所支计阙一千万余缗，皆以宣抚司攒剩钱及次年所收登带通挪应副。六年未见收数，支计三千二百七十六万余缗。今年所收计三千六百六十七万余缗，比所支计阙一百六十一万余缗。绍兴五年，盐酒息钱最增，然以支数增多，终是应副不足，是致六年大段窘迫。顿增起之数，后来已难继，侵用过之数，后来又难补，逐月拖欠大军折估，及梓夔路籴本水脚计司，坐此取怒大将，实非其罪也。②

一方面是战火频仍，土地大量荒芜，力田者少，用粮处多。“濒淮之地，久经兵火，官私废田，一目千里”③。绍兴五年二月，侍御史张致远专论此云：“聚财养兵，皆出民力。今之献计者，孰不以储用不继为先务，然莫有原其本者。且东南土地不加广而日以荒芜；租赋不加饶，而日以朘耗。盖缘民以力田为苦，而游手者军伍收之，避役者度牒假之，强悍者盗贼死之。一人耕，百人食，本先瘁矣。”④另一方面则是州县循习积弊，肆意侵隐，《建炎以来系年要录》载都督行府言曰：“今日之急，莫先财赋。若案籍可考，则无容失陷。自兵火后来，成法废弛，州县凡有移用，漕司不能尽察；漕司凡有支使，户部不能尽知，

① （宋）李心传：《建炎以来系年要录》第2册，卷99，绍兴绍兴六年三月乙未条，左通议大夫提举江州太平观王庶所言，第1634页。

② （宋）李心传：《建炎以来系年要录》第3册，卷111，绍兴七年五月壬午条，龙图阁直学士四川都转运使李迨所言，第1796页。

③ （宋）李心传：《建炎以来系年要录》第2册，卷87，绍兴五年三月辛卯条，秘阁修撰淮东宣抚使司参谋官陈桷所言，第1444页。

④ 同上书，卷85，绍兴五年二月乙酉条，第1394—1395页。

因致州县肆为侵隐，失陷前物，为害不细。”[①]“屯驻军马，比去岁其数过倍，费用浩瀚，皆自行在措置应副。比尝置司讲究，近画旨并罢，即里外军国之费，除茶盐课入外，止仰上供钱物资助，不容少有违欠。而当职官往往循习积弊，罕肯留心。居常则缓催理以沽名誉，急阙则太择扰以资吏奸，理合严行戒饬……当思国步艰虞，屯兵众广，用度增多，恪守条令，悉心措置，专意收簇，如期起发，资助军国大计。”[②] 如果说，土地荒废、官吏为奸的问题皆与人事相干，尚有望于朝廷的筹划与革弊，那么，频频发生的天灾则更使南宋的国用、军需和百姓生活雪上加霜，所谓“亢旱滋久，荒歉日广，民穷盗起，深可为虑”[③]：

去秋旱伤，连接东南。今春饥馑，特异常岁。湖南为最，江西次之，浙东、福建又次之。然今日赈救之术，不过二说，惟兼行之，斯可以活饥贫而消盗贼。一则发廪粟减价以济之，二则诱民户赈粜以给之。诸路固尝有旨许借常平义仓矣，又尝令州县措置赈粜矣。然艰难之际，兵食方阙，义仓之粟，谅亦无几。州县往往逐急移用，无可赈给，惟劝诱民户赈粜，尤为实惠，然豪右闭粜，盖其常态，况当饥岁，彼孰知恤?[④]

近以朝廷催趣应副岳飞月桩钱九万贯，并拨上供米十万石往鄂州，又拨四等折钱余米应副岳飞，又拨二万石应副荆南王彦，又拨一万石应副鼎州。臣愚兼管潭州，备见帅漕两司虚实。本路因旱甚民流，检放之余，通不及三分，税米内仍有五等下户折钱之数，委无可以支给。本路大军并将兵，自十一月折半支钱，尚自拖欠一月

---

① （宋）李心传：《建炎以来系年要录》第2册，卷89，绍兴五年五月辛巳条，第1482页。

② 同上书，卷93，绍兴五年九月丁亥条，第1548页。

③ 同上书，卷91，绍兴五年七月乙未条，第1525页。

④ 同上书，卷98，绍兴六年二月乙巳条，右谏议大夫赵霈所言，第1611页。

及口食等米，无可指准，逐旋守等诸县催趣残零，放不尽税，斗升支散，惴惴有旦暮之忧。今来十二月，积阴雨雪不止，自下旬雪霰交作，间有雷电，冰凝不解，深厚及尺，州城内外，饥冻僵仆，不可胜数。除用度牒招募僧行，随即瘗埋，旬日之间，阅实剃度僧行不少。自仲冬阙食，城内白昼剽劫，城外十室九空。盗贼迫于饥穷，十数为群，持杖剽夺，行旅舟船，道路几于阻绝……况本路州县，累经敌马，残坏尤甚，遗黎九死之余，去岁一年，备兼五大：大兵、大火、大旱、大饥、大雪，若通融一路所有，极力救济，或恐不能延及秋熟，盖去麦熟尚四月，禾熟尚七月，若更拨钱九万，及拨米应副四处，非惟上供已无可支移，其钱亦何由办足……今帅漕两司，空虚无一月之储，而大军诸兵，有拖欠之积。万一雨雪不止，移运不继，饥寒并至，或生他虞，虽诛责臣身，无救于事。①

臣自入界以来，百姓遮道，陈诉困穷，皆称去秋旱伤，田亩所收，多者不过四五分，少者才一二分，又缘官中籴买壅遏，米谷价例踊贵，无从得食，尽有菜色。又去秋西川水潦，东川旱暵，即今粒食昂贵，斗米钱两贯，利路近边去处，又增一倍，民人饥流死者相枕藉于道……四川赡军十年，民力困弊，计其生理荡散，何啻旱伤四分以上？②

在百姓困弊、时局未定、国用艰难、财政困乏的情况下，军队的给养自然难以得到保障，给事中廖刚即上奏云：“国不可一日无兵，而兵不可一日无食。今诸将之兵，被于江、淮，不知几万数，初无储蓄之

① （宋）李心传：《建炎以来系年要录》第2册，卷98，绍兴六年二月庚戌条，荆湖南路转运判官权安抚司公事薛弼所言，第1614—1615页。

② 同上书，卷99，绍兴六年三月壬辰条，四川制置大使席益所言，第1633页。

备，日待哺于东南之转饷。东南之民，已不胜其困矣。”① 仅以蜀中为例，“川陕宣抚副使吴玠数言军前粮乏，水运留滞，缘军食少阙，所系至重，缓急生事，愈害百姓”②，然而，朝廷已难以承担负荷：“应副吴玠军须，绍兴四年总为钱一千九百五十五万七千余缗。五年，视四年又增四百二十万五千余缗。蜀今公私俱困，四向无所取给，事属危急，实甚可忧。”③ 可以说，国家的财用、军队的给养、百姓的生存俱已堪称艰危，而诸大将的私心倍索、不虑社稷则使财用愈加紧张。对于这一点，身为尚书右仆射的张浚看得非常清楚：“（将帅）所用钱粮，虽各有立定窠名，及专委漕臣应办，自来多是互相占吝，不肯公共挪移，因致阙乏，动经旬月，深虑生事。”④ 监察御史刘长源也应诏上书论及此事：“今天下之民力，困于养兵，而兵籍之数，类皆无实。且以蜀中论之，都运赵开，应副关外军粮，绍兴五年之数，比绍兴二年四倍，比三年三倍，比四年一倍，每岁倍索，稍有稽缓，直申朝廷，遂云误国。夫粮所以赡兵，必兵倍增然后粮亦倍增。未闻其逐年益兵也，度其私心，盖谓倍索粮数，必有亏额，恐因寇至兵溃，欲移罪于漕运之臣。其自谋则善矣，如社稷生灵何?”⑤ 将帅的以己为重，不暇他顾，以及国家的贫瘠困窘，都使得南宋朝廷每每在进击还是退守的决策上瞻前顾后，忧虑重重，而这又加剧了将帅们的各怀己意，以致难以协调支遣，难以形成有力的作战力量。

---

① （宋）李心传：《建炎以来系年要录》第 2 册，卷 89，绍兴五年五月辛巳条，第 1481 页。

② 同上书，卷 99，绍兴六年三月癸酉条，第 1625 页。

③ （宋）李心传：《建炎以来系年要录》第 3 册，卷 104，绍兴六年八月癸卯条，第 1694 页。

④ （宋）李心传：《建炎以来系年要录》第 2 册，卷 98，绍兴六年二月己未条，第 1618 页。

⑤ 同上书，卷 103，绍兴六年七月乙未条，第 1687 页。

本章结合朝臣奏疏，围绕绍兴六年秋南宋朝廷与伪齐的作战，探讨了有关进击与退保、将帅跋扈、财用困窘等一系列问题。这些问题本来是绍兴六年前就已存在的，只是在关键性的对外战争中表现得更为突出，且其后也进一步发展延续，终成为朝廷必须予以解决的问题。本章议及于此，是为其后的进一步深入研究奠定基础。

第十一章　绍兴七年南宋朝廷面临的危机

绍兴七年，对于南宋朝廷来说，是一个大动荡、大转折的时期，这一年，南宋朝廷内部发生了郦琼渡淮投奔刘豫的淮西兵变，直接导致了南宋朝廷基本国策由积极北举，转为镇静稳定。也是这一年，宋廷最大的敌人——金国上层也发生了变乱，进而发生了绍兴七年十一月废黜刘豫伪齐政权的大事件，由此产生了南宋朝廷与金廷直接对峙的新局面，引发了宋金关系的重大调整与变化。与之相关的是，绍兴四年年底以来南宋朝廷针对伪齐的渐图恢复的政策因之而发生改变。值得注意的是，以处置刘光世淮西军兵为起点，一直到淮西兵变的爆发，自始至终都伴随着朝廷与诸将之间的上下不谐的问题，即一方面是作为北举策划者的张浚“以一人兼将相之权，总中外之任，而无与人共功名之心”，“独斡化钧，佩天下之安危”。[1] 另一方面则是手握重兵的诸将各行其是，不予全力支持，朝廷亦无可如何。本章即结合历史事实，并以此期朝臣的言论为依据，梳理绍兴七年南宋朝廷与诸将之间的主要矛盾和问题，为探讨绍兴和议的成因奠定基础。

---

① （宋）李纲：《与张相公第二十六书》，王瑞明点校《李纲全集》卷126，第1217—1218页。

第一节　姑息放任而长其骄

绍兴六年十月，南宋朝廷取得了对伪齐刘豫的胜利，赵鼎与高宗有这样一段对话：“赵鼎曰：‘此有以见诸将知尊朝廷，凡所命令，不敢不从。’上曰：‘刘麟败北，朕不足喜，而诸将知尊朝廷为可喜也。’”① 高宗把大将尊朝廷的意义置于击败伪齐之上，一是见出尊朝廷的重要性，二是欣喜之中暗含的忧虑。

在时局艰难，外敌随时入侵的严峻形势下，朝廷对于军队的绝对指挥权非常重要。然而，就南宋当时的现状来看，大将之难尊朝廷并未因对伪齐的胜利而有所改变，高宗的担忧也并非凭空而来。事实上，在绍兴六年南宋对阵伪齐的关键时刻，这个问题就已经凸显。从张浚在指挥前方作战的危急时刻，必须以书戒张俊、刘光世：“今日之事，有进击无退保。”又“遣谕（刘）光世之众曰‘有一人渡江，即斩以狗’”的文献记载中，就已经能够见出朝廷与将帅之间难以形成一致性和一体性。绍兴七年，南宋朝廷全面进入锐意进取、力求恢复的时期，作为国家倚重的军事力量，主要将领自然被朝廷寄予重任。高宗曾与辅臣议及将帅的职责曰：“国家祸变非常，唯赖将相协力，以图大业，不可时时规取小利，遂以奏功，徒费朝廷爵赏。须各任方面之责，期于恢复中原，乃副朕委寄之意。”② 但从实际情况来看，虽然高宗和朝廷高度重

---

① （宋）李心传：《建炎以来系年要录》第3册，卷106，绍兴六年十月癸酉条，第1731页。

② 同上书，卷109，绍兴七年二月己酉条，第1768页。

视将相协力以图恢复的作用，但却难以“威”“法”对其加以统御，将帅“各为异议，轻视朝廷”已经成为不容回避的现实，所谓“诸将或邀求无厌，以致各为异议，轻视朝廷。此无他，御之未得其道，愿加之以威，处之以法。苟有恶不问，有罪不治，且将肆其桀骜，又安敢望其立功耶？”[①] 但是，在外敌南犯不断、朝廷倚仗诸将应付的特殊情况下，要从根本上对其进行整治确也是困难重重。这种上下左右之间的各自异议不谐，事实上又成为南宋朝廷难以有效实施其北进恢复策略的一个重要原因。

据宋人徐梦莘《三朝北盟会编》卷一百七十七记载，绍兴七年四月张浚曾会诸大将，商议“取刘豫，克复中原”之事：

> 张浚欲征刘豫，会四大将于龟山，问之曰：“欲大举以取刘豫，克复中原，如何？”刘光世请守，韩世忠请进兵。张俊曰：“都督欲战则战，欲守则守。”惟岳飞独以为不可用兵。浚再三问之，飞坚执不可之说。浚以飞为玩寇，议不协而罢。

本来，绍兴六年南宋对伪齐胜利之后，靖中原、御外侮已经成为朝廷确定的战略，然而作为这一策略实施者的张、韩、刘、岳四位大将却各持己意，难以达成一致。除韩世忠外，刘光世明确持不赞成的态度，张俊“都督欲战则战，欲守则守”的消极态度，也明显地未把朝廷利益置诸举足轻重的地位，岳飞也是“坚执不可之说”，与张浚异议。

刘光世持不战的主张本非一时，这是张浚欲罢之的根本原因。李心传对此记载非常清楚：“（兵部尚书兼都督府参谋军事吕）祉初在建康，每有平戎之志，张浚大喜之。浚以刘光世持不战之论，欲罢之。”[②] 作

① （宋）李心传：《建炎以来系年要录》第3册，卷108，绍兴七年正月癸卯条，引左司谏陈公辅言，第1752页。

② 同上书，卷111，绍兴七年六月戊申条，第1805页。

为淮西宣抚使的刘光世，在绍兴六年十月伪齐大举南侵的关键时刻不进反退，“奏庐难守，密干赵鼎，欲还太平州”①。以致高宗不得不命令吕祉驰往刘光世军中督师。当时伪齐刘猊至淮东阻挡韩世忠，刘麟从淮西系三浮桥渡淮，敌众十万已次于濠、寿之间。南宋方面以张俊拒敌，杨沂中为统领官，“沂中及濠州，会刘光世已舍庐州而退。浚甚怪之，即星夜驰至采石，遣人喻光世之众曰：‘若有一人渡江，即斩以徇。’且督光世复还庐州。右司谏王缙亦言：‘王师有慢令不赴期会者，请奋周世宗、我太祖之英断，以厉其余。’上亲笔付沂中，若不进兵，当行军法。光世不得已，乃驻兵与沂中相应，遣王德、郦琼将精卒，自安丰出谢步，遇贼将崔皋于霍丘，贾泽于正阳，王遇于前羊市，皆败之”②。虽然这次应对伪齐刘豫的战役以南宋的胜利而告终，但战事中暴露出的将帅骄惰恣横的问题也引发了各方议论。张浚本有罢刘光世之心，遂于击退伪齐入犯之后的绍兴六年十二月正式向高宗提出罢免刘光世的意见：“浚因独对，乞乘胜取河南地，擒刘豫父子。又言刘光世骄惰不战，不可为大将，请罢之。”③ 且在高宗由平江府北进之时，再请罢斥：

先是议者谓光世昨退保当涂，几误大事。俊虽有功可以赎过，不宜仍握兵柄。又言其军律不整，士卒恣横。张浚自淮上归，亦言光世沉酣酒色，不恤国事，语以恢复，意气拂然，乞赐罢斥，以警将帅。上然之。光世闻上进发，乃引疾乞祠。是日奏至。上曰：“光世军比之韩世忠、张俊之军，训练殊不至。一军皆骁锐，但主将不勤耳。月费钱米不赀，皆出民之膏血，而不能训练，使之赴

① 《宋史》卷369《刘光世传》，第11484页。

② （元）佚名撰，李之亮校点：《宋史全文》卷19下《宋高宗十》，黑龙江出版社2005年版，第1220—1221页。以下所引《宋史全文》皆为此版本，

③ （宋）李心传：《建炎以来系年要录》第3册，卷107，绍兴六年十二月戊戌条，第1738页。

功，甚可惜也。大抵将帅不可骄惰，若沉迷于酒色之中，何以率三军之士？”①

绍兴七年三月，南宋朝廷罢去刘光世兵权：“少保护国镇安保静军节度使淮西路兼太平州宣抚使刘光世为少保，仍三镇旧节，充万寿观使，奉朝请，封荣国公。”“乃以其兵属都督府”，“张浚因分光世所部为六军，令听本府参谋军事吕祉节制”。②

在朝廷力图恢复之际，刘光世因骄惰而被罢除兵权，然而，他却并未因此而受到惩处，而是学陶朱公以致富，以致高宗也意有不平：“（张）浚因论刘光世以八千人为回易。沈与求奏：‘臣闻光世之去，尝语人以陶朱公自比，是诚可以致富矣。’浚等论范蠡之贤，人所难及。上曰：‘蠡固贤，朕谓于君臣之义，犹有所未尽也。’”③ 就刘光世个人来说，确实有失于为臣之道；就朝廷来说，这样的处置也引发了一系列不良的后果。事实上，在绍兴六年十二月，当右司谏陈公辅谈及淮西击退伪齐功过之时，就曾直斥刘光世之罪：“前日贼犯淮西，诸将用命，捷音屡上，边土稍宁。盖庙社之灵，而陛下威德所至。然行赏当不踰时，庙堂必有定议。臣闻濠梁之急，（张）俊遣杨沂中来援，遂破贼兵，此功固不可掩。刘光世不守庐州，而濠梁戍兵，辄便抽回，如涡口要地，更无人防守，若非沂中兵至，淮西焉可保哉？光世岂得无罪？此昭然无可疑者。”④ 然而，“岂得无罪”的刘光世最终却得到朝廷的奖赏：“少保武宁保静宁国军节度使淮南西路兼太平州宣抚使刘光世为护国镇

① （宋）李心传：《建炎以来系年要录》第3册，卷109，绍兴七年二月庚申条，第1771页。

② 同上书，卷109，绍兴七年三月甲申条，第1778页。

③ 同上书，卷110，绍兴七年四月壬子条，第1786页。

④ 同上书，卷107，绍兴六年十二月丙午条，第1742页。

安保静军节度使。光世以王德追贼之劳，乃有是命。”① 其后，刘光世虽罢将，但其宠贵依然不减分毫。朝廷这样的处置，引发了各种不平之音：

> 刘光世虽罢，而更宠以少师，坐享富贵，诸将皆谓朝廷赏罚不明。②

> 初，以旱故求直言，而太学生有应诏上书论兵事者，且言：“以淮西一事论之，去岁刘豫以罗诱三不救之说，力攻淮西。刘光世遂欲南渡为退保之计。苟非张浚亲至江上，使杨沂中绝贼之后，一举而大破之，则江南之民，亦危甚矣。如光世之罪，天下欲共诛之，尚赖陛下不加刑戮，而以善罢。”③

虽然朝廷对此类议论不予理睬，但其影响却是客观存在的。绍兴七年十一月淮西事变发生之后，张俊与高宗的一段对话，就从侧面显现了这种影响：

> 淮西宣抚使张俊入见，为上言：“刘光世罢军政闲居，自有登仙之叹。”上不乐，谓俊曰：“卿初见朕何官？”曰：“副使。”“是时家赀如何？”曰：“贫甚。从陛下求战袍以御寒。”上曰：“今日贵极富溢，何所自耶？”曰：“皆陛下所赐。”上曰：“然则卿宜思所以自效，而有羡于光世耶？”俊皇恐谢。④

张俊对刘光世的欣羡，正表现出将帅在权衡个人利益与国家利益上

① （宋）李心传：《建炎以来系年要录》第3册，卷107，绍兴六年十二月丁巳条，第1746页。

② 同上书，卷110，绍兴七年四月壬子条引陈公辅之言，第1787页。

③ 同上书，卷114，绍兴七年九月辛未条，第1842页。

④ 同上书，卷117，绍兴七年十一月甲午条，第1878页。

的态度。而更为严重的是，刘光世的罢帅及后续的处置又引发了其下官兵的不稳。绍兴七年八月发生的致使南宋朝廷元气大伤的淮西兵变就与此事件直接相关联。据宋人熊克《中兴小纪》引《赵鼎事实》曰："刘光世既罢，其下已不安。当轴者俾吕祉以都督府参议官总其事，祉不娴军旅，措置不厌众心。既又除刘锜制置副使，王德都统，张俊宣抚使。光世将郦琼惧并其众，遂拥全军五万之众归于（刘）豫。"① 危急时刻，朝廷罢免张浚，起用赵鼎，施行镇静政策；"今日事如久病虚弱之人，再有所伤，元气必耗，惟当静以镇之。若作措置，焕然一新，此趣死之术也。"② 淮西兵变使南宋朝廷对诸将更存戒心："恐诸将窃议，因谓罢刘光世不当，遂有斯变，自此骄纵，益难号令。"③ 然而在非常时期，朝廷却又不能不寄望于大将，特别是韩世忠、张俊，二人被高宗喻为左右手：

京东淮东宣抚处置使韩世忠、淮西宣抚使张俊皆入见，议移屯。秦桧曰："臣尝语世忠、俊，主上倚两大将，譬如两虎，固当各守藩篱，使寇盗不敢近。"上曰："此喻犹未切，正如左右手，岂可一手不尽力也。"④

上问赵鼎防秋大计。鼎曰："淮西虽空阙，当以壮根本为先务。"又问"去留如何？"鼎曰："来已失之，遽去不可复耳。今国威少挫，惟勉强自振。"上以为然，且曰："初闻淮西之报，未尝辄动。执政奏事皆皇惧失措，反求以安慰之。"鼎曰："正须如此。见诸将尤须安靖，使之罔测。不然，益增其骄蹇之心矣。仍以控制之

① （宋）熊克：《中兴小纪》卷22，绍兴七年七月壬寅条引《赵鼎事实》，第255页。

② （宋）李心传：《建炎以来系年要录》第3册，卷116，绍兴七年闰十月癸亥条引赵鼎之言，第1869页。

③ 同上书，卷114，绍兴七年九月丙子条引赵鼎之言，第1846页。

④ 同上书，卷114，绍兴七年九月丁卯条，第1840页。

事，专责之二将曰：‘光世之兵，本不为用，我之所赖，惟汝二人。’彼必感陛下倚任之重，且不敢以朝廷为弱也。”①

但是，朝廷的重托还是难以换取张俊的顾全大局。淮西事变之后，南宋朝廷诏韩世忠、张俊入见，命张俊率所部自盱眙移屯庐州，张俊却不从命，且领全军还行在。权礼部侍郎陈公辅对此愤言：“张俊一军，久在盱眙，今令过淮西，而老小不欲，遂养之于行在。议者谓俊兵只欲住此，缓急恐难遣，可否任其自择？何姑息之甚耶？”② 张俊不从朝命，朝廷无可如何，从镇静的政策出发，也只能置淮西于险境之中。《建炎以来系年要录》卷一百十四，绍兴七年九月戊子条对此事记载甚详：

初，淮西宣抚使张俊既还行在，朝议复遣之，俊欲毋往，台谏交章以为淮西无备可忧。赵鼎独显言于众曰：“今行朝握精兵十余万，使敌骑至临江岸，吾无所惧，惟是安静不动，使人罔测。渠未必辄敢窥伺，何至自扰扰如此？倘有他虞，吾当身任其责。俊军久在泗上，劳役良苦，还未阅月，居处种种未定，乃遽使之复出，不保其无溃乱也。”……时主管殿前司公事淮西制置使杨沂中亦已还行在。在淮西者，（刘）锜一军而已。

朝廷对诸将的无奈姑息并不能换回大将的体国之心，前引张俊在高宗面前欣羡刘光世“罢军政闲居，自有登仙之叹”的对话就发生在朝廷局势最为艰难、淮西重地唯存刘锜一军的情状下。张俊本人热衷于“广邸第，营土木”③，以致殿中侍御史金安节直斥张俊“彼为将而日兴

① （宋）李心传：《建炎以来系年要录》第3册，卷114，绍兴七年九月丁丑条，第1847页。

② 同上书，卷114，绍兴七年九月辛巳条，第1851页。

③ 同上书，卷117，绍兴七年十一月壬寅条引高宗语，第1881页。

土木之工以广邸第者，既失拊循，以致其怨，复为姑息，以长其骄。其于申儆，固有所不致矣，亦无怪乎群情之过虑也”①。

一方面，朝廷于国家动荡之际不得不依赖诸将，以致一意姑息，使诸将“益增其骄蹇之心”；另一方面，朝廷对大将的奖惩不明，又导致君臣之义难以实现。高宗责张俊所云“卿宜思所以自效，而有羡于光世邪”既是朝廷对诸将离心、不恤国事的批评，同时也表露了朝廷在控制诸将方面的无力。

第二节　任用失当而致其怨

从南宋朝廷此期面对的军队内部问题来看，一方面是大将难恤国事，另一方面则是作为北举谋划者的张浚在关键人物的任用上措置失当。绍兴五年二月，张浚与赵鼎并相，“上既以边事付浚，而政事及进退人才，专付于鼎矣”②。如前所述，张浚是积极北举恢复的坚定推行者，绍兴六年击退伪齐的入犯之后，他力主高宗车驾北进建康，建立乘胜取河南地、擒刘豫父子的功业：

> 先是，张浚自江上还平江，随班入见。上曰：“却敌之功，尽出右相之力。”于是赵鼎惶惧复乞去。浚入见之次日，具奏曰：“天下之事，不倡则不起，不为则不成。今四海之心，孰不想恋王室？

---

① （宋）李心传：《建炎以来系年要录》第3册，卷117，绍兴七年十一月甲午条，第1878页。

② （宋）李心传：《建炎以来系年要录》第2册，卷85，绍兴五年二月丙戌条，第1397页。

敌叛相结，胁之以威，虽有智勇，无由展竭。三岁之间，赖陛下一再进抚，士气从之而稍振，民心因之而稍回，正当示之以形势，庶几乎激忠起懦，而三四大帅者亦不敢怀偷安苟且之心。夫天下者，陛下之天下也。陛下不自致力以为之先，则被坚执锐、履危犯险者皆有解体之意。今日之事，存亡安危所自以分。六飞倘还，则大众解体，内外离心，日复一日，终以削弱，异日复欲下巡幸诏书，谁为深信而不疑者？何则？彼知朝廷姑以此为避地之计，实无意于图回天下故也。"上翻然从其计。浚因独对，乞乘胜取河南地，擒刘豫父子。①

张浚欲求北举，当然要依仗将帅，所谓"激忠起懦，而三四大帅者亦不敢怀偷安苟且之心"，但另一方面，"今之大将，皆握重兵，贵极富溢，前无禄利之望，退无诛罚之忧，故朝廷之势日削，兵将之权日重"②，也确是当时朝廷必须面对却又难以解决的问题。在国势不振、金与伪齐南侵不断的特殊形势下，南宋朝廷既要倚仗诸将捍御国家，就不得不承受诸将各自为战，桀骜不驯的结果，对此，朝臣屡有议论：

今日之兵隶张俊者，则曰张家军；隶岳飞者，则曰岳家军；隶韩世忠者，则曰韩家军。相视如仇仇，相防如盗贼，自不能立功，惴惴然惟恐它人之立功，而官爵轧于已也。平日犹或矛盾若此，使其临大利害，安能保其不自为敌国耶？③

且如泗州之兵，事无大小，则知有张俊；楚州一军，则知有韩

---

① （元）佚名撰，李之亮校点：《宋史全文》卷 19 下《宋高宗十》，第 1225—1226 页。

② （宋）李心传：《建炎以来系年要录》第 2 册，卷 87，绍兴五年三月癸卯条引资政殿大学士知福州张守所言，第 1457 页。

③ （宋）李心传：《建炎以来系年要录》第 3 册，卷 137，绍兴十年七月乙卯条，左宣议郎王之道所言，第 2201—2202 页。

世忠；襄阳一军，则知有岳飞；殿前一司，则知有杨沂中。一旦缓急之际，人皆各为其主，谁复知有陛下者乎?①

当张浚意图大举北进之际，这同样是他不得不面对和试图解决的问题。就是在这样的背景下，在如何处置刘光世淮西军兵的问题上，朝廷与大将之间的彼此猜疑不谐全面显现。

岳飞是朝廷倚重的大将，绍兴六年三月，朝廷命韩世忠为京东淮东宣抚处置使兼节制镇江府，岳飞为湖北京西宣抚副使。“时朝廷锐意大举，都督张浚于诸将中每称世忠之忠勇，飞之沈鸷，可以倚办大事，故并用之。”② 岳飞不负众望，“先已荡平汝、颍，既而连破商、虢，又取伊阳、长水，捷音五至，中外称快”③。绍兴六年九月，高宗与张浚、赵鼎曾经议及岳飞北进之事曰：

上谓宰执曰：“岳飞之捷，兵家不无缘饰，宜通书细问。非吝赏典，欲得措置之方尔。”张浚曰：“飞措置甚大，今已至伊洛，则太行一带山寨，必有通谋者。自梁青之来，彼意甚坚。”赵鼎曰：“河东山寨，如韦铨辈，虽力屈就金人招，而据险自保如旧，亦无如之何，羁縻而已。一旦王师渡河，此辈必为我用。”上曰：“斯民不忘祖宗之德，吾料之必非金人所能有。”鼎等曰：“愿陛下修德，孜孜经营，常如今日也。”④

---

① （宋）李心传：《建炎以来系年要录》第3册，卷114，绍兴七年九月辛未条，第1843页。

② （宋）李心传：《建炎以来系年要录》第2册，卷99，绍兴六年三月己巳条，第1622页。

③ （宋）陈公辅：《论已破汝颍商虢伊阳长水乞豫防虏叛会合之计奏札》，（宋）岳珂编，王曾瑜校注《鄂国金佗稡编续编校注》卷30，第1654页。

④ （宋）李心传：《建炎以来系年要录》第3册，卷105，绍兴六年九月己巳条，第1705—1706页。

这一段对话透露了朝廷此时奉行的大举北向的策略，其中所涉及的信息有二：一是岳飞北向恢复的意志甚坚，这与朝廷的方向是一致的；二是因岳飞军至伊洛，“太行一带山寨必有通谋者”，“一旦王师渡河，此辈必为我用”。南宋朝廷对于王师渡河，忠勇之士的响应具有充分的自信。绍兴七年二月，张浚自淮上归，乞罢刘光世，岳飞也于此期到平江府进见高宗，高宗称岳飞“所进论议皆可取”，且勉之以“任方面之责，期于恢复中原，乃副朕委寄之意”。[①] 据有关史料记载，高宗与张浚此时都有意将刘光世军队交由岳飞掌管：“驾至建康，当轴者以光世不足仗，遣其腹心吕祉诱胁之，俾请宫祠，罢兵柄，欲以此兵付岳飞，为北向之举。”[②] 又《鄂国金佗稡编》卷第一也对此记载云：

（绍兴七年）三月，先臣扈跸至建康，召至寝阁，玉音宣谕曰：“中兴之事，朕一以委卿。”先臣顿首奉诏。时刘光世罢兵，未知所付。圣意属先臣，议既定，赐御札。令付王德等。

朕惟兵家之事，势合则雄。卿等久各宣劳，朕所眷倚。今委岳飞尽护卿等，盖将雪国家之耻，拯海内之穷。天意昭然，时不可失，所宜同心协力，勉赴功名。行赏答勋，当从优厚。听飞号令，如朕亲行。倘违斯言，邦有常宪。[③]

朝廷把“雪国家之耻，拯海内之穷”的事业委之岳飞，且明谕王德，委岳飞尽护之，“听飞号令，如朕亲行”。这样的决定当然会使岳飞致身报国、复仇雪耻之心大增，他作于绍兴七年三月的《乞出师札子》

① （宋）李心传：《建炎以来系年要录》第3册，卷109，绍兴七年二月己酉条，第1768页。

② 同上书，卷109，绍兴七年二月庚申条所附《赵鼎事实》，第1771页。

③ （宋）岳珂编，王曾瑜校注：《鄂国金佗稡编续编校注》卷1，第15页。

就足以说明这一点：

> 臣窃揣敌情，所以立刘豫于河南，而付之齐、秦之地，盖欲荼毒中原，以中国而攻中国。粘罕因得休兵养马，观衅乘隙，包藏不浅。臣谓不以此时禀陛下睿算妙略，以伐其谋，使刘豫父子隔绝，五路叛将还归，两河故地渐复，则金人之诡计日生，浸益难图。
>
> 然臣愚欲望陛下假臣日月，勿拘其淹速，使敌莫测臣之举措。万一得便可入，则提兵直趋京、洛，据河阳、陕府、潼关，以号召五路之叛将。叛将既还，王师前进，彼必舍汴都，而走河北、京畿、陕右可以尽复。至于京东诸郡，陛下付之韩世忠，张俊，亦可便下。臣然后分兵浚、滑，经略两河，如此则刘豫父子断必成擒。大辽有可立之形，金人有破灭之理，为陛下社稷长久无穷之计，实在此举。
>
> 假令汝、颍、陈、蔡坚壁清野，商于、虢略分屯要害，进或无粮可因，攻或难于馈运，臣须敛兵，还保上流。贼必追袭而南，臣俟其来，当率诸将或挫其锐，或待其疲。贼利速战，不得所欲，势必复还。臣当设伏，邀其归路。小入则小胜，大入则大胜，然后徐图再举。设若贼见上流进兵，并力来侵淮上，或分兵犯四川，臣即长驱，捣其巢穴。贼困于奔命。势穷力殚，纵今年未终平殄，来岁必得所欲。陛下还归旧京，或进都襄阳、关中，唯陛下所择也。①

岳飞欲破金国“以中国而攻中国”的图谋，他探讨了北进的各种可能性，提出了多套依据形势、打击敌人的方案，论证了“得便可入”或“还保上流”的可行性，其最终目标直指平殄贼众，达成还归旧京之功业。

---

① （宋）岳珂编，王曾瑜校注：《鄂国金佗稡编续编校注》卷11，第855—856页。

但是岳飞渴慕的合淮西之兵以北进的企图并未实现。据《建炎以来系年要录》卷一百九，绍兴七年三月乙亥条记载："时中原遗民有自汴京来者，言刘豫自猊、麟败后，意沮气丧，其党与皆携贰，金国谓豫必不能立国，而民心日望王师之来，朝廷因是遂谋北伐。飞谓豫不足平，要当以十万众横截金境，使敌不能援，势孤自败，则中原可复。张浚不以为然。会刘光世乞奉祠，飞乃见上，请由商、虢取关陕，欲并统淮右之兵。上问何时可毕？飞言期以三年。上曰：'朕驻跸于此，以淮甸为屏蔽，若辍淮甸之兵，便能平定中原，朕亦何惜？第恐中原未复，而淮甸失守，则行朝未得奠枕而卧也。'飞无以对。"虽然刘豫南犯失败之后，出现了对于南宋北进的有利形势，但此时高宗和张浚对于合军又生疑虑，对于岳飞所言"并统淮右之兵"，"以十万众横截金境"的主张并不予以支持，高宗明降《御札》曰："淮西合军，颇有曲折。前所降王德等亲笔，须得朝廷指挥，许卿节制淮西之兵，方可给付。"① 张浚则恐岳飞因合军而军权过重难制，岳珂对此曾有专章记载：

> 先臣至督府，与张浚论刘光世军，力言张俊、吕祉、王德皆不可付，恐士心不服，或以致变。浚疑其有自营得军意。先臣乃即上章，乞解兵柄。②

朝廷对大将兵权过重的疑虑本来就难以祛除，加之这一时期，金国内部矛盾日益剧烈，刘豫伪齐政权被金废掉的倾向日益清晰，南宋往使金国的使者持续不断，南宋寻求外交解决问题的图谋也一直在进行中，如绍兴七年正月，"合门祗侯充问安使何藓、承节郎都督行府帐前准备差使范宁之至自金国，得右副元帅宗弼书，报道君皇帝、宁德皇后相继

---

① 《高宗宸翰卷上》，（宋）岳珂编，王曾瑜校注：《鄂国金佗稡编续编校注》，第15页。

② 同上书，第16页。

上仙”[①]。二月，“右文殿修撰主管台州使崇道观王伦为徽猷阁待制，充奉使大金国迎奉梓宫使，武节郎合门宣赞舍人高公绘为武经大夫达州刺史副之”[②]。四月，“徽猷阁待制王伦、右朝请郎高公绘入辞。伦自平江至建康，凡四召对。上使伦谓金左副元帅鲁国王昌曰：‘河南之地，上国既不有，与其付刘豫，曷若见归?’伦奉诏而去”[③]。“徽猷阁待制王伦奉使至归德府，豫授馆鸿庆宫，迟之不遣，檄取国书，及问所使何命。伦答曰：‘国书非大金皇帝不授，而所衔命，盖祈请梓宫。’留弥旬，金迓使乃至，于是伦始渡河，见左右副元帅鲁王昌、沈王宗弼于涿州，具言刘齐营私民怨之状，且其忍负本朝厚恩，若得志，宁不负上国？时金人已定议废豫，颇纳其言。”[④] 在南宋朝廷力图外交努力的大背景下，岳飞欲并刘光世淮西之兵，通过决战解决问题，“要当以十万众横截金境，使敌不能援，势孤自败”的主张，终因来自其内的疑虑与来自其外的外交形势变化等多方面的原因而得不到采纳。绍兴七年三月，刘光世解除兵权，其手下部队的归宿是都督府，“乃以其兵属都督府”，“张浚因分光世所部为六军，令听本府参谋军事吕祉节制”。[⑤] “刘光世既罢军，都督府以（王）德提举训练诸将军马”。[⑥]

朝廷在安置淮西军兵上的重重顾虑以及最终做出的决定，与岳飞的诉求相去甚远，岳飞难以接受这样的安排。“（岳）飞与宰相张浚异论，归过江州，上疏自言与宰相议不合，求解帅事，遂弃军而庐（其母）墓。”[⑦] 张浚旋即“命权兵部侍郎兼都督府参议军事张宗元权湖北京西

---

① （宋）李心传：《建炎以来系年要录》第3册，卷108，绍兴七年正月丁亥条，第1761页。

② 同上书，卷109，绍兴七年二月庚子条，第1763页。

③ 同上书，卷110，绍兴七年四月丁酉条，第1782页。

④ 同上书，卷114，绍兴七年九月，第1854页。

⑤ 同上书，卷109，绍兴七年三月甲申条，第1778页。

⑥ 同上书，卷109，绍兴七年三月丁亥条，第1778页。

⑦ 同上书，卷110，绍兴七年四月丁未条，第1785页。

宣抚判官，往鄂州监岳飞军”[①]。这一短期内出现的突然变故给岳飞军中带来了混乱。

从岳飞方面来看，其合并淮西之兵，欲取中原之意甚明。此期左司谏陈公辅上疏高宗，曾专论此事曰：“昨亲奉圣语，说及岳飞。前此采诸人言，皆谓飞忠义可用，不应近日便敢如此。恐别无他意，只是所见有异，望陛下加察。然飞本粗人，凡事终少委曲。臣度其心，往往谓其余大将或以兵为乐，坐延岁月，我必欲胜之。又以刘豫不足平，要当以十万横截敌境，使敌不能援，势孤自败，则中原必得。此亦是一说。陛下且当示以不疑，与之反复诘难，俟其无辞，然后令之曰：‘朝廷但欲先取河南，今淮东、淮西已有措置，而京西一面，缓急赖卿。’飞岂敢拒命？前此朝纲不振，诸将皆有异心，习以为常，此飞所以敢言与宰相议不合也。”[②] 岳飞“凡事终少委曲”，导致了与张浚的矛盾，究其“中原必得”的本意来看，其实与张浚的北进计划并不抵触。但从张浚一面来看，既已存在“疑其有自营得军意”的念头在先，则张、岳二人的矛盾终于难以避免，于是便发生了绍兴七年四月岳飞负气“乞解兵柄，终丧服”而去的事件。据《宋史》卷三六五《岳飞传》记载：

> 诏（岳飞）诣都督府与张浚议事。浚谓飞曰：“王德淮西军所服，浚欲以为都统，而命吕祉以督府参谋领之，如何?”飞曰：“德与（郦）琼素不相下，一旦揠之在上，则必争。吕尚书不习军旅，恐不足服众。”浚曰：“张宣抚如何?”飞曰：“暴而寡谋，尤琼所不服。”浚曰：“然则杨沂中尔?”飞曰：“沂中视德等尔，岂能驭此军?”浚艴然曰：“浚固知非太尉不可。”飞曰：“都督以正问飞，

---

① （宋）李心传：《建炎以来系年要录》第3册，卷110，绍兴七年四月庚戌条，第1786页。

② 同上书，卷110，绍兴七年四月壬子条，第1786—1787页。

不敢不尽其愚，岂以得兵为念耶？”即日上章乞解兵柄，终丧服，以张宪摄军事，步归，庐母墓侧。浚怒，奏以张宗元为宣抚判官，监其军。①

文中的“浚艴然”“浚怒”，已经传递出张浚的态度，而他的“奏以张宗元为宣抚判官，监其军”，便是于此态度之下对于岳飞乞解兵柄的强硬回应。而这一回应也直接导致了岳飞军中的不安。对此，《建炎以来系年要录》卷一百十二，绍兴七年七月丁卯条所载甚详：

初，飞请解官，未报，乃以本军事务官张宪摄军事。宪在告而权宣抚判官张宗元命下，军中籍籍曰：“张侍郎来，我公不复还矣。”直宝文阁新知襄阳府薛弼在武昌未上，请宪强出临军。宪谕群校曰：“我公心事，参议必知。盍往问之？”群校至，曰：“张侍郎来，由宣抚请也。宣抚解军政未久，汝辈乃如此，宣抚闻之且不乐。今朝廷已遣敕使起复宣抚矣。张非久留者。”众遂安。上命参议官李若虚、统制官王贵诣江州敦请飞依旧管军，如违并行军法。若虚等至东林寺见飞，具道朝廷之意。飞坚执不肯出。若虚曰：“相公欲反耶？且相公河北一农夫耳。受天子之委任，付以兵柄，相公谓可与朝廷相抗乎？公若坚执不从，若虚等受刑而死，何负于公？”凡六日，飞乃受诏，赴行在。

张浚任用其党张宗元为宣抚判官监岳飞军，这一决定给岳飞军中带来纷乱，所谓“军中籍籍”也，幸赖薛弼、张宪合力疏解，既言“张侍郎来，由宣抚请也”以稳军心，又称“朝廷已遣敕使起复宣抚矣。张非久留者”以安众心。另一方面，朝廷也及时派遣参议官李若虚、统制

① 《宋史》卷365《岳飞传》，第11387页。

官王贵去江州说服岳飞依旧管军，这才化解了一场潜在的危机。

然而，围绕淮西军指挥权的问题并未就此平息，南宋朝廷终因处置失当而引发了另一场大危机，这就是绍兴七年八月爆发的淮西兵变。《赵鼎事实》记此事云："刘光世既罢，其下已不安。当轴者俾吕祉者以都督府参议官总其事。祉不娴军旅，措置不厌众心。既又除刘锜制置副使，杨沂中制置使，张俊宣抚使。刘光世将郦琼惧并其众，以全军五万之众归于豫。报到，中外皇骇，莫知所措，意琼挟豫众为倒戈之计。"① 南宋朝廷的北进计划也因淮西兵变而全然转向。

如前所述，绍兴七年三月罢除刘光世兵权，隶其军于张浚的都督府，张浚命参谋军事吕祉往庐州节制。四月，张浚自往淮西抚劳之。此时，朝廷中秦桧与沈与求奏请王德为都统制。由此引发了淮西乱局：

> 刘光世在淮西，军无纪律，浚奏其状，高宗遂罢光世，而以其兵属督府。浚命参谋军事兵部尚书吕祉往庐州节制，浚又自往劳之。人情初无他，而密院以握兵为督府之嫌，奏乞置武帅，乃以王德为都统制，即军中取郦琼副之。浚归，奏其不然。琼亦与德有宿怨，自列于御史台，乃更命张俊为宣抚使，杨沂中、刘锜为制置判官以抚之。未至，琼等举军叛，执杀吕祉以归刘豫。②

据《建炎以来系年要录》卷一百十一，绍兴七年五月乙丑条记载事件原委云："初，刘光世之罢也，以其兵隶都督府，而（秦）桧与知枢密院事沈与求意以握兵为督府之嫌，乞置武帅。台谏观望，继亦有请。乃以相州观察使行营左护军前军统制王德为都统制。德，光世爱

① （宋）李心传：《建炎以来系年要录》第3册，卷113，绍兴七年八月壬寅条所引，第1829页。

② （宋）杨万里：《张魏公传》，辛更儒笺校《杨万里集笺校》第八册，卷115，中华书局2007年版，第4413页。

将，故就用之。”又同卷甲申条载：“浚自淮西归，以除王德为不便，奏论之，左护一军，皆故群盗，骄悍自恣，而统制官中侍大夫武泰军承宣使郦琼素与德不叶。光世以琼屡立奇功，待之与德等。琼闻德为帅，不自安，乃以琼为副都统制。”可见淮西兵变的起始便是任人问题。一是秦桧与沈与求置王德于郦琼之上的不当，因为“（王）德虽有功，而与郦琼辈故等夷，恐其下有不能平者”。结果郦琼果然因之而起骚动，“琼与其下八人列状讼（王）德于都督府，且乞回避。都督府谓德为直，寝不行。琼等又讼于御史台，德亦言琼之过。乃召德还建康，以所部一军隶都督府。复命（吕）祉往庐州节制之”①。郦琼不满王德的任命，列状讼王德于都督府，都督府不予支持，“谓德为直，寝不行”，这就使郦琼与王德的矛盾进一步升级，双方互讼于御史台的结果是“召德还建康，以所部一军隶都督府”，这样的处理不但没有解决二人之间的矛盾，反而更加激起了郦琼的谋叛之心。“诸将闻王德留都督府为都统制，且赐赉极优渥，琼等皆觖望。曰：‘我初讼彼罪也，今彼既受赏，我必有罚，首领且不保矣。’于是始萌叛意。时有旨除张俊、杨沂中、刘锜三人为淮西宣抚使、副、判官，军中已传闻，而八月七日金字牌指挥，令易置分屯。次日，琼等遂叛。”② 二是吕祉处理郦琼骚动之不当。本来，从张浚坚持任用吕祉之始，朝中就存在争议：“祉将行，赐以鞍马、犀带、象笏，抚谕甚宠，皆非从官故事。中书舍人张焘见浚，言祉书生不更军旅，何得轻付？浚不从。祉又辟都督府准备差遣陈克自随。资政殿学士叶梦得与克厚，谓之曰：‘吕安老非驭将之才，子高诗人，非国士也。淮西诸军方互有纷纷之论，是行也，危矣哉！’亦弗听。”“右司谏

① （宋）李心传：《建炎以来系年要录》第3册，卷111，绍兴七年六月戊申条，第1806页。

② 同上书，卷113，绍兴七年八月戊戌条引郑克《吕祉行述》所载，第1827页。

王缙请于都督府属官中选知兵者助祉谋议，且留军中抚循训练，以通将士之情，不报。”① “不从”“弗听”“不报”，足以见出张浚的坚持和诸臣对吕祉驭将能力的质疑。紧接着，淮西兵变就不可避免地发生了。当时，淮西军中本已不宁，吕祉又“简倨自处，将士之情不达”，在军心不稳的情况下，乞吴锡军以镇之，更增加了郦琼的疑心：“祉闻琼等反侧，奏乞殿前司摧锋军统制吴锡一军屯庐州，以备缓急。又遣（韩）琎诣建康趣之。”“琼闻，颇有异志”。与之同时，吕祉乞罢郦琼及统制官靳赛兵权的密奏又被“书吏朱照漏语于琼，琼令人遮祉所遣置邮，尽得祉所言军官之罪，琼等大怨怒”②，遂执吕祉而杀之，拥众渡淮奔伪齐刘豫。

淮西兵变的发生给南宋朝廷带来了巨大的影响。绍兴七年十月，高宗亲下手诏曰：“朕不敏不明，误用柄臣，寄以兵政，乃谋猷乖戾，委付非才，致淮西一军，怀疑反侧，而莫以告朕，遂使积年忠义之众，一旦陷于叛亡之罪，凡取于民力以事此军者，委于空虚而无效。此朕所以慨惜叛者，而深愧吾民也。”③ 高宗直指柄臣张浚之罪，深惜积年之功委于空虚。南宋朝廷的对敌政策也随即发生变化，由北举恢复转为镇静。当京东淮东宣抚处置使韩世忠遣亲校温济来奏事，且献上淮阳形势图，欲遣偏师平定之时，高宗戒之曰：“归语汝帅，当出万全，不宜轻动，以贻后悔。”④ 不轻举妄动以贻后悔已经成为南宋朝廷在淮西兵变之后实施的镇静政策的具体内容，与之相应的，则是对张浚激进北举的否定：“张德远非不欲有为，而其效如此，亦足以戒矣。”⑤

① （宋）李心传：《建炎以来系年要录》第3册，卷111，绍兴七年六月戊申条，第1806页。

② 同上书，卷113，绍兴七年八月戊戌条，第1826—1628页。

③ 同上书，卷115，绍兴七年十月庚子条，第1860页。

④ 同上书，卷115，绍兴七年十月癸卯条，第1862页。

⑤ 同上书，卷116，绍兴七年闰十月癸亥条，第1869页。

南宋朝廷的对敌政策已经改变，于是北进的策划者张浚被御史中丞周秘指斥犯有二十桩罪，遭到“失谋误国”，“不达军情，不恤民力，不用善言，不畏公议”[①] 的严厉弹劾，并被罢去宰相之职。紧接着“罢诸路军事，都督府合行事并拨隶三省，其钱物令三省、枢密院同共桩管，遂并入激赏库”。[②] 高宗也不再顾及朝中的议论，坚决地将其车驾由建康移至临安。当赵鼎提出“恐回跸之后，中外谓朝廷无意恢复”之时，高宗毫不犹豫地回答：“张浚措置三年，竭民力，耗国用，何尝得尺寸之地，而坏事多矣，此等议论不足恤也。”[③] 南宋朝廷的一系列应变之策，既反映了淮西兵变本身的非比寻常，同时也提出了制驭诸将和避免重臣专权及如何协调将相之关系等新的问题。

从处置淮西军兵的事件可以看出，南宋朝廷对于诸将的姑息放任而长其骄，任用失当而致其怨的问题已经日趋严重。这是南宋朝廷必须面对并着手解决的问题。加之绍兴七年十一月金廷废黜伪齐的重大事件的发生，南宋朝廷由此进入调整各项对内对外政策的新阶段。

---

① （宋）李心传：《建炎以来系年要录》第3册，卷114，绍兴七年九月乙丑条，第1840页。

② 同上书，卷114，绍兴七年九月癸酉条，第1845页。

③ 同上书，卷116，绍兴七年闰十月戊子条，第1875页。

第十二章　从绍兴八年的朝臣奏章看宋高宗的疑虑

绍兴七年十一月乙巳，金右副元帅宗弼执伪齐尚书左丞相刘麟于武城，丙午，金人废刘豫为蜀王。其后，金人徙刘豫于上京，后封曹王。至此，一直横置于南宋与金国之间，对南宋朝廷不断施加压力的障碍终于被去除，宋金双方的直接交涉成为可能。绍兴八年年底，经过种种曲折，双方终于达成了和议。

第一节　争论不休的和议之路

就当时宋金双方的具体国情来看，一方面是金廷内部倾轧激烈，据《建炎以来系年要录》卷一百十一之末所引《金中杂书》记载："乌奇迈即位十年，储位久虚，尼玛哈利于幼主易制，阴谋立阿古达之孙，而虑乌奇迈将以子为嗣，乃创建三省，首除乌奇迈之子为尚书令，阿古达次子固伦贝勒录尚书事。尼玛哈阳尊二人，而处身于下左揆，立二太子之子为皇太子。丙辰年，乌奇迈死，皇太子即位，尼玛哈阴谋既成，后以乌奇迈之子尚书令者封宋王，阿古达次子录尚书事者封秦王，置两人于闲散。尼玛哈迁太傅，领三省事，拜都元帅，内外之政皆出于己。金主十二，年少，守虚位而已。秦、宋二王方悟尼玛哈之术。丁巳春，因群聚会，所谓宋王者，以所受封王之命掷于尼玛哈前，历吐胸中积愤。尼玛哈深被沮毁，包羞忍辱，亟归私第，感疾不起，是年（绍兴七年）十月二十一日死，国政复归于秦、宋二王，遂去尼玛哈腹心之人，杀左辖高庆裔、山西漕使刘思，黜左揆固新、右辖萧庆为庶人。尼玛哈用事日，凡所施设，一切废罢。”同时，作为一国之主，金主亶嗣位后，“左右儒士，日进谄谀。导之以宫室之壮，侍卫之严，入则端居九重，出则警跸清道，视旧功大臣寖疏，且非时莫得见，尽失女真之故态，由是宗戚思乱”①。金国内部的变乱与上下的离心，必然影响到其一贯奉行的对宋绝对敌视南侵的政策。

另一方面，绍兴七年郦琼叛逃刘豫的重大事件直接影响到南宋朝廷的对金政策。随着力主进击的张浚被罢相，高宗也改变了此前对于张浚激进路线的信任与支持的态度。张浚的继任者赵鼎实行镇静措施，南宋朝廷北进恢复的策略开始发生改变。由于朝廷派遣使人与金议和，所以要求沿淮不得擅自遣人过淮招纳北地军民来归，以免引惹事端。同时，高宗坚决回跸临安，左中大夫参知政事张守曾奏上高宗：“建康自六朝为帝王都，江流险阔，气象雄伟，且据要会以经理中原，依险阻以捍御强敌，可为别都，以图恢复。”“愿少安于此，以系中原民心”②，但此议不被采纳，张守也引疾而去。

绍兴七年宋金各自发生的内部的一系列大变故，使得双方都不可能

① （宋）李心传：《建炎以来系年要录》第3册，卷117，绍兴七年十一月丁未条，第1886页。

② 同上书，卷118，绍兴八年正月戊戌条，第1899页。

集中全部精力，继续把互相间的对抗决战作为首要的国策，正如高宗与秦桧分析当时形势时所言，一方面“金国多事，势须有变”；另一方面南宋亦是“今年政犹病人误服药，气力尚羸”。[①] 这样一来，宋金之间的化战争为议和也就有了可能性。

绍兴七年十二月，高宗明确地表达了对金态度：“朕以梓宫及皇太后、渊圣皇帝未还，晓夜忧惧，未尝去心。若敌人能从朕所求，其余一切非所较也。”所以当徽猷阁待制王伦、右朝请郎高公绘自金国还朝，“伦言金人许还梓宫及皇太后，又许还河南诸州，上大喜，赐予特异”[②]。就金人一方来看，当宋使王伦北来，见过金左副元帅鲁国王完颜昌之后，完颜昌就安排使者偕王伦到北地见到了金主亶。“金主始密与群臣定议许和。至是遣（王）伦还，且命太原少尹乌凌阿思谋、太常少卿石庆克来议事。思谋乃金人始与徽宗通好海上所遣之人，今再遣来，示有许和意。”[③] 既然主和确实可待，高宗向和的态度也就更加坚定。《建炎以来系年要录》中，绍兴八年所记载的高宗与重臣的对话就很能说明问题：

赵鼎言：“士大夫多谓中原有可复之势，宜便进兵，恐他时不免议论，谓朝廷失此机会。乞召诸大将问计。”上曰：“不须恤此。今日梓宫、太后、渊圣皇帝皆未还，不和则无可还之理。”参知政事陈与义曰：“用兵须杀人，若因和议得遂我所欲，岂不贤于用兵？万一和议无可成之望，则用兵所不免。”上以为然。[④]

上谓辅臣曰：“馆待之礼，宜稍优厚，若事有商量，早遂休兵，

① （宋）李心传：《建炎以来系年要录》第3册，卷117，绍兴七年十一月庚戌条，第1886页。

② 同上书，卷117，绍兴七年十二月癸未条，第1894页。

③ 同上书，卷119，绍兴八年五月丁未条，第1929页。

④ 同上书，卷118，绍兴八年正月乙巳条，第1900页。

得免赤子肝脑涂地，此朕之本意也。”赵鼎曰：“若用兵，不知所费多少？比之馆待之费，殊不侔矣。”上又曰：“昨日士褭对，劝朕留意恤民。朕谕之云：‘只为休兵未得，不免时取于民，如月桩钱之类，欲罢未可。若一旦得遂休兵，凡取于民者悉除之。’”上慨然叹曰：“当时若无军旅之事，使朕专意保民，十数年间，岂不见效？”鼎与秦桧同对曰：“陛下为此言，神明感格，必有平定之期矣。”①

上谓大臣曰：“王伦使回，金人颇有善意。朕即位十年，以敌祸未平，兵革馈饷，重困民力，曾无惠泽及于天下。若上天悔祸，敌肯革心，休兵之后，一切从节省，虽常赋亦蠲减，以宽百姓。”②

上曰：“若使百姓免于兵革之苦，得安其生，朕亦何爱一己之屈？”③

南宋朝廷把和议作为第一期望，用兵则被作为和议无望之后的无奈手段。在这个大前提下，当秦桧议再遣王伦使北请和之时，提点荆湖南路邢狱公事辛次膺虽力言“国耻未雪，义难请好”“面陈及上疏者六七”，其结果必然是“不从”。④ 当金国使者乌凌阿思谋前来南宋的消息传来时，“行朝闻思谋之来，物议大汹，群臣登对，率以不可深信为言。上意坚甚，往往峻拒之，或至震怒”⑤。绍兴八年九月，金人方面的许和迹象更加明确：“金人徙知许州李成知冀州，徙知拱州郦琼知博州，悉起京畿、陕右系官金银钱谷转易北去，盖将有割地之意也。”⑥ 南宋

① （宋）李心传：《建炎以来系年要录》第3册，卷119，绍兴八年五月戊申条，第1930页。

② 同上书，卷123，绍兴八年十一月庚寅条，第1983页。

③ 同上书，卷123，绍兴八年十一月戊申条，第1999页。

④ 同上书，卷118，绍兴八年正月丙午条，第1901页。

⑤ 同上书，卷120，绍兴八年六月丙子条，第1944页。

⑥ 同上书，卷122，绍兴八年九月壬子条，第1971页。

方面则是“和议将成，大臣忌言兵事”①。

早在绍兴四年九月，南宋朝臣魏良臣、王绘奉命出使金国之时，高宗就曾嘱之曰：“卿等此行，不须与金人计较言语，卑辞厚礼，朕且不惮，如岁币岁贡之类，不须较。”② 绍兴七年十一月，王伦、高公绘自金国还朝，高宗再次强调了自己的对金态度：“朕以梓宫及皇太后、渊圣皇帝未还，晓夜忧惧，未尝去心。若敌人能从朕所求，其余一切非所较也。”③ 到了绍兴八年，南宋朝廷与金人缔结和议的脚步进一步加快。绍兴八年六月金使入南宋境地，引发了朝臣反和的呼声，朝臣中上疏反对和议者比比皆是，高宗在秦桧、赵鼎的建议下，进一步明确地以“孝”作为回应：

接伴官范同言，金使已至常州。上愀然曰：“太后春秋已高，朕朝夕思念，欲早相见，故不惮屈已，以冀和议之成者，此也。”秦桧曰：“陛下不惮屈已，讲好外国，此人主之孝也。群臣见人主卑屈，怀愤愤之心，此人臣之忠也。君臣用心，两得之矣。”④

初，行朝闻思谋之来，物议大汹，群臣登对，率以不可深信为言。上意坚甚，往往峻拒之，或至震怒。赵鼎因请间密启上曰：“陛下与金人有不共戴天之仇，今乃屈体请和，诚非美事。然陛下不惮为之者，凡以为梓宫及母兄耳。群臣愤懑之辞，出于爱君，非有他意，不必以为深罪。陛下宜好谓之曰：‘讲和诚非美事，以梓宫及母兄之故，不得已而为之。’议者不过以敌人不可深信，但得

---

① （宋）李心传：《建炎以来系年要录》第 3 册，卷 122，绍兴八年九月己丑条，第 1967 页。

② （宋）李心传：《建炎以来系年要录》第 2 册，卷 80，绍兴四年九月乙丑条，第 1311 页。

③ （宋）李心传：《建炎以来系年要录》第 3 册，卷 117，绍兴七年十二月癸未条，第 1894 页。

④ 同上书，卷 120，绍兴八年六月戊辰条，第 1938 页。

梓宫及母兄，今日还阙，明日渝盟，吾所得多矣。此意不在讲和也。群臣以陛下孝诚如此，必能相谅。”上以为然，群议遂息。①

把“人主之孝”与“人臣之忠”二者分开，用以应对群臣的议论，于君臣双方都找到了合乎义理的依据。既然高宗已经视南北中分、各归其主为当然，所谓“外国之与中国，如阴阳消长，岂能偏废？若可剿除，汉唐之君行之久矣”②，所以枢密院编修官赵雍在上书中所陈请的“天子之孝，与臣庶不同。报难报之仇，雪难雪之耻，精变天地，诚动金石，震国威，立法制，为匹夫匹妇复仇，而朝四夷于明堂，此陛下之职，而群公所当尽心也”“愿陛下少抑一身孝爱之情，俯循天下至正之论”③ 的建议自然不被采纳。绍兴八年十一月，南宋朝廷所发诏书中，就已经依据“孝”，明确提出“屈己求和”的思路：

诏大金遣使至境，朕以梓宫未还，母后在远，陵寝宫阙久稽泛扫，兄弟宗族未得聚会，南北军民十余年间不得休息，欲屈己求和。④

在南宋与金互派使者往来的过程中，金使狂傲蛮横。绍兴八年六月，金国使臣乌凌阿思谋和石庆克入见，“思谋不出国书，不赴都堂，欲宰相就馆议事，宰相赵鼎不允。思谋迫于归期，乃赴都堂。鼎步骤进趋，雍容中礼，思谋一见服其有宰相体。鼎问所议者何事？思谋曰：‘有好公事商议。’鼎曰：‘道君皇帝讳日尚不得，更有甚好公事？’鼎问其所从来，思谋曰：‘王伦恳请之，故来。’问割地，思谋曰：‘地不

---

① （宋）李心传：《建炎以来系年要录》第3册，卷120，绍兴八年六月丙子条，第1944页。

② 同上书，卷121，绍兴八年八月甲子条，第1960页。

③ 同上书，卷124，绍兴八年十二月丙寅条，第2015页。

④ 同上书，卷123，绍兴八年十一月辛丑条，第1989页。

可求而得，听大金还与汝。’鼎以为非好语……及引见，礼甚倨。上问：‘朝廷数遣使议和，不从，今忽来和，何也?’思谋曰：‘大金皇帝仁慈，不欲用兵，恐生灵涂炭。’上曰：‘俟朝廷议之。’思谋请上自决，上令思谋退馆以俟，乃召宰相问之。鼎坚执不可，秦桧顺上旨，谓和为便。鼎以二相议不同乞罢宰相”①。面对金使的嚣张，赵鼎、秦桧二位宰相的分歧和决裂也开始凸现。鉴于朝中反对议和的呼声和赵鼎的对金态度，秦桧采取了排击赵鼎、与高宗结为同盟以推动和议的行动。据《三朝北盟会编》卷一百八十四，绍兴八年十月条记载：

金人有许和之议。上与宰相议之。赵鼎坚执不可讲和之说。秦桧意欲讲和。一日朝议，宰执奏事，退，桧独留身，奏讲和之说，且曰：“臣以为讲和便。”上曰：“然。”桧曰：“讲和之议，臣僚之说皆不同，各持两端，畏首畏尾，此不足以断大事。若陛下决欲讲和，乞陛下英断，独与臣议其事，不许群臣干与，则其事乃可成。不然，无益也。”上曰：“朕独与卿。”桧曰：“臣亦恐未便，欲望陛下更精加思虑三日，然后别具奏禀。”上曰：“然。”又三日，桧复留身奏事如初，知上意欲和甚坚，犹以为未也，乃曰：“臣恐别有未便，欲望陛下更思虑三日，容臣别奏。”上曰：“然。”又三日，桧复留身奏事如初，知坚确不移，方出文字，乞决和议，不许群臣干与。上欣纳之。鼎议不协，遂罢宰相，出知绍兴府。首途之日，桧奏乞备礼饯鼎之行，乃就津亭排列别筵，率执政俟于津亭，鼎相揖罢，即登舟。桧曰：“已得旨饯送相公，何不少留?”鼎曰：“议论已不协，何留之有?”遂登舟叱篙师离岸。桧亦叱从人收筵。桧将归，且顾鼎言曰：“桧是好意。”然舟已开矣，自是桧有憾鼎之意。

① （宋）徐梦莘：《三朝北盟会编》卷183，第1328页。

秦桧通过三个回合，促使高宗排除众议，坚定不移地力主和议。他先是明确提出“臣以为讲和便”，然后斥责朝臣面对“讲和之议，臣僚之说皆不同，各持两端，畏首畏尾，此不足以断大事”，由此阻止了臣僚之说可能对高宗产生的影响，并进一步促使高宗做出确定不二的选择，“若陛下决欲讲和，乞陛下英断，独与臣议其事，不许群臣干与，则其事乃可成。不然，无益也”，这就将“外和内战”者、坚执抗战者、依违两端者皆置于决策层之外，其结果便是高宗的明确承诺“朕独与卿”及态度上的愈发坚定，“上意欲和甚坚”“坚确不移”。于是便有了“出文字，乞决和议，不许群臣干与，上欣纳”的结果。而另一方面，“赵鼎坚执不可讲和之说”的结局就只能是“鼎之议不协，遂罢宰相”。

赵鼎罢相后，南宋与金朝的和议事宜迅速推进。金廷遣张通古为江南诏谕使，萧哲为明威将军以副之，前来南宋议事。绍兴八年十一月，韩世忠称得到泗州申报：“诏谕使先遣到银牌郎君，言须要接伴跪膝阶墀，州县官拜诏，若不如此，定复回。”① “银牌郎君言，到临安府日，要陛下易衣拜伪诏，及诏谕使要宾客相见，如刘豫相待礼数，及称今来诏谕所行礼数，并是大金阙下定到。”② 金方的要求引发了南宋朝臣的愤慨，殿中侍御史张戒面对，陈言曰：“王伦遽回，金使遂有江南诏谕使及明威将军之号。不云国而且云江南，是以我太祖待李氏晚年之礼也，曾不得为孙权乎？一则诏谕，一则明威，此二者何意？金云诏谕，臣不知所谕何事？金若果欲和，则当以议和之名而来，何诏谕之有？臣观今日金使之来，与前日大异，礼必不屈，事必难从。臣为朝廷计，上

① （宋）李心传：《建炎以来系年要录》第3册，卷123，绍兴八年十一月辛卯条，第1985页。

② 同上书，卷123，绍兴八年十一月壬辰条，第1985页。

策莫若逊词却之，其次且勿令遽渡江，先问其官名何意？诏谕何事？礼节事目议定，得其实而后进退之，则尚可少折。”① 在反对和议的奏疏中，措辞最为犀利、情感最为激烈的当属枢密院编修官胡铨所奏，其文直指“以诏谕江南为名，是欲臣妾我也，是欲刘豫我也”。他尖锐地批判王伦、秦桧、孙近三人的主和言行，直称“臣备员枢属，义不与桧等共戴天，区区之心，愿断三人头，竿之藁街，然后羁留敌使，责以无礼，徐兴问罪之师，则三军之士不战而气自倍。不然，臣有赴东海而死，宁能处小朝廷求活耶?”此书一出，市井喧腾，数日不定，高宗与秦桧遂责胡铨昭州编管：

上语秦桧曰：“朕本无黄屋心，今横议若此，据朕本心，惟应养母耳。”于是桧与参知政事孙近言：“臣等比以金使及境，各进愚计，务欲接纳适中，可以经久。朝廷之体，贵在缜密，不敢漏言。闻铨上章历诋，盖缘臣等识浅望轻，无以取信于人，伏望睿断，早赐诛责，以孚众听。”诏答曰：“卿等所陈，初无过论，朕志固定，择其可行。中外或致于忧疑，道路未详其本末，至彼小吏轻诋柄臣，久将自明，何罪之有?”至是，乃议责铨。桧批旨曰：“北使及境，朝廷夙夜讲究，务欲上下安帖，贵得和好久远。胡铨身为枢属，既有所见，自合就使长建白，乃狂妄上书，语言凶悖，仍多散副本，意在鼓众，劫持朝廷。可追毁出身以来文字，除名勒停，送昭州编管，永不收叙。令临安府差使臣兵级押发前去。候到具月日闻奏。仍令学士院降诏布告中外，深知朕安民和众之意。”②

高宗再次提及“养母”之孝心，秦桧、孙近则以去职要挟，于是，

① （宋）李心传：《建炎以来系年要录》第3册，卷123，绍兴八年十一月甲申条，第1979—1980页。

② 同上书，卷123，绍兴八年十一月辛亥条，第2003—2004页。

高宗最终以“朕志固定”之言再定主和之调，又专下诏书以戒言者。其诏曰：

> 朕以眇躬，抚兹艰运，越自初载，痛二帝之蒙尘，故兹累年，每卑辞而遣使，不难屈己，徒以为亲。虽悉意于经营，终未得其要领。昨者惊传讳问，恭请梓宫。彼方以讲好而来，此固当度宜而应。朕念陵寝在远，梓宫未还，伤宗族之流离，哀军民之重困。深惟所处，务适厥中。既朝虑而夕思，又广询而博访，言或同异，正在兼收，事有从来，固非创议。枢密院编修官胡铨职在枢机之属，分乖廉陛之仪，遽上封章，肆为凶悖，初投匭而未出，已誊稿而四传，导倡陵犯之风，阴怀劫持之计。倘诚心于体国，但合输忠，惟专意于取名，故兹眩众。闵其浅虑，告尔多方，勿惑胥动之浮言，庶图可久之大计。①

此诏确定了朝廷对金政策的方向。紧接着，为了求得和议的最终缔结，秦桧采取了两方面的举措。一是荐用李光为参知政事以压下异议，“秦桧与光初不相知，特以和议初成，将揭榜，欲藉光名以镇压耳。上意亦不欲用光。桧言：‘光有人望，若同押榜，浮议自息。’上乃许之”②。二是接受勾龙如渊的建议，有目的地选任台官，以排击异议者，“时秦桧方主议和，力赞屈己之说，以为此事当断自宸，不必谋之在廷。上将从其请，而外论群起，计虽定而未敢毕行。如渊言于桧曰：‘相公为天下大计，而群说横起，何不择人为台官，使尽击去，则相公之事遂矣。’桧大悟，遂擢如渊中司，人皆骇愕”③。于是赞和者如冯檝、莫

---

① （宋）李心传：《建炎以来系年要录》第3册，卷124，绍兴八年十二月丙辰条，第2008—2009页。

② 同上书，卷124，绍兴八年十二月己未条，第2011页。

③ 同上书，卷123，绍兴八年十一月甲辰条，第1996页。

将、施庭臣等尽得迁擢，反和者王庶、魏矼、曾开、张焘皆忧愤而去。

绍兴八年十一月，金廷使者萧哲与张通古入南宋境，南宋接伴使范同“北向再拜，问金主起居，军民见者多流涕”①。十二月，“金国诏谕使尚书右司侍郎张通古、明威将军签书宣徽院事萧哲至行在，言先归河南地，徐议余事，以左仆射府馆之”②。据《金史》卷八十三《张通古传》记载，会见时，“宋主欲南面，使通古北面。通古曰：‘大国之卿当小国之君。天子以河南、陕西赐之宋，宋约奉表称臣，使者不可以北面。若欲贬损使者，使者不敢传诏。’遂索马欲北归。宋主遽命设东西位，使者东面，宋主西面”③。最终，宰相秦桧“就馆见使人，受国书，纳入”。南宋朝廷最终以大让步换得了宋金的和议。

虽然这次和议持续时间不长，但为南宋朝廷解决其内部长期存在的将权过重、党争不息等问题赢得了时间，且为日后更大规模的皇帝集权奠定了根基。

第二节　渐销将权的必要

靖康之难发生之后，南宋朝廷处于风雨飘摇之中。一方面朝廷全赖将帅捍御，出于卫国临敌的需要，高宗不得不多方面对其迁就姑息；另一方面，将帅通过对内的平盗寇和对外的拒金和伪齐逐渐积聚了自己的力量，其权势已使朝廷感到不安。这样一来，朝廷与将帅的角力就成为

① 《宋史》卷380《范同传》，第11712页。

② （宋）李心传：《建炎以来系年要录》第3册，卷124，绍兴八年十二月丙子条，第2021页。

③ 《金史》卷83《张通古传》，1860页。

必然，只是这种角力在战争持续之时，大多是以朝廷的让步为结局的。但到了绍兴八年，随着和议的日渐成为可能，南宋朝廷整顿军队、削减将帅手中权力的意图日益清晰。事实上，面对“诸将之骄，密院已不得而制”的现实，早在南渡前期，有识之士就已经表现出深深的忧虑，“自古以兵权属人，久而未有不为患者。岂不以予之至易，收之至难，不蚤图之，后悔无及耶”①。现存汪藻《浮溪集》中的《行在越州条具时政》一文所述及的驭将整军须“示之以法”“运之以权”“别之以分”的主张颇具代表性。在该文中，时任翰林学士的汪藻直陈将帅跋扈、朝廷无奈的情状曰：

> 陛下诸将，爵禄已极，家赀已盈，习成悍骄，无复斗志。一方有警，辄狐疑相伏，无一人奋然为国请行者。或敦迫不得已而行，则邀例外之赏，肆无名之求，上不恤国，下不恤民，使朝廷为之黾勉曲从，不啻如奉骄子，是岂为国家平祸乱、立功名之人哉？

从南宋朝廷一方来看，造成“黾勉曲从”“如奉骄子”的局面，客观上可归因于金人威逼，朝廷立足不稳。但将帅却少有恤国恤民之心，所谓“今溥天扰攘，国难未已，方借此曹为腹心，孜孜拊循，犹惧不济，奈何欲咈其心，将谁肯前死？且今诸将悍骄已成，虽朝廷有法，果能一一治之乎？”汪藻从国家的长远利益出发，为朝廷提供了驭将整军“示之以法”“运之以权”“别之以分”的三个方法。所谓“示之以法”，就是赏、罚兼行，改变“独恩无威，漫然略不绳治”，“专于用恩，恩过而骄”的现状，其最终目的就是要使将帅知畏，所谓“小过不贷，则恶之大者知朝廷有人，不复敢萌于胸中矣”。至于“运之以权”，则是指“人君之于将帅，必有得其要领而使之心畏诚服者”。汪藻以汉

① （宋）汪藻：《行在越州条具时政》，《全宋文》第157册，卷3378，第125页。

高祖刘邦不善将兵而善将将，使韩信周旋曲折，唯高祖之听，以及唐宪宗时刘辟叛蜀，宰相杜黄裳用高崇文破之的事实，阐述君王以智慧制驭将帅，使之“甘心俛首为之用而不辞”的道理，正所谓“驭将如驭马，必驭者之力足以胜马，然后周旋曲折，惟我之听。不然，窃衔诡辔，毁首碎胸，虽跬步之间不能使之前矣”。对比高宗南渡之际，“诸将仓卒之时，可收其精兵而用以自卫乎？于立大功之时，可夺其全军而使之归镇乎？臣有以知陛下不能矣”。对将帅的一味纵容换不来他们的忠心尽力，“解衣推食，便足以得其欢心者，果非也”。汪藻所说的“别之以分”，特别强调“谋臣坐于帷幄之中，以出筹策，而将帅则听命于前，为之役使”，要求“不可使武夫参预其间”。他希望“自今诸将当律以朝廷之仪，每有奏陈，必使之如有司之式，毋数燕见。其至政事堂，亦有祖宗故事，且毋使参议论之余，庶名分不至混淆，而可以责其功效”。最后，在阐述“示之以法”“运之以权”“别之以分”之重要性的基础上，汪藻更提出了精择偏裨、直隶御前、渐销诸将之权的建议：

> 偏裨之中必有英豪，特为二三大将抑之而不伸耳。臣以为及今之时，当用汉建诸侯之法，众建之而少其力，精择偏裨十余人，人裁付兵数千，直隶御前而不隶诸将，合为数万，以渐销诸将之权。

汪藻的建议直指“渐销诸将之权”的目的，但由于其时及其后的对金、对伪齐的战事不断，所以这一建议始终未能付诸实施，朝廷也无力改变对将帅的姑息之策。绍兴七年正月，左司谏陈公辅愤而进言曰：“诸将或邀求无厌，以致各为异议，轻视朝廷。此无他，御之未得其道，愿加之以威，处之以法。苟有恶不问，有罪不治，且将肆其桀骜，又安敢望其立功耶?"① 这一番对朝廷"有恶不问，有罪不治"的批评，与汪藻六年前上疏所议论的朝廷对待将帅"独恩无威，漫然略不绳治"，"专于用恩，恩过而骄"的主旨是一致的，说明诸将"各为异议，轻视朝廷"，"肆其桀骜"的情状一直没有受到遏制，而南宋朝廷在非常时期"有恶不问，有罪不治"的无奈隐忍也因时局的艰难而依然如故。

一直到绍兴七年十一月，由于淮西兵变的发生，暴露了手握重兵的大将足以摇撼朝廷的严重性，将权过重、朝廷势弱的弊端显现无遗，削减将帅重权的问题变得格外重要和紧迫。到了绍兴八年，由于宋金双方的上层都有转战为和的意愿，而且从当时的实际进展来看，和议的可能性也正一步步地成为现实。但另一方面，在这个关键时候，大将的合作与否，也日益成为决定和议成败的重要因素之一，左宣义郎王之道对此的分析就很能说明问题："今天下之权，不在庙堂，而在诸将。诸将拥重兵，据要地，偃蹇自肆。倘从金盟，而不与诸将议，使金诚和，犹恐自疑，而至于溃败。万一挟诈，是使诸将得以有词而不出兵矣。"② 在这种情况下，南宋朝廷既已把和议作为致力的方向，那么处理积累已久的大将权重的问题也就成为当务之急。随着高宗对大将骄纵、益难号令的疑忌日益显现，如何削减诸将手中的权力也就成了高宗与高层重臣频频讨论的议题。绍兴八年二月，岳飞请求朝廷增兵和任用官员皆未得到支持，就已经可以见出高宗对诸将势力的有意识的遏制。

> 湖北京西宣抚使岳飞乞增兵。上曰："上流地分诚阔远，宁与减地分，不可添兵。今日诸将之兵，已患难于分合，末大必折，尾大不掉，古人所戒。今之事势，虽未至此，然与其添与大将，不若

---

① （宋）李心传:《建炎以来系年要录》第3册，卷108，绍兴七年正月癸卯朔条，第1752页。

② 同上书，卷119，绍兴八年五月辛亥条，第1932页。

别置数项军马，庶几缓急之际，易为分合也。”飞又奏为荆湖北路转运判官夏珙升职，鄂州守臣赵士瑗、邓州守将韩适、均州守将格禧进官。上曰：“可作直旨行下，监司守臣，朝廷所用，不当令尽归大将。”乃诏珙、士瑗职事修举，珙升副使再任，士瑗直秘阁，适、禧措置宣力，皆进一官。①

岳飞请求朝廷增加兵力，本来也非无端而发。绍兴八年六月，左奉议郎冯时行被召对见高宗时，曾陈述朝廷备御金人之疏阔云：“吴玠一军在梁、洋之间，凡五千余里。至鄂州，始有岳飞。又三千余里，至建康，始有张俊。陛下虽以淮为屏障，然东南形胜，实在长江。今岳飞屯鄂渚，实欲兼备江、汉。襄阳有警，比岳飞得闻，往返三千里，束装办严，非一月不至荆、襄。而敌骑近在京西，轻军疾驰，不数日而遂涉江、汉。万一举偏师向江、汉，连缀岳飞，而以大军向襄阳，中断吴、蜀，当是时，吴玠不能舍梁、洋而下，岳飞不能舍江、汉而上。敌骑盘泊荆南，可以控据上流，震惊吴会。或径趋潭、鼎，横涉饶、信，可以直乘空虚，扰我心腹。备御如此，似亦疏矣。”② 岳飞防线过长，可以看作其请求增加兵力的原因。不过，高宗此时更加忧虑的是诸将的“末大必折，尾大不掉”的可能性，所以对于岳飞增兵的请求，其决定是“宁与减地分，不可添兵”，“与其添与大将，不若别置数项军马”。至于岳飞为部下请官，高宗则强调“监司守臣，朝廷所用，不当令尽归大将”。其后，岳飞再请求差胡邦用知靖州，高宗便明确指示：“郡守，牧民之官，亦藩屏所寄，当自朝廷选差，若皆由将帅辟置，非臂指之势

---

① （宋）李心传：《建炎以来系年要录》第3册，卷118，绍兴八年二月壬戌条，第1904页。

② 同上书，卷120，绍兴八年六月丙子条，第1945页。

也。"[①] 也就是说，诸将的权势必须限制在朝廷可以控制的范围之内，所谓"军不可专，专则难制。兵不可骄，骄则不用命"[②]，这已经成为此期南宋君臣的共识。

正是在这样的大背景下，张戒因为其分诸将之权的建议，得到了御史中丞常同的荐举，"尚书兵部员外郎张戒守监察御史，用中丞常同荐也。戒之待次严陵也，同与戒遇，问之曰：'诸将权太重，张丞相既失，今当何以处之？'戒曰：'兹甚不难，但当擢偏裨耳。吴玠既失，而曲端受死；杨沂中建节，而张俊势分，自然之理也。'同大喜曰：'此论可行。'既而同被召，首荐戒焉"[③]。张戒任监察御史后，立即与高宗探讨了在军队中抚循偏裨这个问题：

> 监察御史张戒入对，因言诸将权太重。上曰："若言跋扈则无迹。兵虽多，然聚则强，分则弱，虽欲分未可也。"戒曰："去岁罢刘光世，致淮西之变。今虽有善为计者，陛下必不信。然要须有术。"上曰："朕今有术，惟抚循偏裨耳。"戒曰："陛下得之矣。得偏裨心，则大将之势分。"上曰："一二年间自可了。"戒曰："陛下既留意，臣言赘矣。"[④]

张戒的建议与绍兴元年汪藻提出的抚循偏裨以分大将之势的意见基本一致，但这次却因为所处背景的不同，立即得到了高宗的回应，成为整治"诸将权太重"拟采用的手段。

但是，这个办法要真正地实行起来却并不容易，因为当时的实际情

① （宋）李心传：《建炎以来系年要录》第3册，卷124，绍兴八年十二月己巳条，第2016页。

② 同上书，卷118，绍兴八年三月庚寅条，第1910页。

③ 同上书，卷118，绍兴八年三月甲辰条，第1915页。

④ 同上书，卷119，绍兴八年五月戊子条，第1924页。

况是“自郦琼叛，张俊擅弃盱眙而归，诸将稍肆”[①]。绍兴八年四月，朝廷任命素有威严的枢密副使王庶暂往沿江及淮南等处措置边防，高宗专为此下诏曰：“朕临遣枢臣，协济军务，按行营垒，周视山川，乘斯闲暇之时，经画久长之利。凡尔监司群帅，郡县之官，各尽乃心，以康庶事，倘或弛慢失职，已令王庶密具以闻。”[②] 王庶临发之际的劳师阅兵，其实可以看作对诸将帅的一次示威：“庶素有威严，临发，劳师于都教场，军容严整。庶便服坐坛上，自杨沂中而下，悉以戎服步由辕门庭趋，受命拜赐而出，莫敢仰视。自多事以来所未有。”[③] 但是，真正要触动诸将的利益，却也是困难重重。《建炎以来系年要录》卷一百二十记载曰：

> 王庶自淮上归，命（张）宗颜以所部七千人屯庐州，命中护军统制官巨师古以三千人屯太平州，又分京东淮东宣抚处置使韩世忠二军，屯天长及泗州，使缓急互为声援。徙（刘）锜屯镇江，为江左根本。时朝廷以诸将权重，欲抚循偏裨，以分其势。（张）俊觉之，谓行府钱粮官右通直郎新监行在榷货务刘时曰：“乡人能为我言于子尚否？易置偏裨，似未宜遽，先处己可也。不知身在朝廷之上能几日？”庶闻之曰：“为我言于张十，不论安与未安，但一日行一日事耳。”俊不悦。[④]

王庶调拨军队，乃是出于“使缓急互为声援”的目的，但张俊因之而觉察到朝廷“抚循偏裨，以分其势”的意图，因此也表现出强烈的不

① （元）佚名撰，李之亮校点：《宋史全文》卷20中《宋高宗十一》，第1276页。

② （宋）李心传：《建炎以来系年要录》第3册，卷119，绍兴八年四月壬戌条，第1920页。

③ 同上书，卷119，绍兴八年四月丙寅条，第1920页。

④ 同上书，卷120，绍兴八年六月乙亥条，第1943页。

满不悦，这也从侧面说明高宗朝廷与诸将之间的角力不会是风平浪静的。

面对“今天下之权不在庙堂，而在诸将”的严重局面，为了防范前述左宣义郎王之道所陈“倘从金盟，而不与诸将议，使金诚和，犹恐自疑，而至于溃败，万一挟诈，是使诸将得以有词而不出兵”的问题出现，为了消解诸将可能对议和产生的过大影响，高宗更加支持“以和为表，以备为里”的主张：

> 上曰：“虽然，有备无患。纵使和议已成，亦不可弛兵备。”赵鼎曰：“假使金人与我河南之地，亦维严备江南。前日张建寿之说是也。”参知政事刘大中曰：“和与战守，自不相妨，若专事和，而忘战守，则堕敌计中耳。”①
>
> 殿中侍御史张戒复上疏，请外则姑示通和之名，内则不忘决战之意，而实则严兵据险以守。②
>
> 上谕大臣曰：“近张戒有章疏，论备边当以和为表，以备为里，以战为不得已。此极至之论也。”赵鼎等言当力守此议。③

在这里，值得注意的是，高宗所言“有备无患”是把“不可弛兵备”置于“和议已成”之后的，这是高宗此期的对金策略。《建炎以来系年要录》卷一百十八，绍兴八年正月乙巳条所记载的参知政事陈与义与高宗的一段对话正可作为此处的注脚：“陈与义曰：‘用兵须杀人，若因和议得遂我所欲，岂不贤于用兵？万一和议无可成之望，则用兵所不免。’上以为然。”用兵作战被排在“和议无可成之望”的后面，也就

---

① （宋）李心传：《建炎以来系年要录》第3册，卷120，绍兴八年六月戊辰条，第1938页。

② 同上书，卷121，绍兴八年七月乙酉朔条，第1951页。

③ 同上书，卷122，绍兴八年九月乙巳条，第1970页。

是说用兵是一种不得已而为之的行动。既然如此，所谓“以和为表，以备为里”也就显得十分勉强。秘书省正字范如圭在献书秦桧时，曾专论此曰：“为和之说者必曰：‘今虽讲和，而边备实未尝弛，必无意外之患。’以如圭观之，朝廷以议和之故，谓谋臣猛将，可以折冲御侮者，皆无所用，或斥逐而远之，或并之于骄庸之帅，又将包羞忍耻，甘心屈辱，以沮丧士气，而离其心。殆若归马放牛，示天下不复用兵者，而谓之不弛边备，是内欺其心，上欺人主，下欺亿兆之众也。”① 范如圭言辞虽然激烈，但所指斥的“虽讲和而边备实未尝弛”之说法乃自欺欺人也有一定的道理。对于这一点，日本学者寺地遵曾进行了理性分析，其说可谓精辟：“‘外和内战’论本身原有其矛盾之处。和则必须放弃华北领土与居民，将之割让于金；战则专务恢复。然欲同时实现二者，即使理论上有此可能，现实上却根本行不通。再者，要完成这种高难度的事情，必须拥有强大的国家统制力，特别是足以驾驭家军的压倒性政治力量。可是，当时尚在企划兵权一元化的阶段中。”“于是，‘外和内战’论仅似画饼，全无实现的基础”②。就南宋朝廷当时的具体情况来看，大规模对金开战确实也不现实，朝廷亟须解决的首要问题乃是驾驭诸将，有效遏制他们的权势，使之完全听命于朝廷的调遣。基于此，当朝臣把诸将的行为态度作为反对和议的理由时，都不会得到朝廷上层的认同。绍兴八年五月，枢密副使王庶往沿江及淮南等处措置边防，“湖北京西宣抚使岳飞闻庶行边，遗庶书曰：‘今岁若不出师，当纳节请闲。’庶称其壮节”③。六月，王庶自淮西还行在，在其所上奏疏中即因

---

① （宋）李心传：《建炎以来系年要录》第3册，卷123，绍兴八年十一月辛亥条，第2002—2003页。

② ［日］寺地遵：《南宋初期政治史研究》，第153—154页。

③ （宋）李心传：《建炎以来系年要录》第3册，卷119，绍兴八年五月丁未条，第1930页。

之以请战："臣顷与边臣大将议论，皆云若失今日机会，他日劳师费财，决无补于事功。至有云今年不用兵，乞纳节致仕者。观此，则人情思奋，皆愿为陛下一战，望陛下英断而力行之。"① 但王庶的上疏并未得到回应。绍兴八年十一月，权吏部侍郎魏矼因大将韩世忠、岳飞皆反对议和，故上疏云："和议，国之大事，岂可不访之兵将乎？欲望圣慈速召大将，各带所部近上统制官数人同来，以屈己事目，广加访问，以塞他日意外之忧。彼或以为不可，亦能鼓作其气，益坚守御之备。"魏矼本欲借助将帅的意见达到反对和议的目的，但他却未成功，其结果是"矼以忧去"②。同样，当韩世忠以大将的身份请求举兵决战、率先迎敌时，也未得到高宗的首肯和赞赏：

先是，徽猷阁直学士王伦既与乌凌阿思谋至金庭，金主亶复遣签书宣徽院事萧哲等为江南诏谕使，使来计事。（韩）世忠闻之，上疏曰："金人遣使前来，有诏谕之名，事势颇大，深恐贼情继发重兵压境，逼胁陛下，别致礼数。今当熟计，不可轻易许诺。其终不过举兵决战，但以兵势最重去处，臣请当之。"因乞赴行在奏事，驰驿以闻，上不许。③

（韩世忠言）"今虽国势稍弱，然兵民事力，尚可枝梧。况诸军将士，训习之久，睹此窘辱，少加激励，岂无斗心？若随从稍有失当，举国士大夫尽为陪臣。深虑人心离散，士气凋沮，日后临敌，如何贾勇？……今若待其重兵逼胁，束手听命，坐受屈辱，不若乘此事力，申严将士，为必战之计，以伐其谋，免贻后患。臣边

① （宋）李心传：《建炎以来系年要录》第3册，卷120，绍兴八年六月癸酉条，第1943页。

② 同上书，卷123，绍兴八年十一月壬寅条，第1995页。

③ 同上书，卷122，绍兴八年十月丁丑条，第1976页。

远庸材，荷国厚恩，无以补报，今正当主辱臣死之时，臣愿效死节，激昂士卒，率先迎敌，期于必战，以决成败。臣若不克，事势难立，至是陛下委曲听从，事亦未晚。”……时上亲札付（韩）世忠，令差人防护北使往回，不得少有疏虞。仍严戒将佐及所差人，不得分毫生事。①

韩世忠“乞赴行在奏事”，高宗“不许”；请求“激昂士卒，率先迎敌”，得到的回复却是“防护北使往回，不得少有疏虞”，“不得分毫生事”。高宗对韩世忠的回应，其出发点还是在议和的问题上：

世忠数上疏，论不当议和。上赐以手札曰：“朕勉从人欲，嗣有大器，而梓宫未还，母后在远，陵寝宫禁，尚尔隔绝，兄弟宗族，未遂会聚。十余年间，兵民不得休息，早夜念之，何以为心？所宜屈已议和，以图所欲，赖卿同心，其克有济。卿其保护来使，无致疏虞。”②

南宋朝廷当权者既已确定了“屈已议和，以图所欲”的国策，高宗已经把“外国之与中国，如阴阳消长，岂能偏废”③ 视为当然，这也就意味着对外的大规模战争将暂告结束，而借助对敌作战逐渐壮大实力的将帅，其手中的权势必将发生变化，这也正是高宗希望看到的结果。

① （宋）李心传：《建炎以来系年要录》第3册，卷123，绍兴八年十一月壬辰条，第1985—1986页。

② 同上书，卷123，绍兴八年十一月辛丑条，第1990—1991页。

③ 同上书，卷121，绍兴八年八月甲子条，第1960页。

第三节　高宗对朝臣结党的疑忌

朋党相争与北宋政治相伴始终，党争双方“各自为说，无复至当，煽以成风。附王氏之学则丑诋元祐之文，附元祐之学则讥诮王氏之说。流风至此，颓敝莫回”①。高宗即皇帝位后党争之风并未因北宋的灭亡、金人的南侵而发生变化。绍兴初年，“党与既植，同门者互相借誉，异己者力肆排摈”② 的现象依然存在。绍兴元年十月，吕颐浩执政，因其“喜用材吏，以其多出京、黼之门，恐为言者所指，乃白上”，高宗为之特下诏云：

> 党锢之论，自古病之……方今国削而迫，殊乏贤能干蛊之士与共图治，而于推择除授之际，尚以蔡京、王黼门人为嫌，似未通变。自今应京、黼门人，实有材能者，公举而器使之，庶几人人自竭，以济艰难之运。③

在国势积弱之际，高宗期望士大夫改变分门别派、相互攻击的作风，形成人人自竭、共济艰难的氛围。绍兴二年，“吕颐浩、秦桧同秉政，桧知颐浩不为时论所与，乃多引知名之士为助，欲倾颐浩而专朝权。上颇觉之”，故再下诏书，明确要求：“继自今，小大之臣，其各同

---

① （宋）汪藻著，王智勇笺注：《靖康要录笺注》，卷6引左谏议大夫冯澥所言，第754页。

② （宋）李心传：《建炎以来系年要录》第2册，卷58，绍兴二年九月戊午朔条，第1003页。

③ 同上书，卷48，绍兴元年十月乙丑条，第855页。

心体国，敦尚中和，交修不逮。如或朋比阿附，以害吾政治者，其令台谏论列闻奏，朕当严置典刑，以诛其意。”① 高宗对于分朋植党、互相倾摇的现象表现出深深的忧虑，在要求大臣“同心体国，敦尚中和”的同时，也表达了对“朋比阿附”决不容忍的态度。

尽管高宗一再反对分朋植党，但南渡以来频繁改易宰相及下属官员的事实，不可避免地导致了人心难一、肆为同异的现象。绍兴八年十一月，右谏议大夫李谊就直言朝廷任人数易的弊端曰：“陛下临御于今一纪，所用相凡十人，执政三十三人。然皆不久而去，规模数易。士知其不久，则肆为同异，而亡忌惮。吏知其不久，则专为苟简，以幸蔽欺。陛下夙夜忧勤，而治不加进，殆必由此。”② 当然，这个弊端也不是孤立存在的。在当时，时局的多变、南宋对金和伪齐所采取的行动或策略的变化等情况，又往往与朝堂上的朋党相争扭合在一起，所以这个问题在国家局势稳定之前是难以根治的。绍兴八年四月，集英殿修撰提举台州崇道馆张焘与高宗曾有这样一段对话：

（高宗）问：“朕图治一纪于兹，而收效蔑然，其弊安在？”焘曰：“自昔有为之君，未有不先定其规模而能收效者。臣绍兴初始蒙召对，首以治道当先定其规模为言，于今七年矣，所谓规模者，臣未见其有一定之说。臣窃观方今朝廷施设之方，朝令夕改。其事大体重，不可轻举者，莫如六飞之顺动。往者前临大江，继又退守吴会。曾未朞年，而或进或却，岂不为敌人所窥乎？此无他，规模不速定故也。陛下之所朝夕相与断论国是者，二三大臣而已。而一

① （宋）李心传：《建炎以来系年要录》第2册，卷53，绍兴二年四月癸未条，第933页。

② （宋）李心传：《建炎以来系年要录》第3册，卷123，绍兴八年十一月癸未朔条，第1979页。

纪之间，命相之制，凡十有四下，执政递迁者亦无虑二十余人。非规模不定，任之不一，责之不专，致此纷纷乎？日月逝矣，大计不容复误，愿陛下以先定规模为急，规模既定，未有治效不著。上叹息曰："此诚方今急务，朕非不欲立定规模。缘宰辅数易，未有定论耳。"①

先定其规模方可收效，乃是当时的急务。然而朝廷每每因对外的胜败或内部的争权斗争决定宰辅的去留和下一步对敌的策略，这就形成了所谓"朝令夕改""未有定论"的结果，而这种结果又往往造成了朋党交争的局面。就以绍兴八年的纷争来看，围绕着和与战的激烈争锋，赵鼎一派的所作所为予人以结党之嫌，引发了高宗的疑忌与不满，并在随后与秦桧一派的争斗中以失败而告终。

绍兴八年六月发生了潘良贵当廷叱责向子諲，高宗"惊而怒"的严重事件，围绕对此事件的处理，高宗的愤怒最终转移到赵鼎头上。

是日，户部侍郎向子諲入见，因论京都旧事，其言颇及珍玩。中书舍人潘良贵故善子諲，至是摄起居郎，立殿上闻其言，甚怒。既而子諲奏金国遣使，当审度情实报聘，不可堕敌计中，宜饬边臣严备。又奏："朱震之亡，陛下令建国公往奠，师道久废，今陛下崇儒尚德如此，实可以风化天下。"上因谕以震与杨时、胡安国皆学有渊源，深于《春秋》，且论先儒异同之说，及震荐尹焞、为安国请谥等事。子諲反复良久，良贵不闻其余语，怒甚，径至榻前，厉声曰："向子諲以无益之言，久劳圣听。"上语未竟，子諲不为止，良贵叱之退者再焉。上惊而怒，欲抵良贵罪。甲申，子諲请致

① （宋）李心传：《建炎以来系年要录》第2册，卷119，绍兴八年四月壬寅条，第1928页。

仕。右正言李谊亦奏良贵罪。御史中丞常同奏良贵疾子諲曼词，众以为直，不可罪之。愿许子諲补外。上诘同曰："子諲之贰版曹，乃卿所荐，今良贵犯分沽激，复上章称述，何也?"于是上欲并逐同。①

其实，这次争斗事件的背后隐含着和与战的交争。据《三朝北盟会编》引《遗史》记载："先是，秦桧、向子諲、范同请与金人讲和；魏矼、常同虑其诈和，请善备之；潘良贵请战。上命侍从官共议，子諲执讲和，良贵大叱之。及同奏事，子諲与良贵交争于殿上。上知同为子諲辟客，必附子諲也。故固问于同，同乃以称和为非，而以良贵为是，大忤上旨。"② 高宗欲抵潘良贵之罪，固然是因其"犯分沽激"的举动，但其积极请战的态度也当是高宗不快的一大原因。常同请备敌，这一点与赵鼎的立场相近。在请战的潘良贵和请和的向子諲之间，常同选择了前者，所以要以"众以为直"为理由，提出"不可罪之"的意见。虽然常同曾经荐引过向子諲，但此时却明确表示"愿许子諲补外"，这应当也是由其对金的立场决定的，正如张九成所说："前日之荐，以子諲之才可荐也。今日之事，乃国体也。"此事的结果是，最终"三人卒俱罢"。在处理这一事件的过程中，张九成、赵鼎与张致远都曾尽力营救反对和议的常同和潘良贵，但这样的行为也使高宗对结党的疑忌进一步加深。张九成解劝高宗曰："士大夫所以嘉子諲者，以其能眷眷于善类也。今以子諲之故，逐柱史，又逐中司，非所以爱子諲也。"③ 其倾向于常同和潘良贵的态度非常明显。又据《宋史》卷三百六十《赵鼎传》记载：

---

① （宋）李心传：《建炎以来系年要录》第2册，卷120，绍兴八年六月壬午条，第1948页。

② （宋）徐梦莘：《三朝北盟会编》卷184，第1332页。

③ （宋）李心传：《建炎以来系年要录》第3册，卷120，绍兴八年六月壬午条，第1948页。

（赵）鼎奏："子諲虽无罪，而同与良贵不宜逐。"二人竟出。给事中张致远谓不应以一子諲出二佳士，不书黄。上怒，顾鼎曰："固知致远必缴驳。"鼎问："何也？"上曰："与诸人善。"盖已有先入之言，由是不乐于鼎矣。

与张九成一样，赵鼎和张致远对于这次事件的态度都非常明确，以致高宗在大不满张致远的同时，也对诸人相善结党的"先入之言"产生了警觉，"由是不乐于鼎"。其后，高宗的这种"不乐"越来越不加掩饰，他对赵鼎的疑忌也越来越深。绍兴八年七月，高宗与中书舍人勾龙如渊有这样的对话：

中书舍人勾龙如渊入对，上曰："朕本用卿直学士院，而赵鼎荐吕本中。他日本中罢，则用卿矣。"上又曰："卿与楼炤皆朕亲擢，中书事有当论即奏来。如张致远、吕本中皆作附丽计者。人谁不由宰相进，致远亦太甚。"上久之曰："李授之进《易解》，朝廷议与一职名，本中毅然欲缴，既而知授之乃赵鼎为诸生时教授也，遂已。殊可怪。"上又曰："近日常同、潘良贵事如何？"如渊曰："良贵不为无失，然素忠直，望陛下优容之。"上色不平。如渊曰："天下事未有不起于微者，比因此三人之出，朝臣中有不能安者。臣恐朋党之议由此起。"上曰："朋党之说，果已有之。数日前，赵鼎言，闻朕要用周秘为中丞，陈公辅为谏议，朕何尝有此意？"①

这里的引文涉及两个事实，第一个是绍兴八年六月，中书舍人吕本中兼权直学士院的背景，乃是在南宋朝廷将遣金使之时，"礼部侍郎兼直学士院曾开当草国书，乃言迟暮废学，志力俱衰，凡有撰述，动系国

① （宋）李心传：《建炎以来系年要录》第3册，卷121，绍兴八年七月庚子条，第1955—1956页。

体，乞免兼权直职事。上欲用勾龙如渊，赵鼎力荐本中。乃有是命”[①]。高宗与勾龙如渊的这次对话，就发生在吕本中被任命后一个月，也就是在赵鼎、张致远等人营救无果，潘良贵、向子諲与常同都被逐出朝廷之后。高宗一则曰“他日本中罢，则用卿矣”；二则曰“张致远、吕本中皆作附丽计者。人谁不由宰相进，致远亦太甚”。其对附丽结党的愤恨之情溢于言表。第二个事实是绍兴八年六月，“左朝请郎新成都府路提点刑狱公事李授之直秘阁”。李授之“宣政间为县令，有匪人诬其有谤语，坐失官”。他的拔擢是因为与赵鼎有师生的关系，而吕本中也因赵鼎的关系而对李授之进行称美，“赵鼎为诸生，尝从授之学。鼎相，辟为都督府干办公事，擢知简州。至是，献所著《易解》于朝，故有是命。中书舍人吕本中当制，颇加称美焉”[②]。按照高宗所说，吕本中本来对李授之的任命持反对态度，但得知李授之与赵鼎的特殊关系后，其态度就立即改变了。其后，侍御史萧振便以此攻击吕本中曰：“赵鼎以解易荐李授之除秘阁。本中初不知授之鼎所荐，遂怒形于色，欲缴还词头。已而，知出于鼎，乃更为授之命美词。其朋比大臣，无所守如此。望罢本中，以清朝列。”[③] 吕本中在李授之问题上的表现加深了高宗对赵鼎结党之疑忌，所以当给事中兼史馆修撰勾涛受到殿中侍御史张戒弹劾时，勾涛立即就把幕后人推断为赵鼎，并且得到了高宗的首肯。（勾）“涛言：‘戒击臣，赵鼎意也。’因力诋鼎结台谏与诸将，上颇以为然。”[④] 其后，张九成更公然以结党赵鼎自许：

九成入见，面奏曰：“外议以臣为赵鼎之党，虽臣亦疑之。”上

① （宋）李心传：《建炎以来系年要录》第3册，卷120，绍兴八年六月壬午条，第1947页。

② 同上书，卷120，绍兴八年六月己未条，第1935页。

③ 同上书，卷122，绍兴八年十月辛巳条，第1977—1978页。

④ 同上书，卷122，绍兴八年九月庚寅条，第1968页。

问其故，九成曰："臣每造鼎，见其议论无滞，不觉坐久，则人言臣为鼎党，无足怪也。"①

在高宗对赵鼎朋党的疑忌日增之时，张九成竟然自认赵鼎之党，这简直就是对高宗的公开叫板，所以高宗愤恨不已，"上曰：'自古朋党畏人主知之，此人独无所畏。'"② 一方面，高宗对赵鼎系官员结党朋比的疑忌，随着各种事件的汇聚而日渐加深；另一方面，由于在和战问题上，赵鼎与秦桧意见不一，秦桧也利用高宗的疑忌不满，开始了一系列公开排击赵鼎系官员的行动。"鼎尝辟和议，与桧意不合。及鼎以争璩封国事拂上意，桧乘间挤鼎。"③ 绍兴八年九月，侍御史萧振"劾参知政事刘大中身为大臣而不以孝闻于中外，乞赐罢斥"④。其实，萧振弹劾刘大中的最终目标是赵鼎，这一点在史书中记载非常明确：

（萧）振本赵鼎所荐，后以秦桧引入台，其劾（刘）大中，盖以摇鼎也。⑤

（萧）振本鼎所引，及入台，劾参知政事刘大中罢之。鼎曰："振意不在大中也。"振亦谓人曰："赵丞相不待论，当自为去就。"……鼎引疾求免，言"大中持正论，为章惇、蔡京之党所嫉。臣议论出处与大中同，大中去，臣何可留？"乃以忠武节度使出知绍兴府，寻加检校少傅，改奉国军节度使。⑥

初，侍御史萧振既击刘大中，谓人曰："如赵丞相不必论，盖

① （宋）李心传：《建炎以来系年要录》第3册，卷123，绍兴八年十一月丙戌条，第1981页。

② 《宋史》卷374《张九成传》，第11579页。

③ 同上书，卷360《赵鼎传》，第11293页。

④ （宋）李心传：《建炎以来系年要录》第3册，卷122，绍兴八年九月丁亥条，第1967页。

⑤ 同上书，卷122，绍兴八年九月丁亥条，第1967页。

⑥ 《宋史》卷360《赵鼎传》，第11293页。

欲其自为去就也。”时传语纷纷，今日曰赵丞相乞去矣，明日曰赵丞相搬上船矣，盖秦桧之党以此撼之。鼎犹未深觉，其客敕令所删定官方畴以书劝之曰：“见几而作，大易格言。当断不断，古人深戒。”鼎乃引疾乞免。①

赵鼎罢相后，秦桧更以此为切入口，以结党为由，大举排斥反对和议者。殿中侍御史张戒是一个坚定的主战者，他曾上疏曰：“臣今又谓和必无成，岂惟无成，终必招寇。”“臣谓为国只当自勉，不可侥幸偷安。果得偷安犹可，但恐屈辱已甚，而偷安亦不得耳。讲和而是，则可以息兵；非，则亦可以招寇。”这个反和的奏疏成为秦桧逐除张戒的重要原因，“疏入，秦桧怒，愈有逐戒之意矣”②。张戒因激烈地反对和议，触怒了秦桧，张戒的逐去也就成了必然，“诏张戒为耳目之官，附下罔上，可与外任”③。附下罔上，其实也就是结党欺上的同义词，这正是高宗的疑忌之所在。张戒曾在赵鼎引疾乞免之际，上疏乞留赵鼎，其疏云：

臣初不知鼎负陛下者何事？鼎与同列忿争者何语？鼎不敢自安者何意？臣窃料陛下与鼎君臣之间，嫌疑已久；同列之际，猜间已深；鼎不自安，已非一日……但鼎去之后，秦桧先悔，而陛下后悔，理在不疑，此为可虑尔。鼎去之后，陛下必不独任，能忍事如鼎者绝少，争权者多。后来者不三数月，即与桧争必矣，此所谓秦桧先悔也。陛下即位十二年，而命相凡九人，前后拜罢，以三十数，已试未试，人材可知。使后来者皆大过人，虽去鼎可也。若但

① （宋）李心传：《建炎以来系年要录》第3册，卷122，绍兴八年十月甲戌条，第1974页。

② 同上书，卷123，绍兴八年十一月甲申条，第1980页。

③ 同上书，卷123，绍兴八年十一月己丑条，第1982页。

斥逐异己，而迁除附己者，徒为纷纷，则与鼎何异？万一缓急之际，又将复用之，使鼎何颜复见士大夫哉？此所谓陛下后悔也。……去岁召之如彼其急，今日去之如此其遽。时有缓急，事有大小，臣恐天下不无窃议，鼎尚不敢自保，余人何足道哉？①

张戒的奏疏措辞犀利，“君臣之间嫌疑已久，同列之际猜间已深”二句点明了高宗的疑忌及与秦桧的不谐在赵鼎罢相的事件中所起到的关键作用。本来，居于上位者的争权，同僚间的党同伐异的现象是宋代朝廷固有的弊端，根本不可能因为罢去赵鼎而停止，但张戒则更因其议论的“和必无成，岂惟无成，终必招寇”的激烈言论而徙知泉州。

绍兴八年十二月，秦桧排击吕本中，上奏曰：“吕本中行赵鼎修哲宗史成迁特进词云：‘谓合奉晋、楚之成，不若尊王而贱霸。’鼎为首相，于议和通使，未尝不佥同议论，今命词如此，皆鼎风旨。欲窥伺和议之不成，为脱身之计。”② 关于此事原委，《宋史·吕本中传》记载甚详：“初，本中与秦桧同为郎，相得甚欢。桧既相，私有引用，本中封还除目，桧勉其书行，卒不从。赵鼎素主元祐之学，谓本中公著后，又范冲所荐，故深相知。会《哲宗实录》成，鼎迁仆射。本中草制，有曰：‘合晋、楚之成，不若尊王而贱霸；散牛、李之党，未如明是以去非。’桧大怒，言于上曰：‘本中受鼎风旨，伺和议不成，为脱身之计。’风御史萧振劾罢之，提举太平观。”③ 高宗本对吕本中不满，秦桧对吕本中又更夹杂着个人的恩怨，不过最终导致吕本中罢官的还是“受鼎风旨”，党附赵鼎的罪名。

---

① （宋）李心传：《建炎以来系年要录》第3册，卷123，绍兴八年十一月己丑条，第1982—1983页。

② 同上书，卷124，绍兴八年十二月癸亥条，第2011页。

③ 《宋史》卷376《吕本中传》，第11637页。

枢密副使王庶也是主战派，当主和的大势已不可逆转之际，他以“言虽忠而不适于时，虑虽深而不明乎变。愚鲁自信，滞固不移”① 为由，请求解除职事，最终也被归入赵鼎之党而遭到斥逐：

时御史中丞勾龙如渊论庶之罪，以为荐用非人，屡遭缴驳，而归罪后省。骄蹇自恣，不下堂戺，而倨见从官。倾耳侧足，惟幸王伦不还，和议不成。使人及境，而色大沮，于是始有求去之请也。庶本赵鼎所荐，方刘大中之去，庶已不安。鼎之将去，庶愈不安。变诈百出，营救万方，谓鼎不逐朝臣，为不成宰相手段。交结张戒，一日曰：“此子不了得一事。”及其去也，乃敢冒言以和议不合卖直而去。伏望重行窜削，以明庶欺君罔上，愚弄天下之罪。制曰：庶大言以惑众，小智以饰奸。既陈立异之辞，旋有坏成之意。倘谓和戎之非策，则虽执义以何惭。乃因知己之莫由，遂欲脱身而邀誉。第务死党，宁知有君。②

绍兴八年十二月，资政殿学士新知潭州王庶落职，提举临安府洞霄宫。在勾龙如渊的上述指控中，我们可以看到，不赞同和议是王庶被逐的最根本原因，也是被指为朋党的重要依据。秦桧利用高宗憎恶朋党的心理，在打击朋党的旗帜下，迅速清除政敌，为与金人缔结和议扫清障碍。

绍兴八年，是南宋朝廷调整对金策略由战转向和的关键一年。在这一年中，主战派与主和派双方争斗激烈，秦桧最终赢得了高宗的信任，掌握了朝廷决策的主动权，随着庙堂上逐出异己与军队上分将帅重权的展开，他的和议之策终于得以实现。

---

① （宋）李心传：《建炎以来系年要录》第3册，卷123，绍兴八年十一月庚子条，第1989页。

② 同上书，卷124，绍兴八年十二月丙寅条，第2013—2014页。

第十三章　绍兴九年至十一年南宋朝廷应对金人的举措

绍兴八年十二月，南宋与金人的第一次和议虽然达成，但并不稳定。因为就金廷方面看，和议是由鲁国王完颜昌的主持推动的，但是这一次和议从一开始，就包含着许多不确定的因素，这也就为金人后来的毁约、南宋的应战埋下了伏笔。

第一节　积极应对金人的毁约

完颜昌是废刘豫伪齐以及与南宋和议的积极推动者，至于其背后的个人目的及野心，史学家多有论述，此不赘述。伪齐刘豫政权于绍兴七年十一月被金废除，刘豫被废为蜀王。十二月，南宋徽猷阁待制王伦、右朝请郎高公绘自金国出使还朝，“初，刘豫既废，左副元帅鲁国王昌乃送伦等归，曰：‘好报江南，既道途无壅，和议自此平达。’”王伦回国后，立即向高宗报告这一信息，“伦言金人许还梓宫及皇太后，又许还河南诸州。上大喜，赐予特异”[①]。绍兴八年四月，王伦在祁州再见完颜昌。“昌遣使偕伦至北地。伦见金主亶，首谢废豫。然后致上旨。金主始密与群臣定议许和。”[②] 绍兴八年九月，“金人徙知许州李成知冀州，徙知拱州郦琼知博州，悉起京畿、陕右系官金银、钱谷转易北去，盖将有割地之意也”[③]。十二月，金国诏谕使尚书右司侍郎张通古、明威将军签书宣徽院事萧哲抵达南宋朝廷，提出先归还河南，徐议其余事项。

这一次金人割地给南宋，以成议和，乃是完颜昌力主之议。绍兴七年十一月，完颜昌送王伦、高公绘归南宋时，就已经提出和议之说，且许还梓宫及皇太后，又许还河南诸州。但绍兴八年十二月，金使张通古、萧哲来南宋，传达金廷的议和意旨，其中尚有许多尚待“徐议”的未确定之处。据《金中杂书》记载，本来，金方“初约俟萧、张奉使回，见得可否，方于河南出示割界文字。忽于今年正月间，陕西帅司申报夏国大军压境，并密封夏国榜来。时四太子方在东京，虑背腹受敌，几于失措大急，先发割界文字前往陕西，方解其事”[④]。可见这次和议对金廷来说是很仓促的，来自西夏国入侵的压力，使金人来不及“见得可否”后再作决定，所以这次和议是金人在应对西夏国无暇之际，匆匆割界约和。至于南宋一方，则因金人提出“先归河南地，徐议余事”，一些约和的具体事项没有得到落实，加之金使的狂傲，造成南宋朝廷上下一片喧腾，“但闻朝论决欲行屈己之礼，军民时出不平之语，闻之有可骇者。上自大臣，下至百执事，朝夕惴惴，恐此礼一行，或生意外之

① （宋）李心传：《建炎以来系年要录》第3册，卷117，绍兴七年十二月癸未条，第1894页。

② 同上书，卷119，绍兴八年五月丁未条，第1929页。

③ 同上书，卷122，绍兴八年九月壬子条，第1971页。

④ 同上书，卷125，绍兴九年正月丙申丙寅条所引，第2042页。

变。阖城百姓，有终夕不能寐者。而近甸常、润、会稽之间，民悉不安”。[①] 朝廷不得不专门为此下诏曰：“大金遣使前来，止为尽割陕西、河南故地，与我讲和，许还梓宫母兄亲族，余无须索，虑士民不知，妄扇惑。”[②] 不过，在安民告示的背后，南宋朝中高层人物也并未因议和而轻松，仅是在有关取得金廷国书之礼仪的问题上就已经纠结不已：

> 是日，台谏官勾龙如渊等再诣都堂议国书事。秦桧曰：“若王伦商量不听，则如之何?”如渊曰：“正恐伦未能办此。亦尝率易入文字，请相公参政亲见使人与议，庶国事早济。”李光曰：“此固不可惮。第一至馆中，遂有如许礼数。”如渊曰：“事固如此，然视人主之屈，则有间矣。”光默然。遂召国信计议使王伦、副使冯檝至都堂。如渊语伦曰：“公为使人，通两国之好，凡事当于敌中反覆论定，安有同敌使到此而后议者?”伦泣，且曰：“伦涉万死一生，往来敌中者数四。今日中丞乃责伦如此。”桧等共解之曰：“中丞无他，亦激公使了取书事耳。”伦曰：“此则不敢不勉。”[③]
>
> 二十七日己卯，上召伦入对，责以取书事。是晚，伦见使人商议，以一二策动之。使人惶恐，逐许明日上诏宰执就馆见使人，受国书纳入，人情始安。[④]

绍兴九年三月，虽然王伦至东京，与金右副元帅沈王宗弼相见，完成了交割地界的事宜，但宋金双方并未因此相互谅解并从而走向和平。

---

① （宋）李心传：《建炎以来系年要录》第3册，卷124，绍兴八年十二月丙子条，第2021页。

② 同上书，卷124，绍兴八年十二月丁丑条，第2022页。

③ 同上书，卷124，绍兴八年十二月丁丑条，第2024页。

④ 同上书，卷124，绍兴八年十二月戊寅条，第2024页。

就金廷内部来看，割还土地给南宋一事，本来就一直存在异议，这一点从《绍兴讲和录》中“金人复取河南，诏敕行台尚书省”的相关记载里，就可见其端倪：

> 达赉（完颜昌）等复力言，齐为不道。既废矣，边面四塞遐邈，猛士虽能守之，未免枕戈坐甲之劳，间以江左为邻，易生衅隙，不可撤警，难以久安之计，不若因以河南地赐与大宋，恩义非尔所求而与之，非尔所致而得之，为恩重矣，为义深矣。朕询于众言，或不可者三之二。朕以元元休息之意，断自朕心，又可其请。达赉等不俟诏命款报，遽割土疆，旋班屯军。凡此之为，皆达赉等实稔奸谋，相为接好，将启乱心，预图外交，先施责报，庶无夹攻之患，包藏诡状，专辄陈请，割赐土疆，职此之由。①

据文中所言，金臣中对于完颜昌力主“以河南地赐与大宋”的主张，反对者达到三分之二，对宋强硬派的代表宗弼“时为右副元帅，力不能争”。所以这项“断自朕心”的行为其实起初就很勉强，而日后的变数也就预植其中了。

绍兴九年初，出使南宋后回到金国的张通古“闻宋已置戍河南，谓送伴韩肖胄曰：‘天子裂壤地益南国，南国当思图报大恩。今辄置守戍，自取嫌疑，若兴师问罪，将何以为辞？江左且不可保，况齐乎？’肖胄惶恐曰：‘敬闻命矣。’即驰白宋主。宋主遽命罢戍。通古至上京，具以白宗干，且曰：‘及其部置未定，当议收复。’宗干喜曰：‘是吾志也。’”② 宗弼也是坚决反对割还南宋土地的，他对此事的倡导者完颜昌也极为不满。据李大谅《征蒙记》云：“天眷元年，四太子到京师，呼

① （宋）李心传：《建炎以来系年要录》第3册，卷135，绍兴十年五月丙戌条所引，第2167页。

② 《金史》卷83《张通古传》，第1860页。

四辅谕曰：‘都元帅割三京还南宋，何不与吾计议？都元帅必有逆谋，欺罔国朝，恐与南宋别有异图。尔等四辅，自今都元帅府应有移军文字，如吾不在府第，无吾手押，不得承受回报。待吾急赴国朝整会，割还土地。’”① 宗弼在金廷中势力很大，并积极影响金主亶的判断。当南宋王伦将赴金国商议割界事项时，“右副元帅沈王宗弼既还祁州，密言于金主亶曰：‘河南之地，本达赉、宗磐主谋割与南宋，二人必阴结彼国。’”② 就在金主亶疑忌日深之际，绍兴九年七月，金国发生了谋反事件，“郎君和什者谋反，下大理狱，事连宗磐等。会宗磐等以朔日入见，亶伏兵执之。辛巳，皆坐诛”。“宗弼又以金主之命，徙左副元帅鲁国王昌为燕京行台尚书左丞相，拜签书行台尚书省事杜充为丞相。昌怒曰：‘我开国元臣也，何罪而与降奴为伍？’遂叛，欲南归不克，北走沙漠，至儒州望云甸，追获之，下祁州元帅府狱。”③ 八月，“宗弼杀鲁国王昌于祁州，函其首以献”④。

完颜昌被杀，其派系失势，宋金之间脆弱的和议也随之立即发生变故。绍兴九年七月，南宋一方联系有关和议的重要使者“同签书枢密院事王伦至中山府，为金人所拘”⑤。“十月，伦始见金主于御子林，致使指。金主悉无所答，令其翰林待制耶律绍文为宣勘官，问伦：‘知达懒罪否？’伦对：‘不知。’又问：‘无一言及岁币，反来割地，汝但知有元帅，岂知有上国邪？’伦曰：‘比萧哲以国书来，许归梓宫、太母及河南地，天下皆知上国寻海上之盟，与民休息，使人奉命通好两国耳。’既就馆，金主复遣绍文谕伦曰：‘卿留云中已无还期，及贷之还，曾无

---

① （宋）李心传：《建炎以来系年要录》第3册，卷130，绍兴九年七月己亥朔条所引，第2096页。

② 同上书，卷129，绍兴九年六月乙亥条，第2092页。

③ 同上书，卷130，绍兴九年七月己亥朔条，第2095—2096页。

④ 同上书，卷131，绍兴九年八月戊午条，第2107页。

⑤ 同上书，卷130，绍兴九年七月丁亥条，第2099页。

以报，反间贰我君臣耶?’乃遣蓝公佐先归，论岁贡、正朔、誓表、册命等事，拘伦以俟报。已而迁之河间，遂不复遣。”① 金人扣留王伦，提出了新的约和条件，而早前已经约定好的归还梓宫、母兄、亲族等亦皆无下文。

从南宋一方来看，虽然与金人有和议在先，但从现实出发，朝廷上谨封疆、严守御的奏疏亦从未断绝。绍兴九年六月，兵部侍郎张焘自西京朝陵而还，入见，遂因其北行所见而上奏疏云：

顷刘豫初废，人情汹汹，而我斥堠不明，坐失机会。今又闻敌于淮阳作筏及造绳索甚多，不知安用？此事我岂容不知？诸将以朝廷尝有不得遣间探指挥，各务省事，遂不复遣。敌人奸猾，广置耳目，我之动息，彼无不知，敌之情状，我则漠然不闻，臣窃惑之。臣又见黄河船尽拘北岸，悉为敌用，往来自若，比无一人敢北渡者，岂有是理哉？愿饬戒边吏，谨封疆，严守御，广耳目，明斥堠，先事而预防之，庶无后悔。②

张焘的奏疏从另一个角度说明了金人的动作并未因与南宋的和议而停止。与金人的“广置耳目，我之动息，彼无不知”相比，南宋却是“敌之情状，我则漠然不闻”。面对这种局面，张焘从细微处入手，分析敌情，提出“先事而预防”的主张。如果说，张焘是从中原防备入手，那么四川制置使权主管宣抚司职事胡世将则是从备边的角度提出了川蜀防御的重要性：

川蜀非昔日之比。昔时河东为边境，与蜀风马牛不相及。今河

① 《宋史》卷371《王伦传》，第11525页。

② （宋）李心传：《建炎以来系年要录》第3册，卷129，绍兴九年六月己巳条，第2088页。

中府浮桥之北，便是敌境。陕西收复之初，朝廷固宜昭示大信，至于我之为备，岂可不讲？和好须自治得策，然后可固；若守御不严，敌得轻我，动为争端，非所以固和好也。今既不遣间探，恐妨和议，敌之动静，一切不知，若又分兵太远，守御不密，万一有虞，敌以精骑驰突，自河中不数日至川口，比至，追集军马，决不及事。①

金人讲和，今已逾年，梓宫天眷，未有还期；本朝使命，尚留金国，其贺正使，亦不差人迎接。臣窃谓敌情不测，初议难信，理当过为预备。②

事实上，对于金人和议的可靠性及备边的重要性，高宗的态度还是相当清楚的，“金人和议虽坚，安能保其终久无衅？况夏人乍臣乍叛，尤难保恃。今日边防，尤不可忽”③。特别是在金廷诛杀了主持和议的完颜昌以后，南宋朝廷上下基本上因之而达成了和议难成的共识，“主和者达赉也，今为其侄乌珠所戕，势必渝平”④。所以，当右正言陈渊入对，议及“金人尽诛往日主议之人，且悔前约，以此重有要索。臣谓和、战二策不可偏执”之时，高宗立即应之曰：“今日之和，不惟不可偏执，自当以战为主。”⑤ 正是在这种形势下，南宋朝廷拒绝了金主提出的新的议和条件。绍兴十年正月，蓝公佐南归，带来金人有关岁贡、誓表、正朔、册命等事目，且索取河东、北士民之在南者，陈渊即上奏疏提出“我有不可许者”：

---

① （宋）李心传:《建炎以来系年要录》第 3 册，卷 131，绍兴九年八月庚午条，第 2111 页。

② 同上书，卷 133，绍兴九年十一月癸未条，第 2133 页。

③ 同上书，卷 131，绍兴九年八月己未条，第 2107 页。

④ 同上书，卷 132，绍兴九年十月庚午条引张焘所言，第 2127 页。

⑤ 同上书，卷 134，绍兴十年正月辛巳条，第 2145 页。

今急于遣使，而不及其他，则知敌不能无求。然我有不可许者，如取河北之民，则失人心；用彼之正朔，则乱国政，此诚不可。至于岁币之数，多未必喜，寡则必怒，与其多，不若寡之为愈。盖和、战两途，彼之意常欲战，不得已而后和。我之意常欲和，不得已而后战。或者必欲多与之币，以幸其久而不变，则无是理。愿训所遣之使，俾无轻许，以误大计。以和为息战之权，以战为守和之备。①

陈渊的奏疏得到了高宗及朝臣的认可，“上谓大臣曰：‘莫将奉使金国，凡所议事，可一一录付，恐将妄有许可，他日必不能守。’时金人所请，朝廷多不从”②。

关于南宋朝廷拒绝金人的要求，亦可从金主亶所发布的问罪南宋、再复疆土的诏书中得到证实。“蓝公佐回，丁宁理索，谊故当然。审必所行，乃令款报。比得莫将等来，所陈事目，靡所遵承。袭旧爵以自如，略王正而不用，愿辞封建，拒进誓章。至于畴昔逋逃，尝言愿遣，今欲与河朔等路流寓臣民，并为蔽靳。”③ 金人的有意败盟，南宋的强硬回应必然导致双方的再次战争。

绍兴十年五月，金人撕毁和议，重新发动攻宋战事。金主亶在平定内乱之后，任命宗弼为都元帅，封越国王，执掌国家重权。“及（完颜）昌诛，宗弼始得政，以归地非其本计，决欲败盟。乃举国中之兵，集于祁州元帅府大阅。遂分四道入犯，命聂呼贝勒出山东，右副元帅萨里罕犯陕右，骠骑大将军知冀州李成犯河南，而宗弼自将精兵十余万

① （宋）李心传：《建炎以来系年要录》第3册，卷134，绍兴十年正月己亥条，第2148页。

② 同上书，卷134，绍兴十年正月癸卯条，第2148页。

③ 同上书，卷135，绍兴十年五月丙戌条所引《绍兴讲和录》，第2167页。

人，与知东平府孔彦舟、知博州郦琼、前知宿州赵荣抵汴，至是犯东京。”① 一开始，河南诸郡望风而降，陕西州县伪官纷纷迎降，金人连陷南京、长安、西京，远近震恐。但宋军很快扭转颓势，史书对此多有详细记载：

> 敌至宿、亳，王德得以破其营；敌至颍昌，岳飞得以杀其将。或捷于凤翔，或捷于宝鸡，或捷于扶风，又皆吴璘、杨政保蜀守蜀之功。而敌之回军，直趋濠州，我诸将得以联兵制之。当是时也，无一人不勇，无一战不胜，盖不止有一月三捷之告。非敌至此不善战也，直以我师正锐，所向无前。吾观敌帅告乌珠曰：“今者南兵非昔日比。”而敌兵望见王师，且曰：“此顺昌旗帜也。”亟退避之。②
>
> 乌珠败盟入犯，不惟刘锜以八字军直入敌阵，大捷于顺昌；而李宝捷于兴仁，姚仲等捷于凤翔，牛皋捷于京西，孙显捷于陈、蔡，曹成捷于大兴县，王胜、成闵捷于淮阳，杨从义捷于宝鸡县，王贵、姚成捷于颍昌府，王俊捷于东路口，邵俊、王喜捷于淮阳，吴璘捷于陕州，韩世忠捷于洳口，杨沂中捷于柘皋，而岳飞捷于郾城，乘胜逐北，兵至朱仙镇，距京东四十五里矣。洪皓燕山之奏，谓顺昌之役，敌震惧丧魄，欲捐燕以南弃之。又谓敌已厌兵，朝廷若乘胜进击，再造犹反掌耳，盖诚然也。③

特别是刘锜顺昌之捷，使南宋彻底扭转了颓势，“宗弼不能支，乃作筏系桥而去。宗弼至泰和县，卧两日。至陈州，数诸将之罪，自将军

---

① （宋）李心传：《建炎以来系年要录》第3册，卷135，绍兴十年五月丙戌条，第2166页。

② 同上书，卷136，绍兴十年六月己亥条所引何俌《龟鉴》，第2196页。

③ 同上书，卷136，绍兴十年六月己亥条所引吕中《大事记》，第2196页。

韩常已下皆鞭之。于是复以葛王褒守归德府，常守许州，翟将军守陈州。宗弼自拥其众还汴京，自是不复出师矣"①。据《顺昌破敌记》曰："金国见只有乌珠主兵权。先是，举国内兵，尽赴祁州大阅。举所阅之兵，尽随乌珠南下。乌珠之在顺昌也，三郎君破于陕西，亦来告急。是时南宋若更有一项兵，乘此而来，敌可擒也。"②

绍兴十一年正月，乌珠再犯淮西，南宋君臣全无畏惧，信心大增。高宗谓大臣曰："中外议论纷然，以敌逼江为忧。殊不知今日之势，与建炎不同。建炎之间，我军皆退保江南，杜充书生，遣偏将轻与敌战，故敌得乘闲猖獗。今韩世忠屯淮东，刘锜屯淮西，岳飞屯上流，张俊方自建康进兵。前渡江窥敌，则我兵皆乘其后。今虚镇江一路，以檄呼敌渡江，亦不敢来。"③ 二月，"淮北宣抚副使杨沂中、判官刘锜、淮西宣抚司都统制王德、统制官田师中、张子盖及金人战于柘皋镇，败之"④。柘皋大捷是南宋对金作战史上的一次大事件，它为南宋与金的实力抗衡奠定了重要的基础。其意义诚如何俌《龟鉴》所评："敌之战于柘皋也，十万铁骑，夹道而阵，其势岂可当哉？张俊、杨沂中等实主之，观其昼夜疾驰，声援相接，民兵团结，分据江津，或守马家渡，以示吾之有备，或据和州，以遏敌之要冲，卒使诸将捷书继至，而军声大振矣。是役也，盖自兵兴以来，未有今日之盛。又岂偶然之故哉?"⑤ 柘皋大捷为绍兴十一年十一月宋金和议的最后签订奠定了必要的和必须的基础，正如《大金国志》卷二十七《兀术传》所云："（兀术）锐意败盟，

---

① （宋）李心传：《建炎以来系年要录》第3册，卷136，绍兴十年六月乙卯条，第2183页。

② 同上书，卷136，绍兴十年六月己亥条所引，第2196页。

③ 同上书，卷139，绍兴十一年二月丙子条，第2233页。

④ 同上书，卷139，绍兴十一年二月丁亥条，第2234页。

⑤ 同上书，卷139，绍兴十一年二月乙未条所引，第2236页。

举兵南征，后败于顺昌、败于郾城，败于柘皋，乃始讲和，而南北无事矣。”①

第二节　消解大将的军权

如前所述，南宋自建炎以来，与金人进行了长期的军事冲突与对抗，从客观上说，这既锻炼了军队，也培养了诸多将帅，他们在一次次的对敌作战中发挥着重要的作用。但是，与之相伴的将骄兵横的现象也日益严重，“是时，三大将皆握重兵，轻视朝廷”②。伴随着对金作战的告捷，宋金和议即将达成的现实，如何将诸将手中的权力收归朝廷，就成为高宗朝廷必须解决的问题。

在绍兴十年金人重启战端，南宋一方奋力抵御的过程中，将帅之间的互不相能已经表现得非常严重。当刘锜孤军困守顺昌的最艰难时刻，“上命淮西宣抚使张俊遣（王）德以所部授刘锜。俊既不乐锜，而德复惧拔隶刘光世军，迁延未行。建康留守叶梦得谕德曰：‘朝廷颁赏格，能立奇功者，使节度使皆即军中书告，旧未闻也。且刘锜名素出君下，今且奋报国，君能救锜，则可谓奇功矣。’德遂行，未至而敌已去。德以数千骑入城，与锜相见，俄复还庐州”③。在金人进逼，国土面临存亡的关键时刻，即便有皇帝援师的命令，张俊和王德也以个人的恩怨或忧惧而“迁延未行”。郭乔年的《顺昌破敌录》也记载此事原委曰：

---

① （金）宇文懋昭撰，李西宁点校：《大金国志》卷27，第206页。

② （宋）熊克：《中兴小纪》卷29，王伯庠撰王次翁叙纪所言，第333页。

③ （宋）李心传：《建炎以来系年要录》第3册，卷136，绍兴十年六月丙寅条，第2187页。

"锜方被围，时遣介求援于朝，得报已差行营左护军统制王德躬率全军来援。十二日，金人既退之后，德方移文来问敌势动息。二十三日卯时，以数骑到城下，锜邀入共饮食，已栖于城楼上。申时出门，遣人致意曰：'不果奉别，今且复回。'"① 王德于金人既退之后方才"移文来问敌势动息"，若不是刘锜拼死抵御，顺昌安危实难意料，以至于高宗极赞刘锜曰："卿之伟绩，朕所不忘。""锜以孤军挫贼锋，乌珠遁去，其功卓然。当便除节钺。"② 但是，刘锜被封武泰军节度使、侍卫亲军马军都虞侯也引起了其他将帅的不快。"淮西宣抚使张俊、淮北宣抚副使杨沂中、判官刘锜会议班师。俊与沂中为腹心，而与锜有隙，故柘皋之战奏赏诸军，锜独不预。时朝廷虽命三帅合军，不相节制，然诸军进退多出于俊，而锜以顺昌之功骤贵，诸将亦颇嫉之。"③ 应当说，在高宗赞赏刘锜战功卓著的背后，其实也隐含着对诸将帅的不满。

据《建炎以来系年要录》卷一百三十六，绍兴十年六月庚午条记载："时韩世忠与张俊皆不相能。御史中丞王次翁言曰：'臣闻世忠之于光世，因言议而隙。俊之于（刘）锜，因措置而睽。窃恐锜保一孤垒，光世军处穷独，俊与世忠不肯急援。愿遣使切责，因用郭子仪、李光弼以忠义泣别相勉者，以感动之。'" 正是出于对诸将不能在关键时刻"心尊朝廷"的忧虑，当张俊自建康来朝之际，高宗亲自诫之：

> 淮西宣抚使张俊入见，上问曾读郭子仪传否？俊对以未晓。上谕云："子仪方时多虞，虽总重兵处外，而心尊朝廷，或有诏至，即日就道，无纤介顾望。故身享厚福，子孙庆流无穷。今卿所营

① （宋）李心传：《建炎以来系年要录》第3册，卷136，绍兴十年六月丙寅条所引，第2187页。

② （元）佚名撰，李之亮校点：《宋史全文》卷20下《宋高宗十二》，第1335页。

③ 同上书，卷21上，《宋高宗十三》，第1348页。

兵，乃朝廷兵也。若知尊朝廷如子仪，则非特身飨福，子孙昌盛亦如之。若恃兵权之存，而轻视朝廷，有命不即禀，非特子孙不飨福，身亦有不测之祸。卿宜戒之。”①

但是，张俊在平日依然我行我素，“张俊深忌（刘）锜与岳飞，每言飞赴援迟，而锜战不力也”②。他甚至把与刘锜的不和带入对金的战事中。张俊既不希望刘锜得到奖赏，也就尽可能不给刘锜立功的机会。绍兴十一年三月，金人围濠州，濠州日夜遣人到张俊军前求援。张俊听闻金人渡淮去远，濠州路又通，于是决定出兵，但又生恐刘锜分功，有意调开刘锜，“俊因会饮，谓锜曰：‘公步人久战，可自此先回，径取采石，归太平。吾欲与杨太尉（杨沂中）至濠州，耀兵淮上，安抚濠梁之民，而吾军取宣化以归金陵，杨太尉渡瓜洲以归临安，庶道路次舍樵爨不相妨。’”③ 结果张俊、杨沂中“行数里，谍报虏攻濠州甚急。（张）俊茫然失色，复驰骑邀刘锜，锜遽命军中持十日粮，继二军而行”④。待到张、杨、刘三将鼎足为营，约定旦日入濠州，张俊两次遣人打探，皆言濠州无金人后，“俊遣将官王某谓锜曰：‘已不须太尉入去。’锜乃不行。惟沂中与王德领二千余骑而往”⑤。金人攻陷濠州后，张俊与杨沂中却奏报朝廷曰：“初八日王进与蕃贼力战，大获胜捷。”⑥ “刘锜自和州引兵渡江归太平州。杨沂中之败于濠梁也，张俊自黄连拔寨径去。锜乃按部伍、整旌旗，最后徐行，金人亦不复追。锜至历阳驻军，具奏

① （宋）李心传：《建炎以来系年要录》第3册，卷139，绍兴十一年正月庚戌条，第2227页。

② 同上书，卷141，绍兴十一年七月甲寅条，第2265页。

③ 同上书，卷139，绍兴十一年三月甲辰条，第2238页。

④ 同上书，卷139，绍兴十一年三月乙巳条，第2239页。

⑤ 同上书，卷139，绍兴十一年三月戊申条，第2240页。

⑥ 同上书，卷139，绍兴十一年三月癸丑条，第2242页。

听旨，然后班师。由是俊与沂中皆恨。”①

一方面是将帅之间的不相能，另一方面则是将帅对于朝廷的不能完全尊崇。韩世忠军中亲校温济曾把韩世忠阴事告之朝廷，“朝廷置济于湖南。世忠连上章乞遣济至军中，语甚不逊”②。前述濠州被金人围困之时，除张俊、杨沂中、刘锜、王德外，韩世忠、岳飞也曾率部前往，但是岳飞的所作所为确实也为他人留下了攻击的把柄。《建炎以来系年要录》有这样的记载：

敌之入犯也，上命飞以兵来援。飞念前此每胜，复被诏还，乃以乏粮为词，最后上御札付飞云：“社稷存亡，在卿此举。”飞奉诏移兵三十里而止。及濠州已破，飞始以兵至舒、蕲境上。故张俊与秦桧皆恨之。③

王伯庠撰《王次翁叙纪》云：绍兴辛酉，敌人有饮马大江之谋，大将张俊、韩世忠皆欲先事深入，惟岳飞驻兵淮西不肯动。上以亲札促其行者凡十有七，飞偃蹇如故。最后又降亲札曰：“社稷存亡，在卿此举。”飞奉诏，移军三十里而止。上始有诛飞意。④

绍兴十一年七月，右谏议大夫万俟卨 即以此攻击岳飞，“伏见枢密副使岳飞，爵高禄厚，志满意得，平昔功名之念，日以颓惰。今春敌寇大入，疆埸骚然。陛下趣飞出师，以为犄角，玺书络绎，使者相继于道，而乃稽违诏旨，不以时发。久之一至舒、蕲，匆卒复还。所幸诸帅

① （宋）李心传：《建炎以来系年要录》第3册，卷139，绍兴十一年三月丁巳条，第2242页。

② （宋）徐自明撰，王瑞来校补：《宋宰辅编年录校补》卷16《高宗绍兴十一年》，中华书局1986年版，第1058页。

③ （宋）李心传：《建炎以来系年要录》第3册，卷139，绍兴十一年三月庚戌条，第2241页。

④ 同上书，卷140，绍兴十一年四月乙未条所引，第2248页。

兵力自能却贼，不然，则其败挠国事，可胜言哉?”① 其后，御史中丞何铸、殿中侍御史罗汝楫等人也以此交章疏论岳飞之罪。

将帅之间的各种矛盾及对朝廷的不逊，使得朝廷收兵权的工作日益迫切。诚如《中兴圣政》史臣所言：“绍兴以来，所以为国者有二。金欲战，则分江、淮之镇，以授将帅；金欲和，则收将帅之权，以归朝廷。规模既立，守备益固，操纵自我，此之谓定论。乌珠求和，畏我之强也。故兵可以合，兵合而朝廷之势重，将帅之权轻。”② 事实上，诸将俱握重兵以致朝廷难制的现实已经成为南宋朝廷的隐忧。在宋金双方已成议和局面的大前提下，如何将将帅手中的权力收归朝廷，以加强朝廷和皇帝的权势，这本是几任宰相的心事，但之前因种种原因未能成功。此时，借助柘皋之捷的大好形势，范同献策于秦桧，通过论功行赏的形式，皆除诸帅以枢密而罢其兵柄，终于收回了诸将手中的兵权：

> 初，张浚在相位，以诸大将久握重兵难制，欲渐取其兵属督府，而以儒臣将之，会淮西军叛，浚坐谪去。赵鼎继相，王庶在枢府，复议用偏裨以分其势，张俊觉之，然亦终不能得其柄。至是，（范）同献计于秦桧，请皆除枢府，而罢其兵权。桧纳之，乃密奏于上，以柘皋之捷，召韩世忠、张俊、岳飞并赴行在，论功行赏。③
>
> 壬辰，扬武翊运功臣太保京东淮东宣抚处置使兼河南北诸路招讨使节制镇江府英国公韩世忠、安民靖难功臣少师淮南西路宣抚使兼河南北诸路招讨使济国公张俊并为枢密使，少保湖北京西路宣抚

---

① （宋）李心传：《建炎以来系年要录》第3册，卷141，绍兴十一年七月壬子条，第2264页。

② 同上书，卷155，绍兴十六年九月己丑条所引，第2515—2516页。

③ 同上书，卷140，绍兴十一年四月辛卯条，第2247页。

使兼河南北诸路招讨使岳飞为枢密副使。并宣押赴本院治事。①

是日，诏宣抚司并罢，遇出师临时取旨。逐司统制官已下，各带御前字入衔，令有司铸印给付，且依旧驻扎，将来调发，并三省枢密院取旨施行。仍令统制官等，各以职次高下，轮替入见。②

诸帅手握重兵根深蒂固本是南宋朝廷长期以来难以解决的问题，高宗也对此焦虑而无奈，“艰难以来，将士分隶主帅，岁久未尝迁动，使植根深固，岂是长策?”③ 而在这一次，朝廷利用赏赐战功，不动声色地把诸帅与其军队分割开，在任命三大帅枢密使、副使的同时，“分命三大帅军中列校，使各统所部，自为一军，更其衔曰统制御前军马。凡其所统，升黜赏罚，得专达之。诸校喜于自便，莫不欣然受命。明日，三大帅入授元枢之制既出，则其所部皆已散去”④。这样，所有军队最终都成为朝廷的军队，高宗对军队的掌控权得以完全实现。绍兴十一年五月，高宗赐三宣抚司统制官以下诏书把这一点说得非常清楚：

朕延登秉钺之元勋，并任本兵之大计。凡尔有众，朕亲统临，肆其偏裨，咸得专达。尚虑令行之始，或堕素习之规，其各励于乃心，以务肃于所部。⑤

从高宗为首的南宋朝廷的角度来看，高宗控制军队大权，无论是对于南宋政权的对内稳定，还是对外敌入侵的抵御防范都具有重要的意义。绍兴十二年年底，高宗对秦桧说过这样一段话：“唐藩镇跋扈，盖

---

① （宋）李心传：《建炎以来系年要录》第3册，卷140，绍兴十一年四月壬辰条，第2247页。

② 同上书，卷140，绍兴十一年四月乙未条，第2248页。

③ 同上书，卷142，绍兴十一年十月庚午条，第2280页。

④ 同上书，卷140，绍兴十一年四月乙未条所引王伯庠撰王次翁叙纪，第2248页。

⑤ 同上书，卷140，绍兴十一年五月庚子条，第2250页。

由制之不早，遂至养成。今兵权归朝廷，朕要易将帅，承命奉行，与差文臣无异也。”① 高宗的话语虽然含有较为浓厚的因绝对掌控武臣而产生的自得之感，但其所包含的对于将帅权重导致的藩镇跋扈的警惕和忧虑却是不难看出的。而且，高宗也把绍兴十一年金廷都元帅越国王宗弼愿意与南宋议和的原因之一，归之于朝廷的收兵权，“上谕大臣曰：‘此殆上天悔祸，敌有休兵之意尔。朕料所以至此者有二：今春乌珠提兵南来，谓我可陵，而淮西、濠梁之败，有所惩创，一也；始谓将帅各自为家，莫相统一。今闻尽归朝廷，纲纪既立，军政必修，望风畏慑，二也。’”② 可见收兵权无论是对外的议和，还是对南宋朝廷内部的稳定都具有重要的意义。

---

① （宋）李心传：《建炎以来系年要录》第3册，卷147，绍兴十二年十二月己卯条，第2372页。

② 同上书，卷141，绍兴十一年九月戊申条，第2272页。

结　语

本书以宋室南迁为背景，探讨了南宋朝廷在绍兴和议前所面对的来自外在的金人入犯和内部的纷繁变乱及种种危局之下，朝臣们的思考、谋略、争辩、斗争及其对南宋政治、军事、外交等方面产生的重要影响。

从建炎年间李纲提出专务自守，宗泽力主回銮，到高宗被逼入海以避金人的历程来看，其间真可谓险象环生。综观南宋朝臣产生于此期的主要奏章，可以说，其共同的方向就是有关对外、对内策略的调整，其目的在于最大限度地抵御金人和消解内部的变乱势力。

建炎四年七月，金人册立刘豫为大齐皇帝，宋金之间出现了新政权，南宋面临的对外、对内形势更加复杂。随着伪齐新政权的建立和一系列诱惑政策的出台，不断出现南宋变乱分子降附伪齐的事件，伪齐刘豫积极利用南宋变乱势力骚扰侵轶南宋境土。为了应对新的形势，为了最大限度阻断伪齐对变乱势力的吸纳，尽最大努力保障南宋朝廷的安全稳定，宰相吕颐浩提出了“先平内寇，然后可以御外侮”的策略。

绍兴四年九月，伪齐勾结金人发动南犯赵宋的军事行动，开启了南宋正面地、大规模地讨伐伪齐的战事。在宰相赵鼎、张浚等人的运筹协调下，南宋朝廷大获全胜，成功实现了“先擒刘豫，则金人自定”[①]的谋略，为金人最终废弃刘豫伪齐政权奠定了必备的基础。

绍兴四年十二月，南宋朝廷挫败了伪齐与金人的联兵入侵，扭转了自建炎以来始终被动奔避的局面，逐步改变了南宋在与金、伪齐对峙中的绝对劣势地位，为进一步加强自身实力奠定了重要的基础。从史书所载宋高宗当时的言论来看，放弃退避旧策，渐图恢复成为绍兴五年南宋朝廷的根本任务和努力方向。以此为前提，如何结合现实的、具体的政治和军事等形势，调整对金的策略，以寻求南宋朝廷在对金、对伪齐的斗争中占据主动，就成为朝臣们热议的话题。总体来说，切割金、伪齐，破坏金人与伪齐的联盟，分化二者的力量，把矛头直指伪齐刘豫，对于金人则待时而起，成为当时朝臣议论的中心问题。绍兴六年，张浚强势进击，高宗全力支持，取得了对刘豫伪齐的胜利。

对于南宋朝廷来说，绍兴七年是一个大动荡、大转折的时期。南宋朝廷内部发生的郦琼渡淮投奔刘豫的淮西兵变，直接导致了南宋朝廷基本国策由积极北举转为镇静稳定。也是在这一年，金国上层也发生了变乱，进而发生了绍兴七年十一月废黜刘豫伪齐政权的大事件，由此产生了南宋朝廷与金廷直接对峙的新局面，宋、金双方的直接交涉成为可能，因之引发了南宋朝臣关于调整宋、金关系的大争论。绍兴七年宋、金各自发生的内部的一系列大变故，使得双方都不可能集中全部精力，继续把互相间的对抗决战作为首要的国策，这样一来，宋、金之间的化战争为议和也就有了可能性。

绍兴八年是南宋朝廷调整对金策略，由战转向和的关键一年。在这一年中，朝廷上主战与主和两派辩驳、争斗激烈，秦桧最终赢得了高宗的信任，掌握了朝廷决策的主动权。随着在庙堂上逐出异己与军队上分

① （宋）吴伸：《论收复中原书》，《全宋文》第184册，卷4049，第284—285页。

解将帅重权的展开，秦桧的和议之策终于得以实现。

绍兴十年五月，金人撕毁和议，重新开启攻宋战事。南宋朝廷上下团结抗敌，正如《大金国志》卷二十七《兀术传》所云："（兀术）锐意败盟，举兵南征。后败于顺昌、败于郾城，败于柘皋，乃始讲和，而南北无事矣。"① 南宋朝廷利用赏赐战功的时机，不动声色地把诸帅与其军队分割开，在任命韩世忠、张俊、岳飞三大帅枢密使、副使的同时，"分命三大帅军中列校，使各统所部，自为一军，更其衔曰统制御前军马。凡其所统，升黜赏罚，得专达之。诸校喜于自便，莫不欣然受命。明日，三大帅入授元枢之制既出，则其所部皆已散去"②。这样，所有军队最终都成为朝廷的军队，高宗对军队的掌控权得以完全实现。

随着宋金讲和的确立和军权的收归朝廷，南宋朝廷开始了新的历程。

---

① （金）宇文懋昭撰，李西宁点校：《大金国志》卷27，第206页。

② （宋）李心传：《建炎以来系年要录》第3册，卷140，绍兴十一年四月乙未条所引王伯庠撰王次翁叙纪，第2248页。

主要参考文献

[1]（宋）胡寅：《崇正辩　斐然集》，容肇祖点校，中华书局1993年版。

[2]（宋）李纲：《李纲全集》，王瑞明点校，岳麓书社2004年版。

[3]（宋）李心传：《建炎以来系年要录》，中华书局1988年版。

[4]（宋）李心传：《建炎以来朝野杂记》，徐规点校，中华书局2000年版。

[5]（宋）刘时举：《续宋编年资治通鉴》，商务印书馆1939年版。

[6]（宋）王明清：《挥麈录》，中华书局1961年版。

[7]（宋）汪藻：《靖康要录笺注》，王智勇笺注，四川大学出版社2008年版。

[8]（宋）熊克：《中兴小纪》，商务印书馆1935年版。

[9]（宋）徐梦莘：《三朝北盟会编》，上海古籍出版社1987年版。

[10]（宋）徐自明：《宋宰辅编年录校补》，王瑞来校补，中华书局1986年版。

[11]（宋）杨万里：《杨万里集笺校》，辛更儒笺校，中华书局2007年版。

[12]（宋）杨仲良：《皇宋通鉴长编纪事本末》，李之亮校点，黑龙江人民出版社 2006 年版。

[13]（宋）岳珂编：《鄂国金佗稡编续编校注》，王曾瑜校注，中华书局 1989 年版。

[14]（宋）赵汝愚编：《宋朝诸臣奏议》，北京大学中国中古史研究中心校点整理，上海古籍出版社 1999 年版。

[15]（金）佚名编：《大金吊伐录校补》，金少英校补，中华书局 2001 年版。

[16]（金）宇文懋昭：《大金国志》，李西宁点校，齐鲁书社 2000 年版。

[17]（元）脱脱等：《宋史》，中华书局 1977 年版。

[18]（元）脱脱等：《金史》，中华书局 1975 年版。

[19]（元）佚名：《宋史全文》，李之亮校点，黑龙江出版社 2005 年版。

[20]（明）陈邦瞻：《宋史纪事本末》，中华书局 1977 年版。

[21]（明）杨士奇、黄淮等编：《历代名臣奏议》，台湾学生书局 1985 年版。

[22]（清）王夫之：《宋论》，中华书局 2003 年版。

[23]（清）徐松辑：《宋会要辑稿》，刘琳、刁忠民、舒大刚、尹波等校点，上海古籍出版社 2014 年版。

[24] 韩酉山：《秦桧研究》，人民出版社 2008 年版。

[25] 何忠礼：《宋代政治史》，浙江大学出版社 2007 年版。

[26] 何忠礼：《南宋政治史》，人民出版社 2008 年版。

[27] 何忠礼：《南宋全史》，上海古籍出版社 2012 年版。

[28] 黄宽重：《南宋史研究集》，新文丰出版公司 1985 年版。

[29] 黄宽重：《南宋地方武力——地方军与民间自卫武力的探讨》，国家图书馆出版社 2009 年版。

[30] 黄宽重：《南宋时代抗金的义军》，联经出版事业公司 1988 年版。

[31] 黄宽重：《南宋军政与文献探索》，新文丰出版公司 1990 年版。

[32] 李华瑞：《宋夏关系史》，河北人民出版社 1998 年版。

[33] 漆侠：《宋代经济史》，中华书局 2009 年版。

[34] 四川大学古籍研究所编：《宋集珍本丛刊》，线装书局 2004 年版。

[35] 沈起炜：《宋金战争史略》，湖北人民出版社 1958 年版。

[36] 沈松勤：《南宋文人与党争》，人民出版社 2005 年版。

[37] 粟品孝：《南宋军事史》，上海古籍出版社 2008 年版。

[38] 王世宗：《南宋高宗朝变乱之研究》，台湾大学出版委员会 1989 年版。

[39] 王曾瑜：《辽金军制》，河北大学出版社 2011 年版。

[40] 吴洪泽、尹波主编：《宋人年谱丛刊》，四川大学出版社 2003 年版。

[41] 杨树藩：《宋代中央政治制度》，台湾商务印书馆 1977 年版。

[42] 虞云国：《宋代台谏制度研究》，上海书店出版社 2009 年版。

[43] 曾枣庄、刘琳主编：《全宋文》，上海辞书出版社、安徽教育出版社 2006 年版。

[44] 赵铁寒主编：《宋辽金元四史资料丛刊》，文海出版社 1979 年版。

[45] 赵永春：《宋金关系史》，人民出版社 2005 年版。

[46] 朱杰人、严佐之、刘永翔主编:《朱子全书》,上海古籍出版社、安徽教育出版社 2002 年版。

[47] 中国社会科学院历史研究所宋辽金元史研究室编:《宋辽金史论丛》,中华书局 1985 年版。

[48] [日] 寺地遵:《南宋初期政治史研究》,刘静贞、李今芸译,稻禾出版社 1995 年版。

[49] [日] 平田茂树:《宋代政治结构研究》,林松涛、朱刚译,上海古籍出版社 2010 年版。

[50] [日] 斯波义信:《宋代江南经济史研究》,方健、何忠礼译,江苏人民出版社 2012 年版。

[51] [美] 刘子健:《中国转向内在》,赵冬梅译,江苏人民出版社 2002 年版。